Franz Josef Radermacher & Bert Beyers
WELT MIT ZUKUNFT

Wir widmen das Buch allen,
die sich für eine bessere Gestaltung
der Globalisierung engagieren

BERICHT AN DIE GLOBAL MARSHALL PLAN INITIATIVE ____

Franz Josef Radermacher
& Bert Beyers

WELT MIT
ZUKUNFT

Überleben im 21. Jahrhundert

Mit einem Vorwort
von HRH Prinz El Hassan bin Talal, Jordanien

MURMANN

Die Deutsche Bibliothek – CIP-Einheitsaufnahme
Ein Titelsatz für diese Publikation ist bei
der Deutschen Bibliothek erhältlich.
ISBN 978-3-938017-86-9

1. Auflage März 2007
Copyright © 2007 by Murmann Verlag GmbH, Hamburg

Umschlaggestaltung: Rothfos & Gabler, Hamburg
Herstellung und Gestaltung: Eberhard Delius, Berlin
Satz: Reihs Satzstudio, Köln
Gesetzt aus der Minion und Triplex
Druck und Bindung: GGP Media GmbH, Pößneck
Printed in Germany

Besuchen Sie uns im Internet: www.murmann-verlag.de

Ihre Meinung zu diesem Buch interessiert uns!
Zuschriften bitte an **info@murmann-verlag.de**
Den Newsletter des Murmann Verlages können Sie anfordern unter
newsletter@murmann-verlag.de

Inhalt

Vorwort

von HRH Prinz El Hassan bin Talal, Jordanien,
Präsident des Club of Rome

Zu Beginn des 21. Jahrhunderts befindet sich die Welt in einer extrem schwierigen Situation: Ökologische Probleme, Kampf um Ressourcen, eine drohende Klimakatastrophe, eine Verschärfung der Arm-Reich-Problematik, Konflikte und Unverständnis zwischen Kulturen, eine unkontrollierte Ausweitung der Geldmenge mit völlig asymmetrischem Zugriff auf diese Volumina etc.

Aus der Sicht des Club of Rome ist das nicht überraschend. Wir haben schon 1972 mit dem Bericht *Grenzen des Wachstums* die Risiken aufgezeigt, die mit der dominierenden Wirtschaftsweise und Governance-Struktur in dieser Welt verbunden sind. Dies gilt vor allem für eine Forcierung von »freien« Märkten ohne adäquate Rahmenbedingungen, also ohne ausreichende Berücksichtigung sozialer, kultureller und ökologischer Anliegen, die Voraussetzung sind für eine lebenswerte, friedliche und mit einer nachhaltigen Entwicklung kompatiblen Welt.

Club of Rome-Mitglieder haben sich in den letzten Jahren aus unterschiedlichen Blickwinkeln mit den angesprochenen Fragen beschäftigt. So Wouter van Dieren[1] in seinen Untersuchungen zu einer besseren Methodik zur Messung von Wirtschaftsleistung und Wachstum, Ernst Ulrich von Weizsäcker mit Partnern in seinen Arbeiten zur Erhöhung der Ressourcenproduktivität[2] (Faktor 4) und zu den Grenzen von Privatisierungen[3] und Orio Giarini und Patrick M. Liedtke[4] in ihrem Bericht zu der sehr grundsätzlichen Frage nach der Zukunft der Arbeit. Die Studien zur Zukunft der Arbeit erfolgen vor dem Hintergrund des Übergangs in eine Wissensgesellschaft mit hohem Serviceanteil, immer weitergehender Automatisierung und weltweiter Konkurrenz bei extrem unterschiedlichen Entlohnungsniveaus.

Alle genannten Untersuchungen reflektieren Chancen und Risiken aktueller Entwicklungen und offensichtliche Fehlsteuerungen in den weltweiten Prozessen. Das gilt auch für zwei weitere wichtige Publikationen aus dem Umfeld des Club of Rome, nämlich das vor kurzem erschienene 30-Jahre-Update[5] von *Grenzen des Wachstums*, an dem erneut Dennis Meadows als Hauptautor beteiligt war, und das vor kurzem erschienene Buch[6] des Club of Rome-Mitglieds Sergey P. Kapitza zur Weltbevölkerungsproblematik.

Alle genannten Berichte unterstreichen, wie groß die Herausforderungen sind, und alle sind wichtige Bezugspunkte des vorliegenden Textes von Franz Josef Radermacher und Bert Beyers. In einer Zusammenschau wird deutlich: Wir haben die Zeit seit 1972 nicht gut genutzt. Viel Zeit wurde vertan in einem Globalisierungs-Hype, der nur die Gewinner, nicht aber die Verlierer der weltökonomischen Prozesse im Blick hat.

Das vorliegende Buch fragt vor diesem Hintergrund nach der Zukunft der Menschheit. Unser sehr aktives Club of Rome-Mitglied Franz Josef Radermacher hat hierzu wesentliche Überlegungen in jahrelanger wissenschaftlicher Arbeit erstellt. Dies geschah in wichtigen Themenbereichen in enger Zusammenarbeit mit dem leider viel zu früh verstorbenen Robert Pestel von der deutschen Sektion des Club of Rome, Sohn von Eduard Pestel, eines der Gründungsmitglieder des Clubs. In diese Arbeiten war auch Mike Mesarovic[7], eines unserer Mitglieder der ersten Stunde, involviert. Die Arbeiten[8] zeichnen im Wesentlichen folgendes Bild: Der Welt droht ein ökologischer Kollaps, wenn sie die sozialen Fragen zulasten der Umwelt zu lösen versucht. Und ihr droht eine Brasilianisierung, das heißt eine unakzeptable Wohlstandsverschiebung von der Mehrheit der Menschen zu profitierenden Eliten inklusive der Auflösung der Demokratie, falls sie die ökologischen Probleme zulasten der sozialen Probleme zu lösen versucht.

Mit Nachhaltigkeit kompatibel ist nur eine balancierte Zukunft, ein weltweites ökosoziales Marktmodell, in dem die reiche Welt in Form einer doppelten Zurückhaltung, mittels Kofinanzierung und geeignet austarierten Marktöffnungen der ärmeren Welt ein Aufholen im Sinne einer akzeptablen Ausgleichsstruktur ermöglicht, wobei Reich und Arm bei abgestimmter Zurückhaltung gemeinsam der Umwelt und der Ressourcenbasis den Raum geben, der naturgesetzlich erforderlich ist, um einen ökologischen Kollaps zu verhindern.

Sehr überzeugend ist, wie diese Position auch aus weltethischer Sicht motiviert wird, die mit allen großen Religionen, aber auch mit der Perspektive eines interkulturellen Humanismus kompatibel ist. Das Weltethos wird in Deutschland insbesondere durch Hans Küng vertreten, mit dem ich selber, der ich aus dem islamischen Teil der Welt komme, eng zusammenarbeite. Wir verfolgen das Thema auch beim Parliament of Cultures in Ankara, in dem Franz Josef Radermacher mitwirkt. In all diesen Kontexten geht es um ökologische Anliegen (den Globus intakt zu halten) und sozial-kulturelle Anliegen (die Würde aller Menschen zu achten), inspiriert auch von geeigneten Ausformulierungen der so genannten goldenen Regel: »Was du nicht willst, das man dir tut, das füg auch keinem andern zu.« Auf diesen Fundamenten steht das vorliegende Buch.

Wird diese friedliche, nachhaltige Zukunft erreicht werden? Franz Josef Radermacher hält den vielversprechenden Weg einer weltweiten ökosozialen Logik nicht für einen Selbstläufer. Starke Kräfte wirken in eine ganz andere Richtung – nichts ist entschieden. Schwierige Zeiten! Dass es gehen kann, beweist die Europäische Union in ihren Erweiterungsprozessen. Aber sind die reichen Länder – insbesondere die USA – gegenüber dem Rest der Welt zu einer ähnlichen Politik der »Kofinanzierung gegen Standards« bereit, wie sie innerhalb der EU selbstverständlich ist? Oder werden mächtige Kräfte weiter versuchen, über Brainwash-Konstrukte, wie zum Naturgesetz erhobene Begriffsbildungen[9] à la »freie Märkte«, den Globus zu plündern, und damit Kollaps und Terror/Bürgerkrieg heraufbeschwören?

Dieses Buch bleibt nicht bei der Analyse stehen. Mit dem Global Marshall Plan werden eine Initiative und ein Konzept beschrieben, um vielleicht noch rechtzeitig die Weichen in eine andere Richtung zu lenken. Der Club of Rome und ich persönlich wie auch mein Vorgänger im Amt des Club of Rome-Präsidenten, Ricardo Diez-Hochleitner, unterstützen die Global Marshall Plan Initiative seit ihren Anfängen 2003. Der Plan ist eine unserer wenigen hoffnunggebenden Optionen in schwierigen Zeiten.

Ich hoffe, dass das vorliegende Buch dazu beitragen wird, dass Politik, Wirtschaft, Wissenschaft, Medien, Nichtregierungsorganisationen und Weltzivilgesellschaft die Chance begreifen, die in dem Konzept einer weltweiten Ökosozialen Marktwirtschaft und eines Global Marshall Plan, basierend auf einem Weltethos, liegt. Immer mehr Akteure scheinen das zu verstehen. Hoffentlich rechtzeitig!

Einleitung

Seit mehr als vier Millionen Jahren wächst die Anzahl der Menschen auf diesem Planeten, von ein paar tausend Hominiden in Afrika bis zu den heutigen 6,5 Milliarden Menschen. Obwohl die Erde, das Biotop, diesem Wachstum immer wieder Grenzen setzt, vor allem beim Nahrungsangebot oder bei der verfügbaren Energie, haben wir als Gattung diese Grenzen immer wieder gesprengt. Wird das auch in Zukunft so sein?

Der Schlüssel zum Verständnis dieser Zusammenhänge liegt in einer systemischen Betrachtung der Menschheit und ihrer Geschichte. Unser Körper besteht aus Milliarden Zellen, die kommen und gehen, solange wir leben. Die Menschheit als Ganzes zählt Milliarden Individuen, auch sie kommen und gehen. Vieles spricht dafür, nicht nur den einzelnen Menschen als Organismus aufzufassen, sondern ebenso komplexe Strukturen oberhalb dieser Ebene, zum Beispiel Unternehmen, Städte und Staaten. Sie sind Teilsysteme des Superorganismus Menschheit.

Dieser transportiert Ideen und Innovationen, er ist ein Wissen generierendes, Wissen verbreitendes und Wissen tradierendes System. An erster Stelle stehen dabei Organisation, Technologie und Materialbeherrschung. Pfeil und Bogen sind Material gewordene Ideen, ebenso moderne Flugzeuge. Die Fähigkeit, Feuer zu machen, hat der Menschheit einen vielfach größeren Umweltraum mit den entsprechenden Nahrungsquellen erschlossen. Jede technologische Neuerung hat direkt oder indirekt zur Folge, dass mehr Menschen länger leben, mehr miteinander kommunizieren und sich immer mehr ausdenken. Die Konsequenz ist der nächste Wachstumsschub hinsichtlich der Anzahl der Menschen und der Innovationen – ein ständiger Kreislauf.

Mittlerweile katapultieren Informations- und Kommunikationstechniken in Verbindung mit immer leistungsfähigeren Transportsystemen die Geschichte nach vorne. Sie bringen den ultimativen Wachstums- und Beschleunigungsschub. Alle zwei Jahre erleben wir eine Verdoppelung des Preis-Leistungs-Verhältnisses in der Rechnerleistung, alle 20 Jahre eine Vertausendfachung. In der Folge bilden wir heute auf einem Chip in der Größe eines Fingernagels die Komplexität einer Millionenstadt mit allen ihren Telefonleitungen, den Wasser-, Abwasser- und Stromleitungen, den Straßen- und Zugverbindungen ab. Dieser Prozess der Miniaturisierung verändert alles. Vor allem ermöglicht er, unter Nutzung von Glasfaserverbindungen und Satellitentechnik, in Sekundenschnelle die weltweite Kommunikation. Der Superorganismus Menschheit schafft sich in diesem Prozess ein technisches Nervennetz und gewaltige Intelligenzverstärker. Milliarden von Menschen sind zugleich über wenige Stationen persönlicher Bekanntschaft eng miteinander verknüpft.

Würde der Superorganismus in demselben Maße weiterwachsen wie bisher, würde er schon bald alle Grenzen sprengen – sowohl die des Biotops und seiner Ressourcen, zum Beispiel Wasser, Nahrungsmittel, Öl, als auch die der eigenen Kapazitäten. Hierzu zählen die menschliche Lern- und Anpassungsfähigkeit – und damit die Grenzen des Gehirns beziehungsweise unserer biologischen Nervennetze. Beides ist physikalisch wie biologisch unmöglich. Wir stehen daher vor einem Phasenübergang in der Entwicklung des Superorganismus Menschheit, entfernt vergleichbar mit dem Phasenübergang von Eis zu Wasser in der Physik. Ein über vier Millionen Jahre erfolgreiches Wachstumsmuster geht in unseren Tagen zu Ende.

Die Menschheit muss diese Botschaft zur Kenntnis nehmen. Der Superorganismus Menschheit mit ausreichender Intelligenz und Handlungsfähigkeit wird seine Größe auf einem geeigneten Niveau stabilisieren müssen, mit angepasster Technik, mit adäquaten Lebensstilen, mit allen Träumen, Wünschen und Ambitionen seiner Mitglieder, im Rahmen der Kapazität des Trägersystems Erde. Mit zunächst vielleicht mehr als zehn Milliarden Menschen – auf Dauer vielleicht aber auch mit deutlich weniger Menschen als heute. Das hätte viele Vorteile, wenn ein hoher allgemeiner Wohlstand für alle mit einem hohen sozialen Ausgleich in einer weltweiten Perspektive gekoppelt würde. Zwar nähme die Geschwindigkeit der Innovationsprozesse dann wieder ab, aber die weitere Entwicklung verliefe in ruhigeren Bahnen.

Die heutige Lage ist eine völlig andere – es ist ein Tanz auf dem Vulkan. Der Planet steht unter Stress, denn seine ökologischen Systeme sind bereits aus dem Gleichgewicht. Und immer mehr Menschen sind in ihrem Alltag überfordert. Die Dynamik, die gegenwärtig im Superorganismus Menschheit herrscht, ist schwer erträglich und nur noch begrenzt zu steuern. Es ist durchaus möglich, dass wir uns ins Aus manövrieren und es nicht verhindern können.

Alle Probleme, die wir derzeit haben – mit einem weiteren absehbaren Bevölkerungswachstum von heute 6,5 Milliarden in Richtung zehn Milliarden Menschen, mit knappen Ressourcen, mit Technikfolgen, mit immer schneller auf den Markt drängenden Innovationen und dem damit verbundenen Stress –, sind nicht Folgen punktueller Fehler oder Fehler Einzelner. Die Ursache ist strukturell-systemischer Natur. Das wird in diesem Buch herausgearbeitet.

Das erste Kapitel erklärt den Begriff des Superorganismus Menschheit und beschreibt seine Geschichte, die durch Kommunikation und Interaktion immer wieder neu angetrieben wird. Technische Systeme – erst die der Antike, dann die des Mittelalters und später jene der industriellen Revolution – lösen einander ab. Wie entwickelt sich dabei die »Intelligenz« des Superorganismus?

Im zweiten Kapitel werden zentrale Begriffe der Systemtheorie, die in der vorliegenden Analyse verwendet werden, erläutert: Was ist ein Gefangenendilemma? Was steckt hinter dem Bumerangeffekt? Und wie kann man ihn vermeiden? Was macht Gesellschaften reich? Hier geht es um eine Analyse unserer globalisierten Welt, verbunden mit einigen Hinweisen zu Lösungsmöglichkeiten.

Das dritte Kapitel behandelt die Kernaussagen des Buchs, verbunden mit einer Kritik an den gegebenen marktradikalen Verhältnissen, deren Folgen Tag für Tag offensichtlicher werden: Weite Teile der Bevölkerung im Norden erleben eine Verschlechterung ihrer wirtschaftlichen Lage, auf der Südhalbkugel wird die soziale Spaltung noch tiefer, die ökologischen Systeme des Globus geraten immer mehr unter Stress, bis sie im schlimmsten Fall sogar kollabieren. Die erste und wichtigste These lautet: Ökosozial statt marktradikal. Wir brauchen – ganz in der Tradition der klassischen Nationalökonomie – adäquate Rahmenbedingungen der Märkte und, angesichts der Globalisierung der Wirtschaft, weltweit Regelwerke und konsensfähige Vereinbarungen. Dieser Bedarf zeigt sich besonders deutlich bei der

Klimaveränderung: Entweder finden die Staaten gemeinsame Regelwerke für die Art und Weise ihrer Energieproduktion und der Begrenzung und Reduktion der Kohlendioxidemissionen und damit eine Lösung für die immer offensichtlicher werdenden Probleme, oder wir werden einen hohen Preis zahlen.

Die zweite These: Eine bessere Globalisierung ist möglich; vor allem eine gerechtere. Die Folge wäre eine reichere Welt – kein Verzichtprogramm! Aber dem stehen gut organisierte Kräfte entgegen. Sie profitieren von einer falsch laufenden Globalisierung, verstecken sich hinter Begriffen wie dem »freien Markt« und nutzen ihre Macht im Rahmen globaler Prozesse bei der Festlegung von Spielregeln, um die Interessen der großen Mehrheit der Weltbevölkerung auszuhebeln.

Das schlägt die Brücke zu den ethischen Fragen. Den ethischen Bezugspunkt der Kernaussagen bilden die Positionen des Weltethos. Die Entwicklung dieser globalen Werte-Plattform geht wesentlich auf die Initiative des Theologen Hans Küng zurück. Zentral ist die goldene Regel »Was du nicht willst, was man dir tut, das füg auch keinem anderen zu«.

Das vierte Kapitel wagt einen Blick in die Zukunft. Die drei in diesem Kontext skizzierten Szenarien beschreiben die Grundtypen möglicher Entwicklung. Das heißt, in einer dieser Zukünfte werden wir schließlich landen. Das Szenario »Kollaps« führt in die ökologische Katastrophe. Das Szenario »Ökodiktatur/Brasilianisierung« verkörpert eine gefährliche Weltordnung, in der sich eine Minderheit mit Gewalt den Zugriff auf die entscheidenden natürlichen Ressourcen sichert. Sie hat ein extremes Auseinanderklaffen in Arm und Reich zur Folge, nicht nur in den Ländern des Südens, sondern auch in der heute reichen Welt. Die Anfänge einer solchen Entwicklung sind bereits heute zu erkennen, aber ob dies friedlich ausgehen kann, ist mehr als fraglich. Unser Wunschszenario ist die »Globale Ökosoziale Marktwirtschaft«, eine mit Nachhaltigkeit und Frieden kompatible Langfristperspektive für die Menschheit.

Mit einer weltweiten Ökosozialen Marktwirtschaft ist eine realistische Perspektive für ein Ökosoziales Weltwirtschaftswunder verbunden. Dies wird begründet. Ökonomisches Wachstum ist aber nicht die Lösung für alles und jedes, wie es immer wieder suggeriert wird. Und auf Dauer entfaltet Wachstum positive Wirkungen sowieso nur dann, wenn es innerhalb der ökologischen Kapazitäten des Biotops und zugleich unter Bedingungen sozialer und kultureller Balance erfolgt. Dazu braucht es zukünftig neue Technik und andere Lebensstile, vor allem aber die entsprechenden Rahmenbedingungen der Märkte.

Im fünften Kapitel geht es um die politischen Konsequenzen aus der Analyse, ein Hauptanliegen des vorliegenden Textes. Wir plädieren für einen Global Marshall Plan und schlagen damit die Brücke zu einer breiten Initiative in Politik, Wirtschaft, Wissenschaft und der Zivilgesellschaft, die sich bereits seit einigen Jahren für einen solchen Plan engagiert. Ein Global Marshall Plan ist ein gut durchdachtes Paket von Regelungen, Finanzierungs- und Umsetzungsvereinbarungen, das unter den bestehenden Machtverhältnissen eine Umsetzungschance besitzt. Es bezieht internationale Vereinbarungen wie die bis zum Jahr 2015 weisenden Millenniumsentwicklungsziele der Vereinten Nationen, Elemente supranationaler Besteuerung als zusätzliche Finanzquellen für Entwicklung, Regelveränderungen bei großen internationalen Organisationen wie der Welthandelsorganisation (WTO) und innovative Entwicklungskonzepte, zum Beispiel Kleinstkredite, mit ein. Es ist zugleich ein Investitionsprogramm für die Welt als Ganzes: Entwicklungsländer, Schwellenländer und industrialisierte Staaten. Wir brauchen einen vernünftigen Gesellschaftsvertrag für diesen Globus, einen Weltvertrag und damit die Basis für eine Weltinnenpolitik. Ein Global Marshall Plan kommt nicht von alleine. Aber er ist in Zeiten extremer Bedrohung eine substanzielle Chance.

Superorganismus Menschheit

Bevölkerungswachstum – ein Programm läuft aus

Auf einem See teilen sich Nacht für Nacht die Seerosen, sie verdoppeln jede Nacht ihre Zahl und bedecken zunehmend die Wasseroberfläche. Irgendwann wird der See voller Seerosen sein. Zehn Nächte vor diesem Zeitpunkt sind allerdings von ferne nur einige versprengte Blüten zu sehen, nur ein Tausendstel des Sees ist bedeckt. Fünf Nächte vorher sind es etwa drei Prozent der Oberfläche, noch immer fallen sie kaum auf. Plötzlich wächst der See rasend schnell zu. Zwei Nächte vorher sind bereits 25 Prozent der Wasserfläche bedeckt. Ob es nun zehn Tage oder zehn Jahre dauert, bis die Oberfläche des Sees vollständig mit Seerosen gefüllt ist – wesentlich für das Phänomen des exponentiellen Wachstums ist die Tatsache, dass die letzte Hälfte des Sees erst in der letzten Nacht bedeckt wird. Das Entscheidende geschieht in exponentiellen Prozessen zum Schluss.

Dieses Muster liegt auch unserer Bevölkerungsentwicklung zugrunde. Vier Millionen Jahre hat die Menschheit gebraucht, um die Schwelle zur ersten Milliarde zu durchbrechen, etwa zu dem Zeitpunkt[1], als Goethe starb, im Jahr 1832. Etwa 130 Jahre später, 1965, waren wir schon drei Milliarden Menschen und nur 35 Jahre später, im Jahr 2000, bereits sechs Milliarden. Die Geschwindigkeit des Zuwachses nahm dabei beständig zu, erst seit kurzem geht sie leicht zurück. Über Jahrhunderte und Jahrtausende war Bevölkerungswachstum immer die richtige Politik: mehr Menschen, mehr Leistung, mehr Konsum, mehr Lebenschancen. »Wachset und mehret euch!« Wachstum bedeutet Macht, Entfaltung, Reichtum. In der Folge füllt die Menschheit aber auch zunehmend den Globus aus.

Das Charakteristikum exponentieller Wachstumsprozesse ist, dass sie Größenordnungen überwinden. Der Mensch beginnt als winzige befruchtete Eizelle, die nur unter dem Mikroskop zu sehen ist. Bis er geboren wird, aufwächst und voll entwickelt ist, müssen Größenordnungsunterschiede von bis zu zehn Milliarden (10^{10}) überwunden werden. Nur explosive Wachstumsprozesse sind dazu in der Lage. Ein exponentielles Wachstum in endlichen Biotopen hat aber prinzipiell Grenzen; und Systeme, die weiterleben wollen, müssen diese Grenzen beachten. Permanentes exponentielles Wachstum ist für keine Art, egal ob Pflanzen, Tiere oder Menschen, auf der Erde möglich.

Heute sind die Vorzeichen des Neuen bereits unübersehbar. Innerhalb der menschlichen Bevölkerung zeichnet sich ab, dass sie nicht immer weiter wächst, sondern vielleicht sogar einmal zurückgehen wird. Diesen Prozess erleben wir heute schon in den industrialisierten Ländern, teils mit spürbarem und von vielen Beobachtern als zu schnell empfundenem Tempo. Die Zahl der Menschen auf diesem Planeten wächst unterdessen noch weiter, dies wird sich aber schon bald ändern.

Wir sind bereits mitten in einer historischen Entwicklung, in der die Menschheit einen Phasenübergang in ihrer Evolution erlebt, das Grundmuster des Bevölkerungswachstums sich ändert und, einer inneren Logik folgend, ändern muss. Damit fände eine Erfolgsgeschichte sondergleichen ihren Abschluss, und vieles würde anders werden. Wir haben das Privileg, Zeuge eines spannenden Übergangs zu sein, der nicht ohne Gefahren ist. Wie wir ihn bewältigen werden und was danach kommt – niemand weiß es.

Ein Leser, der im Jahr 1950 geboren wurde, war Zeuge einer gewaltigen Zunahme der Bevölkerung: von 2,5 Milliarden Menschen auf heute 6,5 Milliarden. Gleichzeitig hat er in der zweiten Hälfte des 20. Jahrhunderts eine Steigerung der Weltwirtschaft um das Siebenfache[2] erlebt. Nach den beiden Weltkriegen folgten drei Jahrzehnte, die Historiker das Goldene Zeitalter nennen. In Europa, Nordamerika und in Japan erfuhren breite Bevölkerungsschichten einen Wohlstand, der zu Zeiten ihrer Großeltern nur Millionären vorbehalten war, mit Telefon, eigener Waschmaschine und Auto. Wer 1950 geboren wurde, hat eine Steigerung des globalen Wasserverbrauchs um das Dreifache, des Kohlendioxidausstoßes um das Vierfache und der Anlandung von Fisch um das Fünffache erlebt. Demgegenüber hat die ökologische Kapazität der Erde, also die Basis für die Erzeugung dieses Wohlstands, sogar etwas abgenommen. Und würden alle Menschen auf dem Konsumniveau eines Europäers oder Amerikaners leben, bräuchten wir mittlerweile drei oder sogar fünf Planeten.

Werden unsere Kinder, die im Jahr 2000 geboren wurden, bis 2050 ein ähnliches Wachstum erleben? Zunächst wird die Weltbevölkerung weiter auf neun bis zehn Milliarden Menschen zunehmen. Ungefähr in der Mitte des 21. Jahrhunderts dürfte ihre Größe somit hoffentlich ihren Höhepunkt erreichen. Allein in China und Indien werden jeweils etwa 1,5 Milliarden Menschen leben. Zusammengenommen entspricht das der Anzahl der Weltbevölkerung von 1965.

Wächst auch die Wirtschaft weiter? Selbstverständlich, schließlich hat die Aufholjagd kopfstarker Schwellenländer wie China, Indien, Brasilien oder Indonesien gerade erst begonnen. Die Knappheiten zeichnen sich parallel dazu allerdings schon heute deutlich ab: Die weltweiten Fischgründe sind am Limit. Die ertragreichen Böden werden weniger beziehungsweise verlieren an Qualität, und die Grundwasserspiegel fallen auf allen Kontinenten. Für Nahrungsmittel braucht man Wasser: die überraschend große Menge von 1000 Litern, um ein Kilogramm Brot zu erzeugen, 4000 Liter für ein Kilogramm Reis und 13 000 Liter für ein Kilogramm Rindfleisch. Wasser wird immer knapper und kostbarer.[3]

Der Förderhöhepunkt von Öl wird in zehn bis 20 Jahren erreicht sein[4], danach wird die Nachfrage das Angebot gewaltig übersteigen. Die Ära der billigen Energie auf Basis fossiler Rohstoffe geht unweigerlich zu Ende. Auch die Klimaveränderung schreitet zügig voran.[5] Nicht nur unsere Kinder werden diese Zeiten erleben, sondern wohl die allermeisten, die dieses Buch lesen. Gemeinsam werden wir mit den Folgen fertig werden müssen.

Der Höhepunkt der Entwicklung ist noch nicht erreicht, aber er ist in Sicht. Um das Jahr 2030 herum würden wir unter Beibehaltung der alten Wachstumsmuster alle Grenzen sprengen. Weil das nicht geht, ändern sich jetzt bereits die Entwicklungsmuster. Das ist naturgesetzlich unvermeidbar! Prozesse, die einmal Millionen Jahre gedauert haben, durchlaufen wir nun in ein oder zwei Generationen. Was wir gerade durchleben, geschieht in bisher unvorstellbar kurzen Zeiträumen. Die Eigenzeit des Systems Menschheit schrumpft zusammen, und die Dichte der Ereignisse steigt. Unterdessen nimmt die allgemeine Geschwindigkeit – der Entstehung neuer Ideen, der Verbreitung von Ideen, des Warenaustauschs, der Innovationen und unseres Alltags – weiter zu.

Der historische Übergang, den wir derzeit durchleben, und die aktuellen Schwierigkeiten, denen wir ausgesetzt sind, haben wesentlich etwas mit Grenzen zu tun. In der Sichtweise des Club of Rome sind es die durch die Ressourcenknappheit vorgegebenen Grenzen, die durch die Aufholprozesse von Schwellenländern im Rahmen der Globalisierung erheblich verschärft werden.[6] Andererseits macht uns ein zu hohes Tempo der sozialen und kulturellen Veränderung zu schaffen, die wir in unglaublich kurzer Zeit bewältigen müssen. Früher wurde das Neue immer von den Kindern und Enkeln akzeptiert und durchgesetzt, die Eltern durften bleiben, wie sie waren. Heute dagegen sind wir gezwungen, lebenslang zu lernen und uns immer wieder und immer schneller anzupassen. Und das bei erheblichen Unterschieden in den Erfahrungen und vor allem kulturellen Perspektiven, die nun gnadenlos und brutal aufeinandertreffen, ohne dass große Distanzen oder Anpassungszeiträume dazwischen lägen und dämpfend wirken könnten. Vor allem im kulturellen Bereich scheinen die Spannungen geradezu zu explodieren. Warum? Das Neue verdrängt das Alte, was früher galt, das gilt nicht mehr, Erfahrung wird entwertet, ja teilweise zum Hemmschuh, zum Problem.

Ein Beispiel: Kinder lieben ihre Großmutter. Wenn die Großmutter etwas erzählt, das für ihr Leben wichtig war, bewahren ihre Enkel dies tief im Herzen. Wenn nun aber die Werte der Großmutter zerstört werden, wenn sie die Welt nicht mehr versteht, dann ist dies auch für die Kinder und Enkel nur schwer zu bewältigen. Das Neue kann emotional sehr wehtun, wenn es das Alte entwertet, lächerlich macht oder gleich beseitigt.

Ein Problem der Globalisierung heutigen Typs ist, dass sich die dominanten Kulturen sehr rasch verbreiten und Menschen mit anderem Hintergrund tief greifende Veränderungen aufzwingen. Aus der Perspektive der bedrängten Kultur stellt sich das wie eine Vergewaltigung dar und ist vollkommen inakzeptabel. Stellen wir uns eine Frau vor, die ihr ganzes Leben lang in der Öffentlichkeit verschleiert war, das für sich akzeptiert hat und unermüdlich daran gearbeitet hat, dies auch ihren Töchtern zu vermitteln. Was läuft in ihr ab, wenn sie im Fernsehen Bilder westlich gekleideter oder gar fast nackter Frauen sieht und ihr vermittelt wird, sie habe bisher alles falsch gemacht, solle sich auf das Neue freuen und es als Fortschritt begreifen? Manche werden das tun, andere nicht. Konflikte untereinander und mit der Tradition, die am Althergebrachten festhält, es verteidigt und Andersdenkende als Überläufer behandelt, sind unvermeidlich die Folge.

Chaotische Zustände?

Zukunft hat Herkunft. Nur wer die Vergangenheit begreift, kann das Kommende richtig einschätzen. Dazu hat die Systemwissenschaft in den vergangenen Jahren entscheidende Beiträge geleistet. Heute ist es uns möglich, die Geschichte der Menschheit als Ganzes zu lesen. Danach werden die abstrusen, die brutalen, die unendlich mannigfaltigen Geschehnisse, von den ersten Hominiden über den Lehnsherrn im Mittelalter bis hin zum heutigen Investmentbanker, als *ein* Prozess der Entwicklung der Menschheit als Superorganismus[7] verstanden. Wir sehen die Entwicklung dieses »Lebewesens« Menschheit als einen Wachstumsprozess, der zu unseren Lebzeiten seinen Höhepunkt erreicht. Ein Muster endet, ein neues wird folgen. Es steht ein Phasenübergang an, von dem wir noch nicht wissen, wohin er führen wird. Wir befinden uns bereits in einem nahchaotischen Zustand. Nicht wir bestimmen die Entwicklungen, die Entwicklungen nehmen ihren Lauf. Ein solcher Zustand ist nicht zu verantworten, weder mit Blick auf die natürlichen Ressourcen noch auf die weltsoziale Situation und die interkulturelle Balance. Ein solcher Zustand ist auch mit dem Prinzip der Nachhaltigkeit nicht zu vereinbaren. Einzelne Ereignisse wie die Terroranschläge vom 11. September 2001 charakterisieren ihn – wie auch unsere Hilflosigkeit. Werden wir nun auch noch den Übergang in ein vollchaotisches Stadium erleben, in dem die Dinge überhaupt nicht mehr zu steuern sind?

Der Motor der Geschichte: Kommunikation und Interaktion

Die Atmosphäre des Planeten Erde ist ein offenes komplexes System. Sie wird aufgeheizt von der Sonne und befindet sich in Interaktion mit der Oberfläche der Kontinente und Ozeane auf einem sich drehenden Globus. Die Formen der Selbstorganisation der Atmosphäre sind vielfältig. Wirbelstürme, Tiefdruckgebiete und Wetterfronten sind am besten aus großer Höhe zu sehen. Die Bilder der Wettersatelliten zeigen solche Muster sehr klar, aber von der Erdoberfläche aus gesehen bleiben diese Zusammenhänge verborgen. Es ist für selbstorganisierte Systeme typisch, dass man aus großer Nähe den Wald vor lauter Bäumen nicht erkennt, denn die Struktur erschließt sich erst aus größerer Distanz. Die Turbulenzen, durch die die Menschheit derzeit geht, kann man wie einen Klimawandel verstehen, es ist eine Verschiebung des gesamten Systems und seiner Regelwerke.

Für den russischen Physiker Sergey Kapitza[8], Mitglied des Club of Rome, *ist* die Menschheit ein offenes System, weil die Menschen von ihrem Biotop, dem Planeten, und von seinen Ressourcen leben. Die Wechselwirkung mit dem Biotop ist Voraussetzung für das Leben der Menschen. Kapitza beschreibt die Bevölkerungsentwicklung von den allerersten Anfängen bis heute und hat eine spezifische mathematische Formelstruktur dafür entwickelt. Diese führt zu einer überraschenden Sicht auf die Geschichte der Aborigines in Australien, der Neandertaler, der Eskimos, der Urwaldindianer am Amazonas: Wie kann man ihre Art, sich als Gesellschaft zu organisieren, ihre »Selbstorganisation«, auf einen Nenner bringen? Was haben sie gemeinsam?

Hier muss man in die Distanz gehen. Welche Parameter sind universell, welche bestimmen die menschliche Geschichte? Zunächst einmal die Zeit, im Wesentlichen verstanden als ein Maß zur Beschreibung von Wachstumsprozessen. Und dann die Anzahl der Menschen, die als grobes Maß für die Leistungsfähigkeit der Menschheit zum jeweiligen Zeitpunkt gelten kann. Das Bevölkerungswachstum beschreibt Kapitza mit einer mathematischen Funktion: einer hyperbolischen Entwicklung, also der mathematischen Grundform der Hyperbel folgend. Dabei tut sich über lange Zeit hinweg scheinbar gar nichts, das Wachstum erscheint linear mit ganz geringer Steigerung, dann wächst die Kurve merklich, überlinear, erst langsam, dann immer schneller, plötzlich explosionsartig, sogar überexponentiell, und endet schließlich fulminant. Mathematisch ausgedrückt vollzieht sie eine Entwicklung gegen unendlich. Es hat mehrere Millionen Jahre gedauert, bis die menschliche Popu-

lation im frühen Paläolithikum auf 150 000 Menschen ange-
wachsen war – diese Anzahl schaffen die Menschen heute jede
Nacht als Zuwachs!

Mittlerweile leben auf der Erde 6,5 Milliarden Menschen.
Sieht man einmal von Haustieren ab, schlagen sie damit vergleichbar große Säugetiere zahlenmäßig um einen Faktor 1000
und mehr. Wenn diese Menschen nur hoch entwickelte Tiere
wären, als Teil der Biosphäre, wie viele andere Arten, zum Beispiel unsere nächsten Verwandten, würden sie in einem eng begrenzten Territorium leben, in einer ökologischen Nische, wie
die meisten anderen Tiere. Sie befänden sich dann im Zustand
eines dynamischen Gleichgewichts mit ihrer Umgebung. Das
Gegenteil ist der Fall: Es herrscht kein Gleichgewicht, sondern
der Zustand permanenten Wachstums. Mit dem Auftauchen des
Menschen während der Evolution geschah etwas völlig Neues.
Was ist es? Worin liegt das Geheimnis dieser hyperbolischen
Kurve?

Es liegt in der Sprache, in der Kommunikation und der Interaktion. Wissen und Technik, Gebräuche und Fertigkeiten, Kunst
und Religion und schließlich die Wissenschaft – all das ist cha-
rakteristisch für Menschen und ihre Gesellschaft, und genau
darin liegt auch der entscheidende Unterschied zum Tier.

Mathematisch betrachtet wächst die Anzahl der Kommu-
nikationsbeziehungen im Quadrat zur Anzahl der Teilnehmer
am Geschehen. Es handelt sich dabei um einen typischen Netz-
werkeffekt. Erfindungen und ihre Wirkungen nehmen durch
die Quadrierung der Wechselwirkungen sehr viel schneller zu,
als die Anzahl der Menschen selber wächst. Und es ist das Quadrat dieser Anzahl, das über die erhöhten Wechselwirkungs-
möglichkeiten und die damit verbundenen Potenziale zum Austausch und zur Kombination von Wissen direkt in technisch-

organisatorische Möglichkeiten der Menschen eingeht, was sich wiederum auf die Wachstumsgeschwindigkeit bezüglich der Größe der Menschheit auswirkt. Kapitza beschreibt diese fundamentalen Zusammenhänge im Gesetz des quadratischen Wachstums, das er mit einer hyperbolischen Grundstruktur verknüpft.

Kern des Gesetzes ist eine Kopplung zwischen Wachstum und Entwicklung, genauer gesagt ein numerisches Wachstum der Anzahl der Menschen im Verhältnis zu ihrer Interaktion untereinander und damit von Wissens- und Erfahrungsaustausch. Die Menschheit wird in dieser Sichtweise zu einem Wissen generierenden, Wissen verbreitenden und Wissen tradierenden System, zu einem Lebewesen *sui generis* und zu einem intelligenten Superorganismus. Wissen zieht sich dabei durch das gesamte System, durch die ganze Bevölkerung und erreicht schließlich jeden Einzelnen. Es erstreckt sich von den ersten Hominiden, die von Afrika aus in die Welt zogen, bis in die Gegenwart, in der die Menschen über Handy und Internet in Kontakt miteinander stehen. Stets wachsen die Kommunikationsmöglichkeiten quadratisch, weil jeder mit jedem kommunizieren kann und es quadratisch viele mögliche Paarbeziehungen gibt.

Eine praktische Konsequenz ist, dass die Menschen schon immer sehr eng über persönliche Beziehungen und deren Verkettung miteinander verknüpft waren und es bis heute sind. Alle 6,5 Milliarden Menschen sind maximal neun Handschläge voneinander entfernt, selbst der einsamste Indianer im brasilianischen Regenwald von dem einsamsten Eskimo. Auch der einsamste Eskimo kennt nämlich wenigstens einen normal vernetzten Eskimo, und der kennt einen Eskimohäuptling. Der wiederum ist mit dem Eskimobeauftragten des Landes bekannt, und dieser mit dem Staatspräsidenten. Der Staatspräsident kennt natürlich den Präsidenten von Brasilien und dieser den Regierungsbeauftragten für die Indianer des Landes, der wiederum einen direkten Kontakt zu jedem Häuptling hat, und so weiter. Die Menschheit war und ist ein einziges System mit enger Verknüpfung seiner Elemente.

Der Superorganismus Menschheit hat auch grausame Seiten, denn die Menschen kommen und gehen, aber die Menschheit als Superorganismus bleibt bestehen. Das ist mit unserem Körper vergleichbar: Die Zellen kommen und gehen, solange wir leben. Aus der Sicht der einzelnen Zelle kann das bedeutsam sein, dass sie lebt und vergeht, aus der Sicht des Körpers ist es vergleichsweise nebensächlich. Wir selbst bemerken es gar nicht. Was auf Dauer bleibt, ist nur der Superorganismus Menschheit, nicht der einzelne Mensch. Der Superorganismus lebt seit mehr als vier Millionen Jahren und wächst stetig. Wir sind die einzige biologische Spezies, die das vermag: dauernd aus eigener Kraft zu wachsen, obwohl das Biotop uns immer wieder Grenzen setzt.

Die Geschichte der Menschheit begann nach Kapitza etwa vor 4,5 Millionen Jahren mit dem Auftauchen der ersten Hominiden in Afrika, die damals in überschaubaren Horden oder Clans lebten. Geschichtliche Entwicklungen vollzogen sich in dieser Anfangsphase unendlich langsam. Während der ersten Epoche, die etwa drei Millionen Jahre dauerte, war das Wachstum äußerst bescheiden. Die Vorläufer der Menschen waren eher noch Teil der Natur, und der quadratische Wachstumsfaktor spielte noch keine spürbare Rolle. Vor 1,6 Millionen Jahren trat *homo habilis* auf, das war ein entscheidender Schritt in der menschlichen Entwicklung. Nun hatte die Interaktion, etwa beim Gebrauch von Werkzeugen, ein hohes Niveau erreicht, und die ersten Stufen des systemischen Lernens und auch der organisierten Weitergabe von Erfahrungen setzten ein. Auch wenn es noch keine entwickelte Sprache gab, tauchte zum ersten Mal so etwas wie genuine menschliche Intelligenz auf. Entscheidend dafür sind Austausch, Interaktion und Kommunikation. Dies war die Geburtsstunde des spürbaren quadratischen Wachstumseffekts, der bis heute anhält, aber in unseren Zeiten abrupt einbricht und einbrechen muss.

Wohl die größte »Innovation« der menschlichen Geschichte war das Aufkommen der Sprache im Paläolithikum. Wie viel leichter war es jetzt, Ideen weiterzutragen! Dies geschah nun über Worte und Sätze und nicht mehr nur über Gesten, Laute, Schläge oder gemeinsames Tun. Sprache ist Kommunikation pur. Wer sich heute in einem fremden Land sprachlich nicht verständigen kann, sondern nur »mit Händen und Füßen«, der bekommt ein Gefühl dafür, was fehlt, selbst wenn es mit Händen und Füßen auch irgendwie funktioniert.

Selbst Krieg ist eine Form der Wechselwirkung und der Kommunikation. Und das gilt ebenso für Plünderung, Vergewaltigung und Terror, die teils sogar als Mittel der Kommunikation sehr wirksam sind. Und wenn jemand kein Gehör findet oder seine Sicht der Dinge ausgeblendet wird, dann ist ein Selbstmordanschlag eine Mitteilung, die nicht so einfach »überhört« werden kann.

Kommunikation und Interaktion sind überlebenswichtig. Sie sind Teil eines Prozesses, mit dem sich überlegene technisch-organisatorische Möglichkeiten ständig durchsetzen. Stellen wir uns einmal vor, dass eine Hominidengruppe sehr erfolgreich eine neue Jagdmethode beherrscht. Dadurch erweitert sie ihren Lebensraum und drängt andere Gruppen in ihren Möglichkeiten zurück. Wild, das diese anderen zum Überleben brauchen, wird für sie unerreichbar; es sei denn, sie übernehmen die neue Technik. Beides ist Kommunikation – Verdrängung wie Übernahme. Und schon vorher ist klar, dass die neue Technik sich durchsetzen wird. Mord und Totschlag sind dafür meist nicht erforderlich.

Vergleichbare Abläufe kennen wir aus der Frühgeschichte im Nebeneinander von Neandertaler und modernem Menschen oder in der Neuzeit bei der Besiedelung Nordamerikas, Südamerikas oder Australiens. Die selbständige Kultur der Prärieindianer war endgültig verloren, als der weiße Mann mit neuen Gewehren innerhalb von wenigen Jahren etwa fünf Millionen Bisons getötet hatte, denn die indianische Lebensweise basierte auf dem Vorhandensein einer ausreichenden Zahl von frei lebenden Büffeln.

Kapitza führt ein weiteres Beispiel verheerender Kommunikation an. Im Jahre 1345 belagerten die Türken den Genueser Handelsposten Kaffa am Schwarzen Meer. Zwei Jahre lang hatten die Italiener dem Ansturm bereits widerstanden. So lange, bis die Türken zu einer Form der bakteriologischen Kriegsführung[9] übergingen und infizierte Ratten in die Festung warfen. In der Folge brach die Pest aus. Die Überlebenden flohen auf Schiffen zunächst nach Konstantinopel, dann nach Genua, und sie nahmen die Pest mit. Von dort aus verbreitete sich die Epidemie über den ganzen Kontinent. In einigen Ländern Europas haben die Pestepidemien des Mittelalters die Hälfte der Bevölkerung dahingerafft. Es hat einige Zeit gedauert, bis die Verluste kompensiert waren – ähnlich wie nach einem Weltkrieg oder während der Eiszeit. Solange aber das erreichte Wissensniveau gerettet und weitergegeben werden konnte, wurde die Lücke rasch wieder gefüllt. Denn die Obergrenze der Anzahl von Menschen, die zu einem gegebenen Zeitpunkt ernährt werden können, wird im Wesentlichen durch das Wissen und die Technologie definiert, über die die Menschen verfügen. Davon hängt es ab, was man aus dem Biotop an Nahrung herausholen kann.

Wenn also viele Menschen starben, bedeutete das nicht unbedingt, dass die Menschheit einen prinzipiellen Schritt zurück getan hätte. Solange nämlich die Innovationen, die sie bis dahin hervorgebracht hatte, nicht verloren waren, solange ihr Wissen noch in Form eines kulturellen Gedächtnisses vorhanden war, konnten die nachfolgenden Generationen daran anknüpfen. Das ist der Grund, weshalb die Zahl der Menschen rasch wieder wuchs und die Geschichte der Menschheit, trotz aller Gräuel, Kriege und Katastrophen, einem Grundmuster quadratischen Wachstums treu geblieben ist.

Das kollektive Gedächtnis kann geografisch aus dem eigenen Kulturraum ausgelagert werden. Deshalb war es für das Wachsen der Menschheit auch nicht hinderlich, dass Europa ein dunkles Mittelalter durchlebte. Das Wissen der Antike wurde in dieser Zeit mit dem Wissen Persiens und Indiens verknüpft, in Arabien vorgehalten und weiterentwickelt und gelangte später über die spanische Halbinsel, über Sizilien und Venedig wieder nach Europa zurück. An welchen Orten und in welchen Kulturen das Wissen im Superorganismus Menschheit gespeichert und tradiert wird, ist nicht entscheidend, Hauptsache, es »lebt«, wird kommuniziert und tradiert. Gefährlich wird es für Kulturen dann, wenn sie sich isolieren und aus dem Austausch verabschieden. In Zeiten der Globalisierung steigen die Risiken, die eine solche Isolation in sich birgt, sogar noch weiter. Denn gegen das Innovationspotenzial der großen Zahl kann ein isoliertes, kleineres Subsystem auf Dauer nicht bestehen.

In jüngster Zeit hat sich das Wort von der Informationsgesellschaft eingebürgert; demgegenüber zeigt Kapitza, dass die menschliche Gesellschaft bereits von Beginn an informationsgetrieben gewesen ist, denn Interaktion ist ihr entscheidendes Merkmal. Die Informationsgesellschaft ist also nicht erst mit den Computern entstanden, nicht einmal mit dem Aufkommen der Sprache, Interaktion war immer zentral für die Menschheit und ihre Entwicklung.

Zurzeit erleben wir allerdings eine Potenzierung der Kommunikations- und Interaktionsprozesse und wie die Menschheit als Superorganismus ihr eigenes Nervensystem entwickelt. Mit den Möglichkeiten der Telefonie, der Medien und dem Internet entsteht eine globale Informations- und Kommunikationsstruktur, die in ihrem Potenzial der Übertragungskapazität, der Schnelligkeit und in ihrer globalen Verteiltheit alles Bisherige in den Schatten stellt. Zugleich werden in diesem globalen Netzwerk mit Multimedia die Voraussetzungen geschaffen, um auf technischen Wegen beliebige Sensorsignalinformationen zu identifizieren, zu nutzen, zu integrieren und weiterzuverarbeiten. Und zwar völlig unabhängig davon, ob es sich um Bilder, Töne, haptische Eindrücke etc. handelt. Der Superorganismus Menschheit wird hinsichtlich seiner Informationskapazität in Kürze auf sämtlichen Ebenen sogar weit über das hinausgehen, worüber Menschen von Natur aus verfügen. Parallel dazu läuft ein Prozess, in dem Wissens- und Datenbanken ungeahnter Mächtigkeit entstehen und immer mehr Vorgänge der Wissensverarbeitung automatisiert werden. Darunter sind auch solche, die hohe Intelligenz verlangen. Damit sind weitere Schritte in eine Welt neuer Möglichkeiten getan worden, deren Auswirkungen wir heute noch gar nicht in ihrem vollen Umfang überblicken können.

Der Mensch hält das hohe Tempo nicht mehr aus

Die Existenz von heute 6,5 Milliarden Menschen ist vor allem eine Folge des Wissenschafts- und Techniksystems des Superorganismus Menschheit. Kapitza hat eine Philosophie der Zeit entwickelt, die uns hilft, die Beschleunigungsprozesse zu begreifen und damit den Stress besser einzuordnen, dem wir heute ausgesetzt sind. Er unterscheidet nämlich zwischen der objektiven Zeit der Gestirne, also der Newton'schen Zeit, und der subjektiven, inneren Zeit der menschlichen Erfahrung im historischen Prozess. Letztere nennt er die Eigenzeit des Systems Menschheit. Sie hängt direkt mit der Bevölkerungsentwicklung zusammen und zeichnet sich durch eine starke Beschleunigung aus. Er definiert die Eigenzeit der Menschheit als die Zeit, die sie braucht, um zehn Milliarden Menschen zu »produzieren«. Zählt man die Gesamtheit der Menschen zusammen, die je gelebt haben, kommt man auf etwa 100 Milliarden. Dabei hat die erste Phase dieses Prozesses Millionen Jahre gedauert, die letzte dagegen gerade mal 100 Jahre. Mathematisch betrachtet bewegt sich der Prozess auf einen Phasenübergang zu, der sich etwa im Jahr 2030 ereignen wird. Dann läuft die Wachstumskurve gegen unendlich und zugleich gegen ein prinzipielles Problem: dass nämlich die Anpassungszeit der Menschen, das zu lernen, was sie lernen müssen, um den Prozess der rasanten Vergrößerung der Menschheit noch beherrschen zu können, kürzer wird als diejenige Zeitspanne, die notwendig ist, um neue Gehirne mit neuem Wissen in die Welt zu bringen und die Anpassungsprozesse im Bereich Wissen und Technologie zu bewältigen. Bis heute war das nie ein Problem.

Die Hauptthese von Kapitza besteht darin, dass wir uns dem Punkt nähern, an dem die bisherigen Wachstumsmuster der

Menschheit zwangsläufig abbrechen, weil der Superorganismus Menschheit die nötigen Innovationen nicht mehr schnell genug liefern kann. In der Sprache der Wirtschaftswelt formuliert, ist das Veränderungstempo mittlerweile so hoch, dass einerseits die Zeit nicht mehr ausreicht, die benötigten Erfindungen rechtzeitig hervorzubringen, und andererseits die Abschreibungsfristen für Innovationen nicht mehr lang genug sind, um Finanzierungen zu ermöglichen. Zugleich halten die Menschen das Tempo nicht mehr aus, denn die Veränderungen geschehen während unserer Lebenszeit und nicht mehr im Laufe der Generationen. Lebenslanges Lernen wird zum Programm, aber wir sind dabei dauernd überfordert. Dass es in großen Firmen heute Motivationsseminare für lebenslanges Lernen gibt, sagt alles. Wir brauchen solche Seminare, weil wir eigentlich ablehnen, was von uns erwartet wird. Es überrascht deshalb nicht, dass viele Manager und Mitarbeiter heute arbeitsbedingt krank sind.

Die ultimative Grenze für die Größe der Menschheit ist die Leistungsfähigkeit des menschlichen Gehirns, der entscheidende Engpass ist die erreichbare Innovationsgeschwindigkeit. Die Innovationen, die heute notwendig wären, um die Probleme der Menschheit bei weiterem Wachstum gemäß der bisherigen Logik zu lösen, würden die »Hardware« des Menschen völlig überfordern. Selbst die jetzt bereits absehbaren Probleme in Bezug auf Ressourcen und Verschmutzung, weltweiten sozialen Ausgleich und weltweite kulturelle Balance, bei einer Stabilisierung der Weltbevölkerung auf neun bis zehn Milliarden Menschen im Jahre 2050, übersteigen möglicherweise schon unsere Lösungspotenziale.

Der schon erwähnte Phasenübergang ist insofern unausweichlich und ähnelt hinsichtlich der Dimensionen des Umbruchs dem Übergang von Eis zu Wasser oder von Wasser zu

Wasserdampf, wenn man kontinuierlich die Temperatur erhöht. Das System wechselt in einen fundamental anderen Zustand, wobei – für uns anders als bei den Phasen des Wassers – heute offen ist, wie dieser aussehen wird. Ein Muster, das mehr als vier Millionen Jahre lang erfolgreich war, wird jedenfalls zu Ende gehen. Dass wir in diesem einzigartigen Moment dabei sind, ist nicht so unwahrscheinlich, wie man zunächst glauben mag. Der Kulminationspunkt kommt zwar erst nach mehr als vier Millionen Jahren Menschheitsgeschichte, aber nach Kapitzas Analysen existieren in der kritischen Übergangszeit ein Zehntel der Menschen, die jemals die Erde bevölkert haben, nämlich zehn Milliarden von 100 Milliarden. Wir leben in einer spannenden Zeit, es ist ein einzigartiger Moment in einem langen geschichtlichen Ablauf.

Achtung Bumerang:
Neue Technik gebiert neue Probleme

Das Mittelalter hat als Höhepunkt einer Entwicklung von vielen Millionen Jahren ein leistungsfähiges technisches System hervorgebracht, das sich praktisch ausschließlich aus regenerativ erzeugter Energie speiste. Ob Wasser- oder Windmühlen, ob Holz zum Heizen oder tierische Zugkraft – alle diese Energiequellen sind solaren Ursprungs. Jacques Neirynck[10], ein Technikphilosoph belgischer Abstammung, spricht von »ökologischer Perfektion innerhalb eines technischen Systems«, dessen Wurzeln bis ins Neolithikum zurückreichen, also in eine Zeit vor rund 10 000 Jahren, als die Menschheit Ackerbau und Viehzucht erfand und damit die Tür in neue Größenordnungen öffnete. Das System war ein riesiger Fortschritt, aber es blieb stets im Rahmen erneuerbarer Energien, es lebte vom Fluss der Ressourcen, nicht von der Nutzung endlicher Depots.

Die Ingenieure des Mittelalters entwickelten zum Beispiel die Windmühle so, wie wir sie heute noch kennen: mit einer horizontal gelagerten Achse und einem Orientierungsmechanismus, der die Mühlenblätter im Wind hält. Verbreitet waren diese Maschinen vor allem im Nordwesten Europas, zum Beispiel in den Niederlanden.

Man setzte erhebliche Mühe daran, die tierische Zugkraft zu verbessern. Im Altertum waren die Pferde noch mit einer Art Halsband angespannt. Das hatte den Nachteil, dass die Tiere gewürgt und so daran gehindert wurden, mehr als 500 Kilogramm zu ziehen. Zur Zeit der Griechen und Römer wurden Pferde hauptsächlich geritten, allenfalls zogen sie leichte Wagen, wenn es darum ging, Personen zu transportieren. Das Straßensystem der Römer umfasste zwar rund 300 000 Kilometer, aber darauf bewegten sich vor allem Reisende zu Fuß, zu Pferd oder mit leichten zweirädrigen Karren. Größere Wagen hatten kein bewegliches Vordergestell und waren deshalb nur mühsam zu manövrieren. Das änderte sich im Mittelalter. Nun kamen moderne Anspannmethoden auf, und die Zugtiere wurden beschlagen. Auf diese Weise konnte ein Pferd rund 2500 Kilogramm ziehen – etwa das Fünffache des Eigengewichts und eine Verbesserung um den Faktor 5.

Wenn man in Frankreich im 12. Jahrhundert die Klugheit besessen hätte, die Bevölkerung auf etwa zehn Millionen Einwohner zu beschränken, hätten die Menschen mit den damaligen technischen Systemen problemlos 3000 Jahre lang weiterleben können, analysiert Neirynck. Die Geschichte hat aber einen anderen Verlauf genommen, denn die Völker Europas haben sich über bestehende Grenzen hinausbewegt. Und zwar mit den Kolonien sowohl über die ihrer Territorien als auch durch bahnbrechende neue Erfindungen über bis dahin geltende technische Grenzen.

Jede nicht regenerative oder nur langsam erneuerbare Ressource geht einmal zu Ende. Um 50 Kilogramm Eisen herzustellen, benötigte man 25 Festmeter Holz. In sechs Wochen konnte eine Gruppe Köhler einen Quadratkilometer Wald abholzen und in Holzkohle verwandeln. Nachdem das geschehen war, war der Wald verschwunden. In England begann man deshalb bereits sehr früh damit, Kohle abzubauen, die an verschiedenen Orten zutage trat, und vom 12. Jahrhundert an importierte die Handelsstadt Brügge bereits englische Kohle aus Newcastle. Dies war ein gewaltiger historischer Umbruch, der durch die wissenschaftliche Revolution der Renaissance angetrieben wurde und schließlich in die industrielle Revolution mündete.

Jahrhundertelang wurde Kohle auf menschlichen Rücken oder mit Hilfe von Seilen an die Oberfläche transportiert. Vielfach lieferten Pferde und Wasserräder zusätzliche Energie. Auf die gleiche Weise musste Sickerwasser ausgeschöpft werden. Als eine Maschine erfunden wurde, die die Wärmeenergie der Kohle zur Förderung dieses Rohstoffs in mechanische Energie verwandeln konnte, war ein völlig neues technisches System geboren. Die Dampfmaschine ermöglichte eine effizientere Kohleförderung, die wiederum den Brennstoff der Maschine und darüber hinaus als Überschuss größere Volumina nutzbarer Energie lieferte. Durch die üppige Energiebasis konnte nicht nur die Qualität des Stahls verbessert werden, sondern das Material an sich in bis dahin nicht vorstellbaren Mengen hergestellt werden. Die gesamte Mechanik, einschließlich des Maschinenbaus, erlebte eine Blüte. Ohne die industrielle Revolution wäre beispielsweise die mechanisierte Textilindustrie nicht möglich gewesen.

Während des Winters zitterten die Menschen vor Kälte und mussten ihre schmutzigen und rauen Kleidungsstücke direkt auf der Haut tragen. Mit der Verbreitung von industriell hergestellten Unterhosen, Unterhemden und Socken wurde die Textilbranche angekurbelt. Der gesteigerte Warenaustausch machte ein leistungsfähigeres Transportsystem notwendig. Dabei spielte bald die Eisenbahn eine wichtige Rolle, die mehr Ressourcen herbeischaffen konnte und den Handel belebte. Alles in allem war es ein überaus erfolgreiches, sich selbst perpetuierendes und wachstumsintensives System.

Fundamental neue Entwicklungen sind dann erforderlich, wenn technische Systeme an ihre Grenzen stoßen und sich zugleich durch ihre eigenen Erfolge gefährden. Eine Scheidelinie wird erreicht, wenn eine Bevölkerung stark wächst oder sich ein höheres Konsumniveau einstellt. Eher statische Systeme sind dagegen länger überlebensfähig; Neirynck führt beispielhaft das ägyptische Reich an, das über annähernd 3000 Jahre auf ein und derselben Kultur- und Technikstufe verharrte. Am Beispiel Roms zeigt er, dass ein System an den selbst erzeugten Bedingungen zugrunde geht, wenn weder technische noch politische Entwicklungen einsetzen, die es ermöglichen, eine wachsende Bevölkerung mit gestiegenen Ansprüchen ausreichend zu versorgen.

Daran zeigt sich ein bestimmtes Prinzip: Sobald die durch neue technische wie politische Lösungen rasch wachsende Bevölkerung auf dem Stand der nun veralteten Technologie nicht mehr ernährt werden kann, überfordert ihre Zahl das alte technische System. Ein »Zurück in die Steinzeit« hieße heute, dass fast alle Menschen in kürzester Zeit verhungern würden. Etwas Neues muss erfunden und eine Scheidelinie überschritten werden, der Weg zurück ist ohnehin verbaut.

Dieses Muster bleibt immer gleich. Als die dramatischste

Folge technischer Evolution erweist sich die Zunahme der Bevölkerung, die jetzt ernährt werden kann, aber in der Folge dann auch ernährt werden muss. Hinzu kommen die gestiegenen Ansprüche der Bevölkerung. Ein Haus, ein Auto und Ferienreisen zum Beispiel sind über die vergangenen ein bis zwei Generationen in den industrialisierten Ländern für breite Teile der Bevölkerung zum Standard geworden. Diese Bedürfnisse müssen auch in Zukunft befriedigt werden, anderenfalls drohen politische Unwägbarkeiten und chaotische Zustände, denn wenn wir nicht bekommen, woran wir uns gewöhnt haben, werden wir häufig aggressiv. Und das aus verständlichen Gründen, weil das Gewohnte in der »Hardware« unserer neuronalen Netze tief verankert ist. Und wenn dagegen verstoßen wird, setzen körperliche Abwehrreaktionen ein.

In Zahlen: Im Laufe der letzten 10 000 Jahre ist die Bevölkerung der Erde um den Faktor 2000 gewachsen. Das Konsumniveau, das sich zum Beispiel grob am spezifischen Energieverbrauch festmachen lässt, nahm ebenfalls massiv zu. Daraus ergibt sich eine Steigerung der Gesamtbelastung des Biotops durch die Menschen während der vergangenen 10 000 Jahre um etwa den Faktor 1 Million.

Gleichzeitig hat der technische Fortschritt Entlastung gebracht, wie das Beispiel Papier zeigt. Das Grundrezept ist noch das gleiche wie vor 2000 Jahren: Man nehme pflanzliche Faserstoffe, verdünne sie in Wasser, gebe das Ganze auf ein Faservlies und lasse es trocknen. Im Mittelalter wurden Lumpen (Hadern) zerstückelt, in Wasser eingeweicht und zerstampft. Die Masse gab man in Bütten, aus denen das Papier dann mit feinen Sieben herausgefischt wurde. Heutige Zellstofffabriken kosten dreistellige Millionenbeträge, und die Papiermaschinen dort sind so groß und teuer wie ein Jumbojet und auf höchste Effizienz getrimmt. Über die gesamte Produktionskette betrachtet, erfordert Papierherstellung zwar immer noch viel Wasser, Energie und Holzfasern, verglichen mit früher aber nur noch einen Bruchteil an natürlichen Ressourcen pro Quadratmeter. Im Laufe seiner 2000-jährigen Geschichte wurde es gründlich dematerialisiert. Allgemein gilt, dass die Dematerialisierung, also weniger erforderlicher Input für mehr Output, eine übliche Begleiterscheinung des technischen Fortschritts ist.

Unterm Strich bleibt dennoch ein gewaltiger und immer noch zunehmender Druck auf das ökologische Trägersystem, die Erde, denn die Entlastung durch saubere Technik über alle Produktionsprozesse hinweg wird immer wieder durch das außerordentliche Wachstum des Gesamtsystems überkompensiert. Es ist noch gar nicht so lange her, als man sich vom »papierlosen Büro« eine deutliche Ressourcenersparnis versprochen hat – mittlerweile ist es nur noch ein schlechter Witz.

Der Grund, weshalb die gewünschte Wirkung nicht eingetreten ist, ist der so genannte Bumerangeffekt oder Rebound-Effekt, wie er sich durch die gesamte Technikgeschichte zieht. Dieses Thema ist ein Hauptanliegen von Jacques Neirynck. Es beinhaltet, dass der Fortschritt in der Regel einen gesteigerten Forderungsdruck auf das jeweilige technische System und die Natur erzeugt, weil durch bessere Technik und neue technische Systeme der Zugriff auf mehr und andere Ressourcen möglich wird und der Preis für Güter tendenziell sinkt. Wenn es dann keine geeignete gesellschaftliche Ordnung oder Governance-Struktur gibt, die Ressourcenzugriffe gesellschaftlich begrenzt, wird durch die technische Verbesserung der Gesamtzugriff der Menschheit auf die Umwelt erhöht, auch wenn er pro Wertschöpfungseinheit sinkt. Das heißt, je effizienter die Technik, desto mehr Ressourcen werden insgesamt verbraucht, sofern nicht auf der Governance-Seite gegengesteuert wird. Die Verhältnisse sind daher rückblickend nicht einfacher, sondern schwieriger geworden. Immer mehr Menschen auf einem immer höheren Konsumniveau tragen immer größere Erwartungen und unerfüllte Konsumwünsche mit sich herum: »Die ich rief, die Geister, werd ich nun nicht los«, umschreibt diese Logik treffend. Eine Entspannung ist nicht in Sicht. Technik ist eine Chance, nicht mehr, und solange entscheidende Fragen der Governance nicht gelöst sind, verschärft technischer Fortschritt die Umwelt- und Ressourcenprobleme in ihrer Gesamtheit eher, als diese zu lösen. Das spricht nicht gegen den technischen Fortschritt, wohl aber für die Notwendigkeit erheblicher Innovationen und Fortschritte im Bereich der Governance.

Technischer Fortschritt?

Die erste industrielle Revolution begann mit der Erfindung der Dampfmaschine. Von 1750 bis 1850 entstand ein bis dahin unbekanntes technisches System, das seinerseits von kulturellen und gesellschaftlichen Innovationen begleitet wurde. Es war eine komplett neue Welt: Man bewegte sich nun mit der Eisenbahn oder mit dem Dampfschiff, und der Planet wurde langsam von Europa aus erobert. Nur Zentralafrika und die Pole galt es noch zu entdecken. Gas und Kohle waren die entscheidenden Energiequellen. Die Städte wurden immer größer, die Straßen waren nun gepflastert und mit Laternen versehen. Der Telegraf machte die Kommunikation über den Ärmelkanal möglich. Die Fotografie wurde erfunden, die Nähmaschine und das Nitroglyzerin. Hätten die Menschen es dabei bewenden lassen und ihre Reproduktionsrate auf diese Technik eingestellt, hätten sie einige

Jahrhunderte und vielleicht sogar Jahrtausende in diesem ziemlich komfortablen System leben können. Aber so stellte sich das Thema nie dar – und wer hätte darüber entscheiden sollen? Stattdessen wollten die Menschen mehr, und sie konnten auch mehr, weil sie erfinderisch waren und der Wettbewerb sie antrieb. Damit schufen sie die Voraussetzungen für eine weitere Expansion, ohne dass ihnen die Natur unüberwindliche Grenzen setzte.

Das Ergebnis der zweiten industriellen Revolution war die Elektrotechnik. Die Erfindung der Glühlampe datiert auf 1879. Im Jahr 1890 wurde in London die erste elektrisch betriebene U-Bahn-Linie eröffnet, und die erste elektrifizierte Eisenbahn folgte 1907. Parallel dazu gewann die Informationstechnik an Fahrt. Die Erfindung des Telefons geht auf das Jahr 1876 zurück, und das Radio ist ebenfalls ein Beitrag der zweiten industriellen Revolution. Aber auch das Maschinengewehr, das Giftgas, insgesamt eine gewaltige industrielle Tötungsmaschinerie, die während des Ersten Weltkriegs zum Einsatz kam. Die Kohle, die bis dahin der wichtigste Brennstoff gewesen war, wurde mehr und mehr vom Erdöl verdrängt.

Im Übergang von der ersten zur zweiten industriellen Revolution entstand also ein neues technisches System, aber diesmal unter einem besonderen Vorzeichen. Dabei war die Ressourcenbasis der ersten industriellen Revolution noch lange nicht erschöpft. Ausschlaggebend war diesmal nicht, dass die Grenze des alten Systems erreicht worden wäre, die Treiber bildeten vielmehr Wissenschaft und durchorganisierte Innovationsstrukturen, die von Staaten und Unternehmen in Gang gebracht worden waren. Das Zentrum der technischen Innovation verlagerte sich von England zuerst nach Deutschland, dann in die USA. Deutschland erfand am Ende des 19. Jahrhunderts die technischen Hochschulen, an denen die Ingenieure eine Ausbildung in Physik, Chemie und Mathematik erhielten.

Der Übergang von der ersten zur zweiten industriellen Revolution ist für die heutige Ressourcendiskussion von besonderem Interesse, denn er zeigt, dass man nicht warten muss, bis die Knappheiten offenkundig geworden sind. Wenn es im Laufe der technischen Entwicklung gelingt, die entscheidenden Wertschöpfungsprozesse von knappen, nicht erneuerbaren Ressourcen auf verfügbare, insbesondere auf erneuerbare Ressourcen zu transferieren, dann verschwindet der Engpass. Das Gehirn ist dabei der Motor, aber ebenso der Engpass. Das ist die Argumentation von Kapitza, der die Grenzen des Wachstums, wie oben dargestellt, nicht im Bereich der Ressourcenbasis verortet, sondern in der begrenzten Innovationsgeschwindigkeit des Menschen, also letztlich im Gehirn.

Die dritte industrielle Revolution, die durch den permanenten Innovationsschub der Informations- und Kommunikationstechniken befeuert wird, vollzieht sich gegenwärtig vor unseren Augen. Sie verläuft noch schneller als alles bisher Dagewesene und erfolgt wiederum zu einem Zeitpunkt, in dem die Ressourcenbasis der vorangehenden Revolution noch längst nicht erschöpft ist. Diesmal wird sie durch die immer höhere Bewertung, Förderung und Instrumentalisierung der Wissenschaft vorangetrieben. Wissenschaft wird vielfach sogar zur Pseudoreligion erhoben.

All das kumuliert in einem Zustand der Welt, den Jacques Neirynck als höchst gefährlich einschätzt. Wir befinden uns auf dem geschichtlichen Höhepunkt der Fähigkeit, weltweit Unordnung und Zerstörung auszulösen. In allem, was wir tun, und mit jedem Versuch, die Welt für die Menschen vermeintlicherweise besser zu gestalten, machen wir sie noch verwundbarer, und wir bedrohen die Lebensgrundlagen insgesamt. Der Bumerangeffekt destabilisiert die ökologischen Systeme weiter, stört den Zusammenhalt und die Balance zwischen den Kulturen und hat uns bereits in nah-chaotische Zustände gebracht. Wir sind kaum noch in der Lage, diese zu durchschauen, und in politischer wie gesellschaftlicher Hinsicht beherrschen wir sie erst recht nicht, weil das Tempo und die Innovationsgeschwindigkeit viel zu hoch sind. Wir leben jetzt in einer Welt, in der die Verhältnisse uns treiben und nicht wir sie. Wir sind nahe am Chaos. Wir reagieren dabei mehr, als dass wir agieren, auch wenn das in der medialen Kommunikation täglich anders suggeriert wird. Selbst wenn Führungspersönlichkeiten aus Politik und Wirtschaft Entschlossenheit demonstrieren und so tun, als hätten sie alles im Griff – nichts haben sie im Griff; die Entwicklung hat sie im Griff.

Eine zukünftige stabile Welt ist denkbar

All das ist keine Technikschelte. Technik hat unser Leben sehr viel angenehmer gemacht. Technikfeindlichkeit wäre keine aussichtsreiche Strategie, denn bei den Ansprüchen, die heute im Raum stehen, benötigen wir zukünftig eine noch viel exzellentere Technik, aber korrespondierend dazu auch gesellschaftlichen Fortschritt bei den Governance-Strukturen. Letzteres ist mindestens so wichtig wie die technische Seite. Selbstverständlich brauchen wir parallel auch Märkte, Wettbewerb und eine exzellente Ausbildung, damit die neue Technik, aber auch die neuen Governance-Strukturen überhaupt entstehen können.

Technik ist wie ein Wunder. Welcher Segen liegt in der Erfindung des Penicillins oder der nichtinvasiven Verfahren der

Chirurgie! Das Leben ungezählter Menschen, nicht zuletzt von Frauen, Familien und kleinen Kindern, wurde durch Waschmaschine, Kühlschrank, Elektroherd, Kinderbuggy und Aufzüge signifikant verbessert. Welche neuen Möglichkeiten schafft ein Computer oder ein Flugzeug! Oder nehmen wir das Auto, eine der großartigsten Maschinen, die der Mensch je gebaut hat. Es ist ein zunehmend intelligentes, sensomotorisches System mit bereits mehr als 1000 Chips zur Sicherung seiner Funktion.

Es lohnt sich, unter Wertschöpfungsaspekten einmal zu bedenken, wie nützlich ein Auto ist. Nehmen wir als Beispiel einen älteren Menschen oder eine Mutter mit zwei Kindern, die irgendwo draußen vor der Stadt wohnen. Was dieses Auto an Gewichten über Berge transportiert, zum Beispiel beim täglichen Einkauf oder im Urlaub! Wie könnte das ohne Auto funktionieren, wenn man nur die menschliche Kraft zur Verfügung hätte? Wie viele Sklaven würde man benötigen, um die Dinge vergleichbar zu erledigen? Vom Tempo einmal ganz abgesehen.

Gesetzt, man könnte 100 Sklaven befehligen. In vielen Fällen würden sie nicht das schaffen, was ein einziges Auto bringt. Rechnet man nun die 100 Sklaven als Arbeitnehmer mit einem Einkommen von 25 000 Euro im Jahr – dann bekommt man eine Vorstellung davon, wie günstig ein Auto ist. Dann wird deutlich, welche unglaublichen Wertschöpfungspotenziale in solchen Maschinen stecken, welche Vorteile es hat, sie nutzen zu dürfen, und welche Bedeutung die Fähigkeit hat, solche Maschinen auf Weltmarktniveau produzieren zu können. Und natürlich auch, warum es diese Maschinen sind, die uns reich machen – was nicht davon ablenken soll, dass die ökologischen Effekte erst noch bewältigt werden müssen.

Mensch und Werkzeug – das ist fast ein Synonym, denn der Mensch und seine Artefakte sind beinahe untrennbar miteinander verbunden. Die Werkzeuge und technischen Lösungen sind es, die uns zum Menschen machen, die uns vom Tier unterscheiden. Der Mensch ist ein Leonardo-Wesen.[11]

Dennoch hilft ein naiver Glaube an den technischen Fortschritt, ein so genannter *technology fix*, nicht weiter. Technik ist ambivalent, weil technische Lösungen über den Bumerangeffekt stets auch neue Probleme generieren, wenn man keine gesellschaftlichen Vorsorgemechanismen gegen diesen Effekt etabliert beziehungsweise zu etablieren in der Lage ist. Als Gesellschaft ist uns das mittlerweile so sehr bewusst, dass Innovationen mit Akzeptanzkampagnen begleitet werden. Die Entwicklung der Gentechnik stößt, beispielsweise bei der Verwendung von Embryonen in der Forschung, immer wieder an geltende ethische Grenzen. Das wichtigste Argument der Befürworter lautet unterdessen, dass wir das tun müssen, weil uns sonst andere zuvorkommen und der Markt uns bestraft.

Wir haben keine Zeit mehr, die Dinge gründlich zu durchdenken und sie dann international abgestimmt zu verfolgen. Und insofern sind es unvernünftige Ordnungsbedingungen, die dazu führen, dass wir Dinge tun müssen, ob wir wollen oder nicht. Das gilt vor allem für so genannte »freie« Wettbewerbsstrukturen ohne eine ausreichende Regulierung des Erlaubten und Nichterlaubten. Typische Situationen verlaufen so: Ein Teilnehmer nutzt seine »Freiheit« und prescht vor, oft sogar wider besseres Wissen, weil er sich daraus einen Vorteil verspricht, den er genau dann hat, wenn die anderen sich zurückhalten. Dadurch entsteht eine neue Situation, die letztlich alle zwingt mitzugehen. Die überwiegende Mehrheit der Bevölkerung würde das bei freier Wahl keineswegs tolerieren. Die Aktiven aber, die die Bewegung nach vorne tragen – oft sind es die Forscher selber oder Investoren –, sind froh über diese Verhältnisse, denn

Freihandelsbedingungen erzeugen Marktzwänge, über die sie bekommen, was sie wollen. Unter anderen Ordnungsbedingungen, ohne Zeitdruck und unter der Voraussetzung mehrheitlich getragener Entscheidungen, könnten sie ihre Positionen kaum durchsetzen. Sie würden sie wohl nicht einmal vertreten.

Das Argument, mit neuen medizinischen Methoden könnten wir zukünftig Menschen retten, ist in diesem Kontext zwar richtig, aber genauso richtig ist, dass sie anschließend eine andere Krankheit entwickeln und aus anderen Gründen sterben würden. Das wäre zumindest so lange der Fall, wie uns die Unsterblichkeit nicht gelingt. Und bei allem medizinischen Fortschritt sind wir heute, vielleicht mehr als je zuvor, obsessiv mit Gesundheit und Angst vor Krankheit beschäftigt – von Krebs über Parkinson, Herz-Kreislauf-Krankheiten bis hin zu Diabetes. Das spricht nicht gegen den Fortschritt an sich, aber es relativiert seine Verheißungen.

Sicher kann ein potenzieller Fortschritt nicht als Totschlagargument verwendet werden, um Debatten zu verhindern oder umzufunktionieren. Demokratische Gesellschaften brauchen einen offenen Diskurs darüber, welchen Fortschritt sie wollen und welches Tempo sie dabei einschlagen. Entscheidungen sollten demokratisch gefällt werden, sowohl im Hinblick auf den Einsatz finanzieller und intellektueller Mittel, insbesondere auf der öffentlich finanzierten Seite, als auch in Abwägung anderer Nöte, die auf diesem Globus offensichtlich sind. Aber in Zeiten der Globalisierung würde das nur weltweit funktionieren. Die Voraussetzung wären Schritte in Richtung auf eine weltweite Demokratie – und davon kann nun wirklich nicht die Rede sein.

Jacques Neirynck führt die Diskussion über die Ambivalenz des technischen Fortschritts unter den Begriffen der »Januskköpfigkeit« und der »technischen Illusion«. Er warnt davor, von der Technik Dinge zu erwarten, die sie nicht leisten kann, oder sich einer Magie oder Pseudoreligion hinzugeben, die nicht nur negative Seiten hat, sondern unvorstellbare Katastrophen heraufbeschwört. In der Geschichte der Atombombe, ihrer Anwendung und der nach wie vor von ihr ausgehenden Bedrohung ist die Skepsis gegenüber dieser Technologie mittlerweile Allgemeingut. Neirynck wird hier besonders deutlich, wenn er sagt, die Atombombe sei das unabwendbare Ergebnis der Arbeit der intelligentesten, selbstlosesten und friedfertigsten aller Menschen. Technische Illusionen sieht er aber auch in vielen anderen und scheinbar harmlosen Erfindungen: in der Verkehrstechnik, der Weltraumtechnik und der Medizin.

Als ordnendes Prinzip der Analyse des Evolutionsprozesses der Technik verwendet Neirynck den zweiten Hauptsatz der Thermodynamik, also das Gesetz von der unausweichlichen und andauernden Zunahme der globalen Entropie. Anschaulich gesprochen geht es um den Verlust an Ordnung oder Homogenität im Universum. Der Mensch ist in dieser Sicht ein Lebewesen, das immer effizienter dazu beiträgt, in einem globalen Sinne Ordnung zu zerstören und Energien zu verbrauchen. Und zwar infolge seines Bemühens, für sich lokal und kurzfristig über mehr Ordnung das zu verwirklichen, was er jeweils als ein erfülltes menschliches Leben ansieht. Insgesamt beinhaltet diese Sicht der Technikentwicklung eine große Desillusionierung, weil sich die Hoffnung auf rein technische Lösungen, der genannte *technology fix*, als Illusion erweist. Oder anders ausgedrückt: Zu lösen sind in erster Linie die großen gesellschaftlichen und politischen Fragen, daran führt kein Weg vorbei.

Neiryncks Perspektive ist ein technisches System mit niedriger Entropie. Auf diesem Wege ist eine zukünftige stabile Welt durchaus vorstellbar. Es wäre eine Welt mit einer Ökonomie, die weitgehend auf erneuerbaren Ressourcen basiert, die ihre Rohstoffe sehr effizient und effektiv einsetzt, deren Stoffwechselprozesse mit ihrem Biotop langfristig und nachhaltig angelegt sind und die somit »in Frieden« mit ihrer Umwelt lebt. Eine Welt, die künftig, vielleicht in 300 Jahren, nicht mehr 6,5 oder acht oder demnächst zehn Milliarden Menschen beherbergt, sondern deutlich weniger, vielleicht sogar nur noch eine Milliarde, wie es gegen Mitte des 19. Jahrhunderts der Fall war. Damit ließe der Druck auf die Natur trotz hohem Konsumstandard von selber nach. Denkbar ist auch eine Welt, die ohne weitere Innovationen auskommt und stattdessen Technologien nutzt, über die sie bereits verfügt und die sich die Menschheit zuvor im Laufe vieler Generationen erarbeitet hat. Das wäre eine reiche Welt, die sehr ausgeglichen ist und die ihre Verhältnisse über Bürokratie, Gewerkschaften oder eine aktive Bürger- und Zivilgesellschaft organisiert.

Zurzeit ist das noch ein fast unerreichbares Fernziel, weil die heutige Welt völlig anders aussieht. Hier gelten andere Bedingungen und Wachstum wird fast zur Notwendigkeit. Die heraufziehenden Gefahren sind dabei kaum zu unterschätzen, aber eine stabile Welt mit Zukunft ist denkbar. Es gibt in längerer Perspektive auch keinen permanenten Wachstumszwang in der Wirtschaft. Das zu wissen ist mehr als nichts.

Rechner verändern die Welt

Eine Zeitenwende steht an, ein Phasenübergang. Wir haben den ultimativen Beschleunigungsschritt in einem Prozess vor uns, der gemäß einem Wachstumsmuster verläuft, das über Jahrmillionen das Schicksal der Menschheit bestimmt hat, in dieser

Form nun aber nicht mehr fortgesetzt werden kann. Kommunikationstechnologien sind der entscheidende Treiber in diesem Prozess.

Viele Telefonate, die wir auf der Straße, im Zug oder im Restaurant miterleben, sind von einer gewissen Trivialität: So ist Kommunikation! Vielleicht werden Beziehungen durchs Handy oder unter Nutzung des Internets nicht unbedingt tiefer, dafür aber vielfältiger, variabler und über Distanz gestaltbarer. Ob privat oder beruflich: Durch die permanente Erreichbarkeit werden Austausch, Abstimmung und Meinungsbildung immer stärker miteinander verzahnt. Das ist nicht nur in bereits entwickelten Ländern der Fall, denn auch die sich entwickelnden Länder holen in großen Schritten auf.

Dieser Prozess basiert auf dem so genannten *leapfrogging*. Es bedeutet, dass die jeweils besten Lösungen übernommen werden, die es anderswo schon gibt. Zu den typischen *leapfrogging*-Prozessen gehört in der Telekommunikation, sehr viel leistungsfähigere und zugleich preiswertere Glasfaserkabel statt Kupferkabel zu verlegen. Und in ärmeren Regionen erspart man sich zunächst ganz den aufwändigen Aufbau eines Kabelnetzes, stellt stattdessen Funkmasten auf und ermöglicht so Telekommunikation.

Es begann mit der Erfindung der Sprache, der Schrift, des Buchdrucks. Der ultimative Treiber der großen Veränderungen der letzten Jahrhunderte ist die Informations- und Kommunikationstechnik: Telefon, Radio, Fernsehen und schließlich das Internet. Insbesondere die letzte Hälfte des 20. Jahrhunderts, die viele von uns miterlebt haben, war ein einziger Kommunikationsrausch. Die Menschheit, verstanden als Superorganismus, ist im Begriff, ihr Nervennetz zu organisieren und ständig auszuweiten.

Die Informations- und Kommunikationstechniken der dritten industriellen Revolution sind noch relativ jung. Und doch haben sie die Welt schneller und in weit größerem Maße verändert als alle Technologien zuvor. Auch ihre Ausbreitung erfolgte schneller als bei allen anderen vorangehenden technischen Systemen. In den Foren der Technologiefrüherkennung werden nun für die Zukunft als aussichtsreichste Felder zwar immer wieder Material-, Nano- oder Biowissenschaften genannt. Analysiert man die Potenziale aber genauer, zeigt sich, dass sie ihre Bedeutung teilweise daraus ziehen, dass sie die Möglichkeiten der Informations- und Kommunikationstechnik noch weiter zu steigern versprechen. Diese bleibt aus verschiedenen Gründen wohl auch weiterhin der größte Treiber von Veränderungen, und zwar deshalb, weil hier viele Intelligenzdimensionen technisch verfügbar werden – man denke nur an heutige Navigationssysteme im Auto. Die Technik bietet eine radikal neue Möglichkeit der Orientierung in fremdem Terrain. Wobei sich die technische Lösung, nämlich die Nutzung eines Signalaustauschs mit mehreren Satelliten zur Bestimmung der eigenen Koordinaten, radikal unterscheidet von der Art, wie sich Menschen oder Tiere zurechtfinden. Das bedeutet, die Lösung einer Aufgabe durch eine technische Form muss nicht immer dem biologischen Vorbild folgen.

Vor einem halben Jahrhundert begann die Ära der Großrechner, später kamen Personal Computer auf, die nächste Stufe ist ein weltumspannendes Netz mit Multimedia-Qualitäten. Diese Technologien erlauben es, Wissen vielfältiger Art vorzuhalten, zu speichern, zu tradieren, zu nutzen und weiterzugeben; teilweise sogar ohne jegliche Beteiligung von Menschen.

Moderne Rechner- und Netzwerktechnologie geht dabei einen entscheidenden Schritt über traditionelle Techniken wie zum Beispiel das Buch hinaus, indem sie Möglichkeiten der komplexen Verarbeitung und Generierung von Wissen bereithält. Keine Stadtverwaltung und kein größeres Unternehmen ist heute mehr ohne entsprechende Datenbanken denkbar. Rechner jonglieren nicht nur mit Wissen, sie agieren auch, denn sie senden Signale, steuern Flugzeuge, korrigieren Texte und unterhalten Kunden.

Wie konnte es sein, dass in so kurzer Zeit so dramatische Veränderungen möglich wurden? Und warum ist das gerade im Bereich der Informations- und Kommunikationstechnologie geschehen? Hier muss man an die Väter der modernen Informationstechnik erinnern, namentlich an Alan Turing, John von Neumann und Kurt Gödel. Vor etwa 60 Jahren haben sie bereits die vollständige mathematische Charakterisierung der digitalen Informationsverarbeitung entwickelt. Im Wesentlichen reicht es, technisch-physikalisch Strukturen zu realisieren, die das kleine Einmaleins auf den beiden Zahlen 0 und 1 durchführen können. Damit ist gemeint, dass das Zusammenbringen der Zustände »Null« und »Eins« an den Eingängen einer bestimmten Schaltung, etwa in Form »Spannung am ersten Eingang nicht angelegt« (soll die »Null« repräsentieren) und »Spannung am zweiten Zugang angelegt« (soll die »Eins« repräsentieren), zu dem Ausgangszustand »Spannung angelegt« und damit »Eins« führt (da im Zweiersystem $0+1=1$ ist).

Dass es gelang, die Kernaufgabe einerseits so prägnant im Bereich der physikalischen Realisierung und andererseits so einfach zu formulieren, ist in seiner intellektuellen Brillanz wunderbar und lässt uns etwas von der tieferen Harmonie des Kosmos erahnen. Erst diese Verdichtung der Aufgabenstellung hat den gewaltigen technischen Innovationsprozess in Gang gesetzt, der heute den Kern der Dynamik in den Innovationsprozessen im Bereich der Informations- und Kommunikationstechnologie bildet.

Vieles spricht dafür, dass wir auf diesem Weg Potenziale zur Verfügung haben werden, die viele heute für undenkbar halten. Bis vor kurzem galten Dimensionen, die wir üblicherweise mit Gefühl, Intuition und Handeln »aus dem Bauch heraus« verbinden, als exklusive menschliche Fähigkeiten. Es geht um ganzheitliche Beurteilung, angefangen bei der Gesichtserkennung über das automatische Fahren bis hin zur Einschätzung sicherheitsrelevanter Situationen. Sensorsignale aller Art gilt es dabei zu verarbeiten. Technische Wahrnehmungssysteme, die den menschlichen Sinnesorganen nachgebildet sind – wie Sehen, Hören und Fühlen –, sind dabei erforderlich und schaffen eine enge Anbindung der Maschinen an die reale Welt. Damit sind nun erstmalig in der Geschichte die Voraussetzungen dafür geschaffen, dass technische Systeme (wie biologische Systeme schon immer) mit vielfältigen Sinneseindrücken ganzheitlich und integrativ umgehen können. All dies führt zu technischen Systemen großer Komplexität und Leistungsfähigkeit, die es vielleicht erlauben werden, den bisherigen »Engpass Mensch« mit seiner begrenzten Lern- und Verarbeitungsfähigkeit in vielen Anwendungsbereichen zu umgehen. Möglicherweise kann das – je nach Art der politischen Organisation und der Machtstrukturen – für die meisten Menschen dramatische Konsequenzen haben, wenn sie nämlich infolge technischer Innovationen der beschriebenen Art im ökonomischen Geschehen nicht mehr gebraucht werden.

Die Intelligenz von Superorganismen

Der einzelne Mensch bildet mit seinen körperlichen, seelischen und geistigen Dimensionen einen Organismus. Was bedeutet es dann, wenn man komplexe Strukturen oberhalb dieser Ebene – etwa Schulen, Städte, ja die gesamte Menschheit – als Superorganismus begreift, so wie dies in unserem Buch geschieht? Diese Herangehensweise eröffnet neue Einsichten. Superorganismen sind, gemäß Definition, aus Teilsystemen aufgebaut, die ihrerseits lebensfähig sind, so wie ein Mensch aus Milliarden lebender Zellen besteht.

Wie kann man sich die »Intelligenz« von Superorganismen vorstellen? Der Ansatz, der hier verfolgt wird, setzt bei Verarbeitungsebenen von Informationen und Wirkungen an, wie sie in biologischen Systemen in unterschiedlichem Umfang vorhanden sind.[12] Es handelt sich um vier Ebenen, die im Evolutionsprozess über Hunderte von Millionen Jahren nacheinander entstanden sind und jeweils aufeinander aufbauen. Der Mensch mit der besonderen Leistungsfähigkeit seines Gehirns steht dabei als letztes Glied in einer langen Kette, die im Aufbau von Gehirn- und Nervensystemen, in der embryonalen Entwicklung sowie in späteren Lern- und Wachstumsphasen des Menschen erkennbar bleibt.[13]

Bei der ersten, der 3-D-Ebene, liegt Wissen in Form dreidimensionaler Entsprechung vor, zum Beispiel in Kopiervorgängen der DNS bei der Zellteilung. Häufig geschieht so auch die erste Vor-Verarbeitung von Sensorsignalen, nämlich nach dem Schlüssel-Schloss-Prinzip (in einer modernen Ausprägung Proteintaschenprinzip). Dies gilt analog bei der Nutzung der »Spiegelbildlichkeit« von Virus und Antikörper in unserem Immunsystem: Ob es passt oder nicht, ist ein zentraler Mechanismus der Erkennung von Konstellationen und der Informationsweitergabe und Interaktion.

Bei der zweiten, der neuronalen beziehungsweise holistischen Ebene ist das Wissen in Form von »Können« in neuronalen Netzen vorhanden. Auf dieser Ebene bewegen sich alle Fähigkeiten von Menschen und erst recht von Tieren, komplexe Körperbewegungen auszuführen sowie eine ganzheitliche Bewertung und Einschätzung von Situationen »aus dem Bauch heraus« vornehmen zu können. Wenn wir einem Menschen zum ersten Mal begegnen, drängt sich uns häufig ein Bild auf, das zum Beispiel von sympathischen oder unsympathischen Assoziationen begleitet sein kann. Erst die Erfahrung zeigt dann, ob dieses intuitiv gewonnene Bild zutrifft. Die neuronale Ebene können wir auch bei Hunden oder Katzen studieren, wenn sie Situationen bewerten und in ihrem Sinne verstehen: in der Begegnung mit Menschen, anderen Tieren, im Kampf um Positionen in Rangordnungen, bei der Futtersuche oder im Spiel.

Dies ist auch die Dimension, in die sich die Technik derzeit mit hohem Tempo hineinbewegt. Hier versteht man die volle Bedeutung des Schlagworts Multimedia als sensorisch und aktorisch vielfältiger und ganzheitlicher Umgang mit der Welt. Auch die Erschließung bestimmter emotionaler Effekte, wenn es beispielsweise gelingt, verstorbene Schauspieler in Filmen »wiederauferstehen« zu lassen, ist ein wichtiges neues Marktsegment im Multimedia-Bereich.

Mathematische Ergebnisse der vergangenen 30 Jahre zeigen, dass die Mechanismen auf der zweiten Ebene im Prinzip die Fähigkeit besitzen, alle – im mathematischen Sinne – stetigen Funktionen zu erlernen. Darin liegt gleichzeitig das Potenzial, schon auf dieser Ebene alle Informationsverarbeitungsprozesse auszuführen, die ein Rechner prinzipiell verarbeiten kann. Insofern ist die neuronale, ganzheitliche Ebene, die oft mit der rechten Gehirnhälfte des Menschen assoziiert wird, weder »defizitär«, noch ist sie »mystisch«. Sie ist eine legitime, weitgehend verstandene und sehr wirkungsmächtige Form der Informationsverarbeitung, wie sie auch bei allen höheren Säugetieren vorliegt.

Die dritte, die Symbolebene, repräsentiert Wissen in Form von Sprache, Logik und symbolischen Kalkülen, zum Beispiel in der klassischen Philosophie. Das schließt die Fähigkeit ein, logisch-argumentativ mit Symbolen umzugehen und daraus Schlüsse zu ziehen, die dann ihrerseits wieder in das Verhalten einfließen können. Im Laufe der Evolution hat sich, ausgehend von der neuronalen Ebene, die Fähigkeit der Menschen herausgebildet, Zustände zu klassifizieren. Sie ist die Basis jeder Begriffsbildung. Ein Vorteil liegt darin, über Klassifikation die Komplexität in der Beschreibung von Situationen zu reduzieren, unter anderem, um gezielter lernen zu können.

Die entsprechenden Fähigkeiten sind bereits bei Singvögeln und niederen Säugetieren in rudimentärer Form vorhanden. Sehr gut entwickelt ist diese Ebene bei allen Primaten, und natürlich in besonderer Form beim Menschen. Von der Symbolebene mit ihren Begriffssystemen erschließt sich die Möglichkeit, zu mathematischen beziehungsweise naturwissenschaftlichen Theorien und Modellen zu gelangen und aus Modellrechnungen Schlüsse zu ziehen, die wieder auf die anderen Ebenen und letztlich auf die Realität und das Verhalten von Menschen in dieser Realität zurückwirken.

Damit ist die vierte, die Modellebene, erreicht. Hierzu zählen die bahnbrechenden Erfolge von Wissenschaft und Forschung in der Spätphase der kulturellen Evolution des Menschen innerhalb der letzten Jahrhunderte beziehungsweise Jahrzehnte. Es handelt sich um ein exklusives Produkt des Systems Menschheit in der jüngsten Phase seiner Existenz. Diese Leistungen entstehen nicht einfach in einem menschlichen Gehirn durch Vorprägung im Evolutionsprozess. Vielmehr resultieren sie aus dem koordinierten Zusammenwirken von Tausenden und Millionen Menschen als Folge von langwierigen Prozessen der Strukturbildung in Kultursystemen. »Wir sind alle Zwerge auf den Schultern von Riesen«, nämlich den Generationen vor uns.

Die Fähigkeit, mathematische und andere komplexe Modelle der Realität zu schaffen, steht in Wechselwirkung mit der Entwicklung entsprechender Technologien, wie zum Beispiel Rechnern. Diese führen wiederum dazu, dass das entsprechende Wissen in Güter und Services diffundiert. Das Auto, der MP3-Player oder das Flugzeug sind geronnenes Wissen der vierten, also der Modellebene – *mathematics inside*.

Alle vier Ebenen sind legitime Wissensebenen in jeweils unterschiedlichen Kontexten, mit verschiedenen Wirkungsweisen und oft in Wechselwirkung miteinander. Mindestens die ersten zwei, manchmal auch die ersten drei Ebenen finden wir, jeweils in spezifischer Ausprägung, bei anderen Säugetieren, rudimentär auch in Insektenstaaten, bis hin zu Zählmechanismen, die unter Bienen nachgewiesen sind. Alle vier Wissensebenen sind ferner potenziell in Rechnersystemen repräsentiert. Wissen ist also keine exklusive Fähigkeit des Menschen, sondern ebenso in der Natur, im Evolutionsprozess, in Versteinerungen und Eiskernen, in Maschinen und in menschlichen Organisationen zu finden. Aus dieser Perspektive macht es dann durchaus auch Sinn zu fragen, ob sich eine Firma, ein Staat oder die Menschheit insgesamt ihrer selbst bewusst ist.[14]

Superorganismus Menschheit – eine Chance

Die Menschheit, die mit enormen Wachstums- und Beschleunigungsprozessen konfrontiert ist, katapultiert sich derzeit in den Zustand eines intelligenten Superorganismus. Noch ist er allenfalls rudimentär vorhanden. Die Weltgemeinschaft ist als intelligentes System erst begrenzt entwickelt und fällt in ihrem Leistungsvermögen in vielen Aspekten noch weit hinter das Potenzial hoch entwickelter Lebewesen zurück. Andererseits ist das in der Breite vorgehaltene Wissen gigantisch und übersteigt das vorhandene Wissen auf der individuellen Ebene um viele Größenordnungen, auch wenn es überaus schwierig ist, dieses in kollektiven Entscheidungsprozessen nutzbar zu machen. Im Vergleich zu der langsamen Reaktion solcher Superorganismen waren Saurier bereits schnell.

Aber die Dinge ändern sich. Denn der Superorganismus Menschheit hat unglaubliche Potenziale. Während bei Insektenstaaten die vorhandenen Modelle fest vorgegeben sind, ist das Denken der einzelnen Menschen und der Menschheit offen. Hier existieren große Chancen, diese Modelle durch Kommunikation und Aufklärung zu erweitern und den Prozess von den informationstechnischen Hilfsmitteln her signifikant zu verbessern. Diese Position vertritt seit Jahrzehnten der Geologe Ernst Schlegel, der allerdings auch immer sehr deutlich darauf hinweist, dass die bisher erreichten Fortschritte bezüglich kollektiver Intelligenz und Entscheidungsfindung (die alle Menschen einbezieht) noch sehr dürftig sind.[15]

Der Superorganismus Menschheit bewegt sich in der aktuellen historischen Phase auf eine höhere Intelligenzebene zu, entwickelt sogar so etwas wie ein eigenes, ein planetarisches Bewusstsein.[16]

Wie weit sind wir auf diesem Weg? Was muss geschehen, um den Phasenübergang, vor dem wir stehen, vernünftig zu gestalten? Wird das rechtzeitig gelingen? Oder katapultieren wir uns ins Aus? Welche Zukünfte eröffnen sich uns? Wird der Superorganismus Menschheit die Intelligenz aufbringen, sein Überleben im Rahmen der Möglichkeiten seines Biotops zu sichern? Und wie kann es, in den Worten Schlegels, gelingen, mit verbesserten informationstechnischen Mitteln alle Menschen fair in globale Entscheidungsprozesse einzubinden und dabei den allgemeinen Wissens- und Verständnisgrad dramatisch anzuheben? Wird es möglich sein, die vielen Individuen des Superorganismus Menschheit in Form eines fairen Weltvertrags angemessen in ein funktionierendes Ganzes zu integrieren und zu organisieren? Wird unser Biotop auf Dauer geschützt und in seiner Schönheit erhalten bleiben? Können wir als Menschen in Frieden miteinander und die Würde aller Menschen achtend leben?

Der Mythos vom freien Markt

Wir haben nur diesen einen Planeten

Es war der Ostersonntag des Jahres 1722, als der niederländische Seefahrer Jacob Roggeveen im Pazifik eine völlig abgelegene Insel entdeckte. Die Ufer waren von riesigen Statuen gesäumt, manche von ihnen so hoch wie ein fünfstöckiges Haus. Die Insel bot ein Bild der Verwüstung: Viele der Statuen mit den schlanken Schädeln und seltsam spitzen Nasen waren umgeworfen, nur noch wenige Einwohner führten ein kümmerliches Dasein auf einem baumlosen Geröllhaufen am Ende der Welt.

Über drei Jahrhunderte hinweg machten seltsame Spekulationen die Runde. Manche behaupteten sogar, die Figuren stellten Raumfahrer in ihren Anzügen dar und Außerirdische hätten sie mit ultramoderner Technik aus dem Stein gebrochen. Mittlerweile haben Wissenschaftler das Rätsel der Osterinsel in einem akribischen Puzzlespiel gelöst.

Eintausend Jahre bevor sie von den Niederländern wiederentdeckt worden war, hatten sie Vorfahren der Polynesier mit offenen Booten erreicht und besiedelt. Seinerzeit waren weite Teile der Insel noch mit üppigem Wald bedeckt. Aus den Baumstämmen fertigten die Bewohner Kanus und machten Jagd auf

Delphine und Thunfische. Und aus der Rinde wurden Seile gedreht. Mit ihrer Hilfe schafften es jeweils 500 Bewohner, die bis zu 90 Tonnen schweren Kultfiguren zu bewegen. Holzbalken dienten dabei als Schlitten. An Festtagen setzten die Priester Augen aus weißer Koralle mit einer Pupille aus Rotschlacke in die Augenhöhlen der Giganten – dann richtete sich ein durchdringender, Ehrfurcht gebietender Blick aufs Meer.

Die Bewohner der Osterinsel bauten weiter an ihren imposanten Figuren, und der Wald schmolz dahin. Damit verschwanden auch die Seevögel. Regenwasser floss nun ungehindert über die Insel, und der Boden wurde ausgelaugt. Holzstämme, die man für den Kanubau hätte verwenden können, gab es nicht mehr. Die Zivilisation der Osterinsel brach zusammen, und in der Folge kam es zu Hungersnöten und Kannibalismus. Wie konnte es zu dieser Katastrophe kommen? Vermutlich wegen der Eitelkeit und dem Machthunger der Häuptlinge in einem absurden Wettbewerbssystem. Auf der Osterinsel lebte ein Dutzend Sippen, unter denen offenbar ein Wettstreit über die Frage ausgebrochen war, wer die meisten und größten Kultfiguren errichtete. Dem konnte sich niemand entziehen. Jeder Häuptling, der kleinere, bescheidenere Statuen hätte bauen lassen, um die Wälder zu schonen, wäre abgesetzt worden. Die Eliten waren in einer Konkurrenzspirale gefangen, aus der es für sie kein Entrinnen gab.[1]

Die Parallelen zwischen der Osterinsel und dem Planeten Erde liegen auf der Hand: Beide sind isoliert, ob im Pazifik oder im Weltraum. Sie sind ganz allein und werden von außen nicht bedrängt, bekommen aber auch keine Hilfe. Alle Raumfahrer berichten von der überwältigenden Schönheit des Planeten Erde, aber auch von seiner Gefährdung und Verletzlichkeit. Die Erde ist darüber hinaus ein abgeschlossenes materielles System, das seine Energie von außen bezieht, nämlich von der Sonne. Welche Auswirkungen die Eingriffe des Menschen in die komplexen und lebenserhaltenden Regelwerke der Natur letztlich haben, weiß niemand genau.

Und doch gibt es eine zuverlässige Einschätzung der ökologischen Kapazitäten der Erde. Sie orientiert sich an verfügbaren Flächen und daran, welche Leistungen diese Flächen zu erbringen in der Lage sind. Anders ausgedrückt: Wie viel biologisch aktive Fläche braucht ein Mensch, um sich zu ernähren, zu kleiden, zu reisen und sich seines Abfalls, auch des Kohlendioxids, zu entledigen? Mit Hilfe eines einfachen Buchführungssystems, dem so genannten ökologischen Fußabdruck, lässt sich dabei feststellen, wie viel flächenbasiertes Potenzial wir haben und wie viel wir verbrauchen. Dieses Berechnungssystem[2] ist mittlerweile eine anerkannte wissenschaftliche Methode, zum Beispiel bei der EU. Die Methode kann man ebenso auf ein Unternehmen, eine Stadt, eine Nation oder eben die ganze Zivilisation anwenden.

Spanien hat einen gewaltigen Wirtschaftsaufschwung hinter sich, es ist eine der Erfolgsgeschichten innerhalb der EU. Allerdings ist der ökologische Fußabdruck dieses Landes mittlerweile drei Mal größer als die eigene ökologische Kapazität. Selbst die weitläufigen USA benötigen, um ihren Bedarf zu decken, eine Fläche, die etwa doppelt so groß ist wie das eigene Territorium. Das ist für ein industrialisiertes Land nicht ungewöhnlich. Ob Energie, Früchte oder Holz für die Papierproduktion – man löst das Problem über Importe, insbesondere aus deutlich ärmeren Ländern. Das wiederum heißt nicht, dass diese Länder insgesamt eine ausgeglichene Bilanz hätten. Ganz im Gegenteil: Gerade in armen Ländern verhungern viele Menschen.

Der Planet steht unter Stress. Er würde 1,2 Jahre brauchen,

um zu reproduzieren, was die Menschheit heute in einem Jahr konsumiert. Sie schlägt mehr Holz als nachwächst, fängt mehr Fische, als die Fischstöcke hergeben, und entlässt mehr Kohlendioxid in die Atmosphäre, als die ökologischen Systeme problemlos absorbieren können. Auf dem Globus leben immer mehr Menschen, die immer mehr konsumieren. Und dabei »essen« wir Öl. Hinter jeder Kalorie, die wir an Lebensmitteln zu uns nehmen, stehen bis zu zehn Kalorien fossiler Energie, die für den Kunstdünger, für Traktoren, für die Kühlung und für den gesamten Transport aufgebracht werden müssen.

Auch die Versorgung mit Sonnenlicht ist begrenzt, und ebenso die Fähigkeit der Erde, Nutz- und Wildpflanzen hervorzubringen. Die Menschheit nutzt bereits rund die Hälfte der weltweiten Netto-Photosynthesekapazität, also des Überschusses, der aus der Fähigkeit der Pflanzen resultiert, Sonnenenergie zu fixieren. Dies geschieht entweder direkt (beispielsweise für Getreide, Baumwollplantagen und Golfplätze) oder indirekt, nämlich für die Ernährung von Nutztieren oder für die Nutzung von Biomasse zur Energiegewinnung. Wenn wir so weitermachen, werden wir bis zur Mitte des Jahrhunderts fast die gesamte Netto-Photosynthesekapazität beanspruchen.[3] Für andere Lebensformen ohne unmittelbaren Nutzen für uns bleibt dann nicht mehr viel übrig. Das gilt ebenso für den Erhalt genetischer Vielfalt. Wir leben von der Substanz. Systemwissenschaftler sprechen in diesem Fall von »Overshoot«. Leider können wir keinen Handel mit anderen Planeten treiben, um das Problem zu lösen. Damit sind wir wieder bei der Osterinsel.

Der ökologische Druck, den die Menschheit auf ihr Trägersystem, die Erde, ausübt, speist sich aus der Anzahl der Menschen, deren Konsumniveau und dem Stand der Technik. Auch wenn die Bevölkerung in den meisten entwickelten Ländern bereits abnimmt, so wächst sie weltweit noch erheblich – tendenziell von heute 6,5 Milliarden auf voraussichtlich zehn Milliarden Menschen im Jahre 2050. Alleine schon aus diesem Grund ist die Entwicklung einer sauberen und effizienten Alternativtechnik so wichtig.

Tatsächlich findet auf globaler Ebene bereits eine relative Entkoppelung von Wirtschaftswachstum und Ressourcenverbrauch statt. Um einen Euro Wertschöpfung zu erzeugen, wird weltweit ein Viertel weniger Material benötigt als noch vor 20 Jahren. Die Weltwirtschaft produziert also immer effizienter, gleichzeitig aber entstehen immer mehr Güter und Dienstleistungen, so dass die – relative – Entkoppelung nicht zu einer Entlastung des Planeten führt, sondern ganz im Gegenteil zu einer erhöhten Belastung. Das ist ein Beispiel für den bereits erwähnten Bumerangeffekt. Während das Weltbruttoinlandsprodukt während der vergangenen 20 Jahre um 83 Prozent wuchs, stieg der Ressourcenverbrauch um immerhin noch 35 Prozent.[4] Relativ, das heißt pro Wertschöpfungseinheit, ist das zwar eine Entlastung, aber in der Summe der Belastung ein erheblicher Zuwachs – trotz oder wegen der besseren Technik.

Ressourcen sind in den vergangenen Jahren deutlich teurer geworden. Ursache ist unter anderem der wachsende Hunger Chinas und anderer Schwellenländer, die den Markt förmlich leer saugen. Hierbei handelt es sich nicht um eine temporäre Entwicklung, sondern um eine dauerhafte Nachfrageverschiebung. Aus der Geschichte kennen wir ähnliche Prozesse beim Wiederaufbau Europas nach dem Zweiten Weltkrieg oder beim Aufstieg Japans in den 60er und 70er Jahren.

Neu ist dabei nicht das Wachstumsmuster, sondern dass große Teile der Weltbevölkerung das zu tun beginnen, was die reiche Welt ihnen vorlebt. Wir hatten uns daran gewöhnt, dass

20 Prozent der Weltbevölkerung – Europa, die USA und Japan – 80 Prozent der Ressourcen der Welt verbrauchen. In Zukunft werden 35 Prozent der Menschen, oder sogar noch mehr, ihren Rohstoffhunger auf einem ähnlichen Niveau wie bisher 20 Prozent auf den internationalen Märkten zu stillen versuchen. Die Knappheiten werden sich dramatisch verschärfen.

Wie löst man ein Gefangenendilemma?

Der Zusammenbruch der Zivilisation auf der Osterinsel erscheint uns deshalb so sinnlos, weil die Folgen des Fehlverhaltens so offensichtlich waren. Die Inselwelt war überschaubar, und dass man den Wald benötigte, war klar, denn er hielt das Regenwasser auf der Insel, das man für die Landwirtschaft brauchte. Aus dem Wald kam auch das Holz für die Kanus, und Fischfang brachte die Hälfte der Nahrung. Vielleicht hatten einige der Alten gewarnt: »Als wir jung waren, sah die Insel noch ganz anders aus. Sägen wir nicht den Ast ab, auf dem wir sitzen! Ohne Wald können wir gar keine Statuen mehr bauen. Das würde den Geistern kaum gefallen. Wir brauchen den Wald, unsere Welt soll weiterleben!« Möglicherweise haben einige der Häuptlinge ähnlich gedacht, vielleicht hat es Gespräche darüber gegeben. Einige Sippen haben weniger Statuen gebaut und einen neuen Kult gefunden, bei dem sie die alten Statuen noch mehr verehrten. Worauf die anderen Sippen im Wald noch stärker wüteten, noch größere Statuen errichteten und wildere Feste feierten.

Die Bewohner der Osterinsel hätten ihre Welt nur gemeinsam retten können, allerdings hätten sie dazu alle die Prestigekonkurrenz um den Bau großer Statuen durchbrechen müssen.

Da sich Einzelne verweigerten, blieben sie alle Gefangene einer fehlgeleiteten Konkurrenzsituation, in der jeder etwas tun musste, weil er glaubte, dass der andere es auch tat und dadurch einen Nachteil haben könnte, wenn man sich selber zurückhielt. In diesem Sinne blockierten sich alle gegenseitig, und der Prozess der Zerstörung setzte sich fort. Alle befanden sich in einem Gefangenendilemma.

Der gesamten Zivilisation geht es heute nicht anders. Die von der Natur vorgegebenen Grenzen sind in vielen Fällen bereits erreicht, was beim Öl, beim Kohlendioxid und beim Klima besonders deutlich ist. Aber wer soll sich nun zurücknehmen, wenn manche nicht dazu bereit sind und sogar vorübergehend ökonomische Vorteile haben, wenn andere sich zurücknehmen, sie selbst aber nicht? Kann es unter diesen Umständen gelingen, die Knappheiten der Natur in die globalen ökonomischen Regelwerke zu integrieren und damit in den Preisstrukturen der Weltmärkte zu internalisieren? Und zwar vor dem Hintergrund, dass eine solche Integration einen breiten Konsens aller Staaten voraussetzt und die Ausgangssituation und die Interessenlage in den verschiedenen Staaten sehr unterschiedlich sind?

Fast sämtliche Wertschöpfungsprozesse sind mit Kohlendioxidemissionen verbunden. Sie machen knapp die Hälfte des globalen ökologischen Fußabdrucks aus, in dem Modell ist es zum Beispiel die Waldfläche, die notwendig wäre, um das Klimagas zu absorbieren. Der Stoffwechsel zwischen den Industriegesellschaften und der Natur hängt heute elementar an fossiler Energie. Geradezu rauschhaft knackt die Menschheit in kürzester Zeit die in Jahrmillionen entstandenen Depots mit geronnener Sonnenenergie – Kohle, Gas und Öl – und schaufelt gigantische Kohlenstoffmengen von der Erdkruste in die Atmosphäre, in der der Kohlendioxidgehalt seit Beginn der industriellen Revolution bereits um ein Drittel zugenommen hat. Die Regelkreisläufe beim Klima sind aus den Fugen geraten.[5]

Im Kyoto-Protokoll haben sich die meisten Industrieländer dazu verpflichtet, ihre Kohlendioxidemissionen bis zum Jahr 2012 zu senken, und zwar im Mittel um etwa fünf Prozent, gemessen am Niveau von 1990. Ähnliches gilt für andere Klimagase wie Methan. Weil das Wirtschaftswachstum in Ländern wie China, Indien und Brasilien aber bei weitem mehr neue Emissionen mit sich bringt, als die Reduktionen auf Seiten der beteiligten Industriestaaten kompensieren könnten, wächst die Gesamtmenge beträchtlich. Und das würde selbst dann gelten, wenn alle Industrieländer ihre Selbstverpflichtungen erfüllten. Damit nicht genug: Der größte Emittent, die USA, weigert sich mit dem Hinweis auf den Bedarf seiner Wirtschaft hartnäckig, Klimaverhandlungen überhaupt aufzunehmen. Er hat sogar vor, seinen Energieverbrauch, und folglich die Emissionen, über die kommenden Jahrzehnte noch erheblich zu steigern. Aus Sicht vieler Wissenschaftler müssen die globalen Kohlendioxidemissionen bis zum Jahr 2050 auf etwa die Hälfte des Niveaus Anfang der 90er Jahre fallen, sonst, so die Analyse, gehe das Klimasystem der Erde von einer derzeitigen gefährlichen Lage in einen völlig desaströsen Zustand über.

Das Gefangenendilemma ist komplett, weil die Schwellenländer ökonomisch aufholen wollen. Zwar sind die Industriestaaten zu Kompromissen bereit, aber, weil sie sich um ihre Wettbewerbsfähigkeit sorgen, nur innerhalb enger Grenzen. Die stärkste Macht will gar keinen Vertrag, weil sie so ihre Interessen zulasten der anderen am besten durchsetzen kann.

Das Problem ist systemischer Natur. Die Parteien sind gleichsam in einem bitterbösen Spiel verfangen, aus dem es kein Entrinnen gibt, wie im Falle der zwölf Sippen auf der Osterinsel.

Es braucht andere Spielregeln, um aus dieser verfahrenen Lage herauszufinden. Aber diesen Spielregeln müssen alle zustimmen, und das ist keine gute Ausgangssituation. Dabei drängt die Zeit, denn im Jahre 2012 läuft das Kyoto-Protokoll aus, und die Verhandlungen sind kompliziert und festgefahren.

Im Kern geht es nicht nur um eine weltweite Begrenzung der Emissionen, sondern auch darum, dass diese stetig und in der Summe drastisch heruntergefahren werden müssen, und zwar im Konsens. Die Frage ist, ob ein neuer Ansatz, in dem alle Interessen berücksichtigt werden, denkbar ist, in dessen Rahmen es zugleich gelingen könnte, die Entwicklungsländer einzubinden und den Widerstand der USA zu überwinden. Eine größere Herausforderung ist kaum vorstellbar.

Wie löst man einen Verhandlungsclinch? Die erste Antwort: Macht die Spielregeln übersichtlicher und klarer! Ein Ansatz wird in dramatischer Weise einfacher, wenn er gleich auf der obersten Ebene stimmt; anderenfalls muss auf den nachfolgenden Ebenen fortwährend nachgeregelt werden. Entscheidend ist das Gesamtdesign – und das könnte in diesem Kontext auf der Idee der Klimagerechtigkeit basieren. In den Medien und in der Wissenschaft wird diese Idee seit Jahren diskutiert.[6] Das Land Baden-Württemberg hat in seiner Klimadoppelstrategie eine ähnliche Position eingenommen[7], und auch der Deutsche Bundestag hat diese Position jüngst in einer Entschließung zum Thema erörtert.[8] Konkret könnte Klimagerechtigkeit bedeuten, dass jeder Mensch auf dem Globus – ob er nun in Dubai lebt oder in Äthiopien – den gleichen Umfang an Emissions- oder Verschmutzungsrechten erhält. Das Gesamtvolumen der zugelassenen Emissionen würde dabei begrenzt, und die Rechte könnten im jährlichen Rhythmus zwischen den Staaten gehandelt werden (so genanntes *Cap and Trade*-System). Dieser Ansatz kann vielfach modifiziert werden. In Großbritannien denkt man bereits über individuelle jährliche Kohlendioxidguthaben als eine Form der Energierationierung nach.

Die Repräsentanten der reichen Welt versuchen bisher, das so genannte Großvaterprinzip dagegenzuhalten: Wer in der Vergangenheit viel Dreck gemacht hat, darf das auch in Zukunft tun – beziehungsweise erhält mehr Verschmutzungsrechte als andere, weil er sich daran gewöhnt hat. Die Einsparziele – beispielsweise von 20 Prozent – werden demnach gleichmäßig auf alle Verursacher verteilt. Und das, obwohl ein US-Bürger im Durchschnitt doppelt so viel Kohlendioxid abgibt wie ein Europäer, der wiederum deutlich mehr als ein Japaner und so weiter. Die anderen lehnen das Großvaterprinzip ab, vielmehr fordern sie, quasi als Menschenrecht, pro Kopf die gleichen Rechte, also das soeben diskutierte Konzept der Klimagerechtigkeit.

Dabei muss sich die Menschheit auf eine vernünftige Deckelung der weltweiten Kohlendioxidemissionen mit einem entsprechenden Zeitplan verständigen. Die EU sieht dafür als Messlatte an, unter allen Umständen eine Erwärmung der Atmosphäre um mehr als zwei Grad gegenüber dem vorindustriellen Niveau zu vermeiden.[9] Politisch wäre zwischen den Befürwortern einer großväterlichen Lösung und denen, die pro Kopf gleiche Emissionsrechte bevorzugen, ein Kompromiss dahin gehend denkbar, dass sich die Staaten auf einen Zeitraum – etwa von 2012 bis 2025 – verständigen, innerhalb dessen sie bei gedeckeltem Gesamtemissionsvolumen einen gleitenden Übergang vom Großvater- hin zum Pro-Kopf-Prinzip organisieren. Dabei würde gelten: Schöpft ein Land seine Verschmutzungsrechte nicht aus, kann es diese verkaufen, sonst aber muss es Rechte hinzukaufen, wie es bereits innerhalb der EU geschieht. Alle verfügbaren Rechte müssten jedes Jahr angeboten und ge-

nutzt werden. Insgesamt käme es zu einem erheblichen Geld-
transfer von Nord nach Süd. Diese Mittel könnten sinnvoll und
zielgenau genutzt werden, um Menschen mit sauberem Trinkwasser zu versorgen oder die Grundlagen für energieeffiziente
Verkehrssysteme zu schaffen.

Ein solches Verfahren würde den USA das Argument nehmen, dass sich die Schwellen- und Entwicklungsländer nicht
beteiligen. Deren Zustimmung wiederum wäre wahrscheinlich,
denn sie fordern schon seit Jahr und Tag das Pro-Kopf-Prinzip;
außerdem würden sie künftig in erheblichem Umfang finanziell
begünstigt. Hinzu kommt, dass bei einer weltweiten Lösung die
niedrigsten Zertifikationspreise erreicht werden könnten, weil
die Effizienzsteigerungspotenziale der ärmeren Länder am größten sind. Für alle Beteiligten macht der Vorschlag Sinn, weil das
Gesamtproblem in Angriff genommen würde und die Emissionen Jahr für Jahr sinken. Endlich würde die sauberste Technik
und effizienteste Lösung über den Markt gefunden, und endlich
kämen die Ideen für intelligente und regenerative Techniken, die
sich seit Jahrzehnten in den Schubladen stapeln, zum Einsatz.

Die Idee der Klimagerechtigkeit ist ein Ansatz, der Hoffnung
macht. Allerdings gilt es, sie in einer hitziger werdenden Debatte
von Beginn an gegen begriffliche Verschiebungen in Schutz zu
nehmen, die teils gut gemeint sind, teils eher manipulativen
Charakter zu haben scheinen. Es geht um die Frage, wie Klimagerechtigkeit umgesetzt werden soll, also um konkrete Verfahren. Dazu drei Beispiele:

Der erste Ansatz setzt auf pro Kopf gleiche Zuteilung von
Kohlendioxid-Emissionsrechten für alle Menschen in einem
globalen *Cap and Trade*-System, das heißt, die Gesamtemissio-
nen werden begrenzt, Emissionsrechte werden gehandelt. Allerdings schreibt das Modell Bevölkerungszahlen der Staaten aus

dem Jahr 2000 fest. Die Folge ist eine massive Begünstigung der Menschen in den reichen Ländern, das Modell ist daher kaum konsensfähig.[10]

In einem anderen Vorschlag werden die Emissionsrechte zwar pro Kopf in gleichem Umfang zugeteilt, aber nicht kumulativ an die jeweiligen Staaten. Vielmehr müssen sie weltweit angeboten oder versteigert werden. Dies kann für sich entwickelnde Länder sehr teuer werden und ist ebenfalls nicht konsensfähig.[11]

Schließlich ist in jüngster Zeit aus Industriekreisen der Vorschlag lanciert worden, die Kohlendioxid-Emissionsrechte den Ländern zuzuweisen und zwar abhängig von ihrer Wirtschaftsleistung. Das klingt auf den ersten Blick gut. Weil die Vorstellung dabei entsteht, dass ärmere Länder, deren Wirtschaft ja tendenziell schneller wachsen kann als die der Industriestaaten, in steigendem Maße die benötigten Zertifikate erhalten; insgesamt würden die armen Ländern ihren Anteil an Emissionsrechten vergrößern. Der wesentliche Effekt des Vorschlags ist aber ein ganz anderer. Die sich entwickelnden Länder stehen sich bei diesem Verfahren noch deutlich schlechter als bei einer großvaterartigen Zuteilung, die selber nicht konsensfähig ist.[12]

Noch einmal, die Idee der Klimagerechtigkeit könnte die Basis für eine weltweite Kyoto-Plus-Lösung sein. Aber warum sollten die USA diesem Vorschlag zustimmen? Gerade amerikanische Firmen profitieren von billiger Energie und der Tatsache, dass für ihre Kohlendioxidemissionen keine Kosten anfallen. Sie gewinnen dadurch einen entscheidenden Wettbewerbsvorteil, selbst wenn energieeffiziente Produkte oder Prozesse mittelfristig im Vorteil sind, was sich auf dem Automarkt bereits seit längerem abzeichnet. Aber das sind Zukunftspotenziale, der Markt hingegen ist kurzfristig orientiert.

Ein entscheidender Hebel könnte sein, dass die EU, möglichst in Abstimmung mit Japan und anderen Partnerländern, an den EU-Außengrenzen Ausgleichsabgaben auf Produkte aus Industriestaaten festlegt, die sich nicht am Kyoto-Protokoll beteiligen. Die Frage ist, ob dies in WTO-konformer Weise möglich ist. Dafür spricht einiges. Europäische Firmen könnten danach gefördert werden, wenn sie in die USA oder Australien exportieren. Importe aus diesen Ländern würden dagegen belastet werden. Die Zahlungen und Kompensationen sollten in fairer Weise die unterschiedlichen Kosten für die Vermeidung von Kohlendioxidemissionen widerspiegeln, um Wettbewerbsneutralität zu erreichen, und sich deshalb auf energieintensive Produkte von ökonomischem Gewicht konzentrieren.

Die Welthandelsorganisation (WTO) ist heute die wohl wirkungsmächtigste weltweite Organisation. Sie ist außerhalb des UN-Systems angesiedelt, arbeitet weitgehend im Konsens, hat eine Schiedsgerichtsbarkeit und kann, etwa in Form von Zöllen, sogar Strafen verhängen. Ihr wichtigstes Anliegen ist der Freihandel. Themen wie Umweltschutz, sozialer Ausgleich oder Menschenrechte sind Teil ihrer Orientierung auf der Präambelebene, stehen aber in der konkreten Politik eher am unteren Ende der Agenda. Viele nichtstaatliche Organisationen (NGOs) fürchten, dass weitgehende Umweltschutzmaßnahmen über die WTO immer wieder ausgehebelt werden.

Ist die WTO Teil des Problems oder Teil der Lösung? Ist es überhaupt denkbar, dass die großen Umwelt- und Sozialverträge Eingang ins Reglement der WTO finden? Wie Pascal Lamy, WTO-Generalsekretär und früherer Handelskommissar der Europäischen Union, mit Blick auf die Präambel des WTO-Vertrags erläutert, ist Nachhaltigkeit ein entscheidendes Ziel seiner Organisation: »Wenn wir auch auf Marktliberalisierung setzen, so braucht die den Markt lenkende ›unsichtbare Hand‹ doch manchmal jemanden, der sie ›bei der Hand nimmt‹. Wichtig für das richtige Funktionieren von Märkten ist vor allem die volle Inkorporierung aller externen Kosten und Effekte in den Markt. Dafür ist die WTO ebenfalls verantwortlich. Es ist insbesondere auch darauf zu achten, dass die Regeln der WTO nicht die Implementation multinationaler Umweltabkommen torpedieren.«[13] Genau in diese Richtung zielen die Vorschläge, die hier unterbreitet werden als Teil einer »großen Lösung«. Hätten Ausgleichsabgaben vor dem WTO-Schiedsgericht eine Chance?

Die Chance ist durchaus gegeben, und in jedem Fall ist es den Versuch wert, Klarheit zu schaffen. In der Präambel des WTO-Vertragswerks werden zwei Ziele besonders hervorgehoben: die Hebung des Lebensstandards der beteiligten Staaten und die Nachhaltigkeit. Wichtig in diesem Zusammenhang ist zudem, dass sich das Kyoto-Protokoll auf allgemeine, internationale Kompetenz, langjährige internationale Verhandlungen und einen weitgehenden Konsens zwischen den Staaten stützen kann. Gerade auch amerikanische Wissenschaftler waren wesentlich in den Prozess eingebunden.

Die Klimaproblematik wird sich verschärfen. Jede wissenschaftliche Studie zeichnet ein immer dramatischeres Bild, so jüngst in dem so genannten Stern-Report an die britische Regierung[14] und in dem neuesten UN-Bericht zum Thema.[15] Die Diskussion wird sich hoffentlich bald verändern. In den USA gibt es bereits viele einsichtige Stimmen, allerdings nicht auf Bundesebene. Zum Beispiel hat sich der Bundesstaat Kalifornien verpflichtet, die Kohlendioxidemissionen privater PKW bis zum Jahr 2050 um 80 Prozent zu reduzieren. Der amerikanischen Firma Dupont ist es gelungen, ihre Treibhausgase seit 1990 um mehr als 70 Prozent zurückzufahren und dabei zwei

Milliarden US-Dollar einzusparen. Andere Unternehmen wie IBM oder 3M verfolgen dieselbe Politik.[16]

Die Perspektive ist ein globaler Lösungsansatz für den Zeitraum nach dem Jahre 2012. Europa sollte den Mut haben, hier eine Vorreiterrolle zu besetzen. Gegenüber den europäischen Bürgern wäre das Signal wichtig, dass man die Initiative ergreift, um nicht immer die Blockadepolitik einer starken Macht hinnehmen zu müssen und endlich den Stillstand zu überwinden.

Die Erde betrügt uns nicht. Wenn es ihr gut geht, tut sie nicht so, als ginge es ihr schlecht. Wenn es ihr aber schlecht geht, hilft auch kein Zureden mehr. Die Menschheit muss ihren Stoffwechsel, ihren Metabolismus, an die Möglichkeiten ihres Biotops anpassen. Mit der Natur führt man keine Konsensgespräche.

Reiche verursachen die meiste Verschmutzung

Ohne eine weltweite Begrenzung der Emission von Klimagasen ist eine Lösung der aktuellen Umweltprobleme nicht denkbar. Die Schwierigkeit, sich auf eine Deckelung zu verständigen, liegt wesentlich in der extremen Ungleichverteilung der heutigen Emissionen begründet. Sie reflektiert die wirtschaftlichen Verhältnisse wie ein Spiegel.

Rund 20 Prozent der Menschheit verfügen über 80 Prozent des Welteinkommens, dabei produzieren sie ungefähr zwei Drittel der anfallenden Verschmutzungen. Die Reichen sind also pro Wertschöpfungseinheit sauberer als die Armen, weshalb die Bereitstellung von 80 Prozent des Kuchens nicht 80 Prozent der Umweltbelastungen erzeugt, sondern »nur« etwa 60 Prozent. Das ändert aber nichts daran, dass die meisten Umweltbelastungen in der reichen Welt mit der umweltschonendsten Technik hervorgebracht werden. Die entwickelten Länder werden dabei pro Einheit erzeugter Wertschöpfung zwar immer sauberer, aber die Anzahl der Werteinheiten nimmt so schnell zu, dass wir in der Summe immer noch mehr Dreck machen. Was wie ein Widerspruch klingt, ist in Wahrheit keiner.

Zugleich transportieren die Menschen in der reichen Welt via Fernsehen weltweit eine Vorstellung davon, wie man leben kann und soll. Das ist eine mächtige Kraft der Veränderung. Kinder aus den Slums rund um den Globus bekommen mit Hilfe dieser Bilder eine Vorstellung davon, wo sie hinwollen – nämlich dorthin, wo wir sind. Das setzt große Energien frei, hat aber auch gewaltige negative Begleiterscheinungen: Prostitution, Menschenhandel, moderne Sklaverei, Drogenanbau, Drogenhandel und illegale Einwanderung. Deshalb haben wir in dieser Welt nicht nur viele reiche Menschen auf einem hohen Verbrauchsniveau, sondern wegen der enormen Ungleichheit bei vielen auch massive Erwartungen an Aufholprozesse. Denn die 80 Prozent wollen alle dort hin, wo die 20 Prozent sind, und die 20 Prozent wollen rasch weiter, um den Abstand zu halten.

Wohlhabende Länder sind sozial ausgeglichen

Seit mehr als zehn Jahren führt Bill Gates unangefochten die Liste der reichsten Menschen auf diesem Globus an, gleichzeitig ist er in einer absoluten Betrachtung einer der großzügigsten: Die *Bill and Melinda Gates Foundation,* die Stiftung, die er gemeinsam mit seiner Frau ins Leben gerufen hat, ist mit einem Vermögen von rund 30 Milliarden US-Dollar ausgestattet.[17] Gates' Privatvermögen belief sich im Jahr 2006 laut der Wirtschaftszeitschrift *Forbes*[18] auf 50 Milliarden US-Dollar. Bis zu seinem Tod will er 90 bis 95 Prozent seines Gesamtvermögens spenden. Nur ein Bruchteil davon soll seinen drei Kindern zukommen, nämlich je 10 Millionen US-Dollar. Aufgrund seiner Wohltätigkeit hat das *Time Magazine* Gates zum Mann des Jahres 2005 ernannt.

Die Zahl der »Superreichen«, also der Besitzer von Vermögen über eine Milliarde US-Dollar, nimmt ständig zu, und das nicht nur in den USA, Japan und Europa, sondern auch in Mexiko, Indien und China. Milliardäre sind mehrheitlich kultivierte und gebildete Menschen, bereit, sich für gute Zwecke zu engagieren. Sie leben, oft weitgehend von der Öffentlichkeit abgeschirmt, in einem Beratungsumfeld höchster Kompetenz und sind umgeben von Ökonomen, Juristen, Steuerberatern, Mathematikern, Sicherheitsfachleuten, Marketing- und Kommunikationsspezialisten. Die Superreichen und ihre Apparate haben mittlerweile eine unkontrollierte Macht entfaltet, wie sie selbst Könige, Kaiser und Päpste nicht kannten.

Jeder weiß, dass in einer Weltökonomie, die jährlich um vier Prozent wächst, Renditen von 20 Prozent und mehr auf risikolos eingesetzte Finanzmittel nur dann möglich sind, wenn man anderen etwas wegnimmt: eine massive Umschichtung des Realvermögens zugunsten der »oberen Zehntausend«, im Besonderen der »oberen tausend« Superreichen. In den letzten zehn Jahren hat sich dieser Prozess noch einmal beschleunigt, und daran ändert auch die Wohltätigkeit einzelner Milliardäre nichts.

Es gab einmal die Hoffnung, dass, wenn sich der Aufzug »Wachstum« in Bewegung setzt, er auch die Armen ein Stück des Wegs nach oben mitnehmen würde. Weil die Globalisierung extrem asymmetrisch verläuft, ist mittlerweile klar, dass die Reichen im Expressfahrstuhl sitzen und die Armen immer weiter in den Keller rutschen.

Zu spüren ist das mittlerweile auch im Norden – als Debatte über die »neue Armut« oder, systemisch betrachtet, in der so genannten Brasilianisierung[19]. Darunter versteht man, dass, während das Bruttosozialprodukt pro Kopf wächst, 80 Prozent der Bevölkerung faktisch verarmen.[20] Dies hat seine Ursache darin, dass von den hoch entwickelten Ländern immer mehr Arbeitsprozesse in Schwellenländer verlagert werden, was auch eine Folge der entgrenzten Ökonomie ist. Andererseits können international operierende Konzerne, Kapitalbesitzer und Investoren sich immer besser der nationalen Besteuerung entziehen. Wer nicht weglaufen kann und wer hier sein Auskommen finden muss, ist der Dumme, den belangt das Finanzamt. Das hat zur Folge, dass sich die globale Wertschöpfung von unten nach oben verschiebt, während die Investoren an der Spitze der Pyramide ihr Geld gezielt weltweit einsetzen. Dabei profitieren die, die über große Vermögen und Sicherheiten verfügen, erneut durch weit überproportionalen und günstigen Zugriff nicht nur auf Kredite, sondern auch auf neu geschöpftes Geld bei einer sich dramatisch ausweitenden Geld- und Kreditmenge. Dies ist unter anderem eine Folge veränderter Regulierungen im Weltfinanzsystem (Beispiel Basel II).

Für die große Mehrheit der Bürger in entwickelten Demokratien, darunter viele Mittelständler[21], ergibt sich daraus eine neue Lage, denn sie geraten massiv unter Druck. Sie lernen nun, was es heißt, ohnmächtig zu sein. Das ist eine Erfahrung, die Milliarden Menschen im Süden schon lange machen müssen. Als Folge falsch organisierter Globalisierungsprozesse droht das globale Muster von 20 Prozent reich versus 80 Prozent arm nun auch in reichen Ländern, selbst innerhalb der EU. Als Konsequenz macht sich schlechte Stimmung breit, und es kommt zum »Ausfransen« an den Rändern des politischen Spektrums.

Stellen wir die Frage einmal andersherum: Wie viel von der gesamten Wertschöpfung einer Gesellschaft sollte als Einkommen nach Steuern (und Sozialtransfers) die 20 Prozent mit den höchsten Einkommen erreichen, damit ein Land reich werden kann? Wären es genau 20 Prozent, ergäbe dies die ideale kommunistisch-planwirtschaftliche Lösung. Aus der Geschichte wissen wir, dass das nicht funktioniert, Frustration auslöst und der Individualität der Menschen nicht gerecht wird. Denn sowohl in dem, was sie wollen, aber auch in dem, was sie leisten können, sind die Menschen höchst unterschiedlich. Genau hier liegt der psychologische Hebel, den der Marktfundamentalismus ansetzt. Wenn man den Kommunismus überwindet und zunächst Leistung stärker entlohnt, mehr Freiheit erlaubt und weniger Vorgaben, Regeln und Kontrollen einsetzt, entwickelt sich die Gesellschaft zunächst dynamischer und wird wohlhabender.

Aber warum sollte dieses Programm einer stärkeren Umverteilung nach oben in Ländern mit funktionierenden sozialen Demokratien Vorteile bieten? Oder gar in Ländern, die ohnehin schon so ungleich organisiert sind wie die USA oder, noch viel extremer, Brasilien mit seiner fortlebenden Kolonialstruktur? Nein – ab einem bestimmten Niveau sozialer Differenzierung wirkt mehr Ungleichheit nicht mehr positiv und wachstumsfördernd, sondern gefährdet die Demokratie und macht ein Land arm. Um das zu verstehen, betrachtet man am besten gleich den Extremfall. Was würde geschehen, wenn die gesamte Wirtschaftsleistung gleich bei den 20 Prozent Leistungsträgern als Einkommen nach Steuern landet? Wenn man die marktradikale Idee zu Ende denkt, wäre die Folge, dass 80 Prozent der Bevölkerung verhungern. Ist Wohlstand für alle das Ziel, wird bei diesem Extrem sofort deutlich, dass ein Programm, das wenige immer stärker profitieren lässt, keine Perspektive hat. Marktradikalismus ist also mindestens so schädlich wie Kommunismus, macht zu viele Menschen arm und verhindert die gute Ausbildung aller Menschen.

Irgendwo zwischen den radikalen kommunistischen Fundamentalisten, die Freiheit für Gleichheit opfern, und den heutigen marktradikalen Fundamentalisten, die Solidarität und Chancengleichheit für die Freiheit der Raffgier weniger aufgeben, muss es bessere oder sogar optimale Lösungen für mehr Reichtum und Balance geben.

Empirisch ist der Befund eindeutig. In reichen Ländern verfügen die reichsten 20 Prozent der Bevölkerung mit den höchsten Einkommen (nach Steuern und Sozialtransfers) über 35 bis 50 Prozent des Kuchens. In den so genannten Konsensdemokratien, also Ländern wie Finnland, Schweden, Norwegen, Dänemark und Österreich, sind es etwa 34 bis 40 Prozent. Derzeit sind auch Slowenien und Estland auf einem guten Weg, sich nach diesem Muster zu organisieren. Konsensdemokratien sind nach innen und außen friedlich, es wird viel diskutiert, die Bildung ist auch in der Breite auf einem hohen Niveau. Mann und Frau haben vergleichbar gute Möglichkeiten, ihre Potenziale zu entwickeln, und die Investitionen in Ausbildung und Forschung sind zukunftsweisend. All dies sind Indikatoren für reiche Gesellschaften.

Wenn die 20 Prozent mit den höchsten Einkommen etwa die Hälfte des Gesamtvolumens erhalten, spitzen sich die Dinge von der Tendenz her zu. In diesem Bereich liegen die Briten und die Amerikaner. Die USA sind das Land mit dem höchsten Grad an Ungleichheit unter den reichen Ländern.

Als Einwanderungsland und als mächtigster Staat auf dem Globus sind die Vereinigten Staaten in jeder Hinsicht ein Sonderfall. Als ein US-Präsident einmal berichtete, er habe wieder mehr als vier Millionen neue Arbeitsplätze geschaffen, meldete sich jemand aus dem Hintergrund und sagte: »Ich kann das bestätigen, ich alleine habe drei davon.« Von 100 000 Einwohnern sitzen in den USA mehr als 700 Menschen im Gefängnis (in europäischen Staaten sind es weniger als 100), und insbesondere der Anteil von jungen farbigen Männern in den Gefängnissen ist in den USA außerordentlich hoch. Kleine Delikte werden brutal verfolgt, Wirtschaftsdelikte deutlich weniger. Auch die Arbeitslosenstatistik wird so in ein freundlicheres Licht getaucht. Die USA können diesen Grad an Ungleichheit bislang auch nur deshalb durchhalten, weil sie viele potenzielle Konflikte durch die Einwanderung von Menschen mit ausgewählten Kenntnissen und Fähigkeiten und einer spezifischen Motivationslage – etwa durch Green Cards – abfedern konnten. Als Staat, der aus der Kolonisation eines vergleichsweise dünn besiedelten Kontinents und zulasten der früheren Kulturen, die im Wesentlichen ausgerottet wurden, hervorging, hatten sie den Vorteil, über viel Raum und kostenloses Land verfügen zu können. Das ist natürlich nicht auf ewig ein Vorteil, irgendwann wird es dort so voll wie überall sein.

Als größter Nutznießer des globalen ökonomischen Systems profitieren die USA zudem von Finanzzuflüssen zum Dollar als Weltreservewährung. Auch lassen sie sich ihre Rolle als Letztgarant der Welteigentumsstruktur in verschiedener Weise honorieren. Das zahlt sich unter anderem bei den exzessiv genutzten Möglichkeiten der Geldneuschöpfung unter den Bedingungen des heutigen Weltfinanzmarktsystems aus. Die wichtigste Wertschöpfungsquelle der USA ist der Export von Dollars, nicht der von Gütern oder Dienstleistungen, und ihre Strategie ist deshalb nicht auf die übrige Welt übertragbar.

Jenseits der 50 Prozent, also bei einem noch höheren Grad

der Ungleichheit, haben wir es nur noch mit armen Ländern zu tun. Die schlimmsten Zustände findet man in Afrika und Lateinamerika, prototypisch sind Südafrika und Brasilien, also Länder, in denen alte Kolonialstrukturen mit ihrem »Oben« und »Unten« fortleben. 80 Prozent der Bevölkerung verfügen dort über 35 Prozent der finanziellen Ressourcen, und 20 Prozent über 65 Prozent.

Dieses Missverhältnis wird nur noch übertroffen vom Gesamtzustand des Planeten, wo 20 Prozent der Bevölkerung über 80 Prozent der Ressourcen verfügen. Im Verhältnis zum Globus als Ganzes ist also selbst Brasilien beinahe eine Oase des sozialen Ausgleichs. Das heißt, die Welt als Ganzes ist sozial noch viel stärker gespalten als jedes einzelne Land in sich, oder anders ausgedrückt: Die größten sozialen Ungleichheiten finden sich heute zwischen den Staaten, nicht innerhalb der Staaten. De facto befinden wir uns in einer globalen Apartheid, einem absolut nicht friedens- und zukunftsfähigen Zustand.

Reichtum ist systemischer Natur

In den brasilianischen Favelas kommt es häufig vor, dass die Mütter abends einen Topf Wasser zum Kochen bringen und Steine hineinlegen. Die Kinder weinen vor Hunger. In der Hoffnung, dass sie bald einschlafen werden, sagen die Frauen ihren Kindern: »Das Essen ist gleich fertig.«[22]

Die Verteilung des Wohlstands in einer Gesellschaft ist auch eine Frage der Perspektive. Von unten betrachtet, aus der Sicht der Armen, ist große Ungleichheit mit Gefühlen der Scham verbunden, sogar mit Schmerzen, und oft endet sie tödlich. Von oben betrachtet ergibt Ungleichheit durchaus einen Sinn.

Ein Gedankenexperiment: Eine Dorfgemeinschaft spielt gemeinsam Lotto, und der Hauptgewinn beschert jeder Familie eine Million Euro. Geht es ihnen dann besser? Nur wenn sich am Wohlstand der Menschen außerhalb des Dorfes nichts ändert und die Bewohner schnell wegziehen. Lebten hingegen die Millionäre alle miteinander auf einer Insel, die ökonomisch isoliert ist und auf der sonst niemand wohnt, bliebe der Lottogewinn fast wirkungslos: Was macht man mit einer Million Euro, wenn die anderen ebenso viel besitzen? Der eigentliche Wert der Million besteht offensichtlich darin, dass die anderen sie nicht haben. Nur wenn die anderen das Geld wollen, das man selber besitzt, bekommt man zum Beispiel die Dienstleistung, die man von ihnen haben will.

Gerade das macht den »Charme« von Ländern wie Brasilien aus, einem wunderschönen, mit Ressourcen aller Art gesegneten Land. Eliten geht es nicht unbedingt um den Reichtum eines Landes, es geht ihnen um die eigene Lebenssituation. In São Paulo, der drittgrößten Stadt der Welt, leben die Reichen in Villen oberhalb der Stadt, und Hunderte von Hubschrauberlandeplätzen auf den Dächern ihrer Häuser zeigen, dass sich die Bewohner möglichst wenig dem Smog, dem Elend und den Gefahren der Straßen aussetzen wollen. Bei Bedarf fliegen sie einfach auf einen ihrer Landsitze.

Eine nicht gut ausgebildete Bevölkerung ist zur Fortschreibung asymmetrischer Machtverhältnisse durchaus hilfreich, auch wenn es kaum jemand an der Spitze so offen aussprechen würde. Die Eliten Brasiliens schätzen die Tatsache, dass es diese Ungleichheit gibt. Personennahe Dienstleistungen zum Beispiel sind dort spottbillig, und es gibt Menschen, die für einen Euro am Tag mit der Teetasse hinter anderen herlaufen. Das ist ein Zustand, der, »von oben« betrachtet, Gott gefällig sein mag, aber auch einer, der ein Land arm macht – denn die tatsächliche Wertschöpfung ist dabei sehr gering – und den Zustand hoher sozialer Ungleichheit weiter fortschreibt.

In unseren Breiten sprechen bestimmte Vertreter der Eliten manchmal von »Dienstleistungswüsten«. Das gilt aber nicht für Dienstleistungen, die mit 300 Euro pro Stunde oder auch mit »nur« 50 Euro pro Stunde entlohnt werden wie Rechtsanwälte oder Handwerker. In diesem Segment kann man sich auch bei uns vor Angeboten kaum retten. Das gilt nur für Dienstleister, die mit wenigen Euro pro Stunde dankbar und glücklich sind. Die gibt es bei uns nicht, und das ist gut so, weil bei uns alle Menschen als Teil einer Gesellschaft verstanden werden, die über gute Sozialsysteme, gute Schulen und gute Krankenhäuser verfügt. Das ist ein kreatives und innovatives System, in dem die Menschen werthaltigen Beschäftigungen nachgehen und nicht einfachen personennahen Dienstleistungen ohne hohen Wertschöpfungsgehalt. Es funktioniert nach dem Ausgleichsprinzip. Im Rahmen der Globalisierung, wie sie derzeit läuft, könnte es durchaus dahin kommen, dass das Erreichte bei uns zurückgebaut wird, letztlich auch die Demokratie, wovor viele Menschen instinktiv Angst haben. Dann würde es auch hier wieder ein Heer von Dienstboten auf Taschengeldniveau geben, was Deutschland deutlich ärmer machen würde.

Dass wir in Ländern leben, die funktionieren, in sozialen Marktwirtschaften mit ökologischer Orientierung und entwickelter Demokratie, ist übrigens nicht die Folge freier Märkte und unregulierten Wettbewerbs. Es ist das Ergebnis langer historischer und teilweise brutaler Auseinandersetzungen, aber auch die Folge von verlorenen Kriegen. Das Erreichte ist hart erkämpft. Nichts ist selbstverständlich, nichts garantiert, vor allem nicht der soziale Ausgleich.

Seine wesentliche Funktion ist dabei nicht, Faulenzer in Hängematten mit Champagner zu versorgen, damit sie sich amüsieren, während die anderen arbeiten, wie es manchmal in klarer Absicht über die Medien transportiert wird. Die Sozialhilfe (heute: Arbeitslosengeld II) macht nur rund ein Prozent des deutschen Bruttoinlandsprodukts aus.[23] Vielmehr geht es als Kern des sozialen Ausgleichs darum, die gesamte Bevölkerung, darunter auch die Kinder der weniger Begüterten, auf ein hohes Ausbildungsniveau zu heben. Um Erziehungseinrichtungen, Schulen und Universitäten zu finanzieren, braucht ein Land als wichtigsten Beitrag des sozialen Ausgleichs eine substanzielle Querfinanzierung. Weiterhin muss eine gut ausgebildete Bevölkerung gesund erhalten und mit exzellenten Infrastrukturen versorgt werden – andernfalls würden sich die Ausbildungsinvestitionen nicht rechnen. Und letztlich müssen die Menschen in Würde alt werden können. Schließlich ist die Ökonomie für die Menschen da und nicht die Menschen für die Ökonomie. Etwas anderes ist in Demokratien mit einer gut ausgebildeten Bevölkerung auch politisch kaum durchsetzbar.

Wohlstand ist also systemischer Natur und weniger das Werk einzelner »Wertschöpfer«. So wichtig der Einzelne auch sein mag, der talentierte, engagierte und motivierte Unternehmer, Richter oder Politiker, noch wichtiger ist ein funktionierendes Gesamtsystem, wobei ein gutes System Voraussetzung dafür ist, dass eine Gesellschaft viele dieser Persönlichkeiten hervorbringt.

Leistungsfähige Länder wissen um die Bedeutung ihrer Infrastruktur, also um die Bedeutung der Nervennetze und Transportwege für die Organisation des Stoffwechsels des Superorganismus Menschheit. Wie wichtig der elektrische Strom für moderne Gesellschaften ist, merkt man spätestens dann, wenn er ausfällt: Aufzüge bleiben stehen, Heizungen funktionieren nicht mehr, und Computerbildschirme sind plötzlich schwarz.

Dabei steht die allgemeine Durchdringung mit Informations- und Kommunikationstechnik noch immer am Anfang. Sie beschreibt ein Entwicklungsmuster, das bei der Kraftentfaltung, auf der Ebene der Motoren, bereits weitgehend abgeschlossen ist. Zu Zeiten der industriellen Revolution hatten Dampfmaschinen noch eigene Häuser, später stellte man sie auf Räder. Elektromotoren wurden immer weiter dezentralisiert und sind heute so vollständig in unsere Lebenswelt integriert, dass wir sie kaum mehr wahrnehmen. Wer im Auto den Fensterheber bedient, will eben nur das Fenster öffnen, und an den Motor, der diese Arbeit verrichtet, denkt niemand mehr. Technik tritt in die Kulisse zurück, was bleibt, ist die Anwendung an sich.

Entsprechend wird der Ort der Rechnerleistung »unsichtbar«, er wandert in Häuser, Straßen und Brillen, damit der Benutzer bei jeder Gelegenheit auf die entsprechenden Dienste zurückgreifen kann. Das Ferngespräch mit China ist, sobald es maschinell simultan übersetzt werden kann, eine leichte Übung, und das Internet wird omnipräsent und in die alltägliche Lebenswelt integriert sein.

Schon heute kann jedes aktivierte Handy geortet werden, und die Kontroll- und Überwachungsmöglichkeiten werden noch einmal enorm steigen – das ist die Kehrseite. Vor allem schafft eine entsprechende Infrastruktur große Abhängigkeiten. Sobald sämtliche Transport- und Kommunikationsmittel mit einem Schlag ausfallen, wie das in der Zukunftsliteratur bereits detailliert beschrieben wurde[24], stehen elementare Bedürfnisse wie Essen, Trinken und Schlafen wieder ganz obenan, und wenn es plötzlich keine funktionierenden staatlichen Strukturen, keine Stadtverwaltung, keine Polizei mehr gibt, bricht sich das

Faustrecht in kürzester Zeit wieder Bahn. Die Zivilisation ist ein fragiles Gebilde.

Und doch müssen wir die Nervennetze und Transportsysteme pflegen, ausbauen und absichern, denn sie sind das Herzstück jeder innovativen und produktiven Ökonomie. Zudem muss ein leistungsstarkes Governance-System hinzukommen – das betrifft alle politischen, rechtlichen und administrativen Regelungssysteme, die eine moderne Gesellschaft am Leben erhalten. Heute sind praktisch alle erfolgreichen Länder Demokratien. Offene Gesellschaften im Sinne Poppers[25] sind am besten geeignet, Kreativität zu entwickeln und Innovationen zu befördern.

Was für reiche Länder nötig zu sein scheint, muss nicht unbedingt für aufholende Länder gelten. Autoritäre Strukturen, wie es sie früher in Singapur gegeben hat und wie sie heute in China und in Russland existieren, sind in Aufholprozessen, wenn die Macht klug eingesetzt wird, offensichtlich erfolgreicher. Autoritäre Formen von Governance scheinen auch hilfreich zu sein, wenn es darum geht, ökonomisch schwächere Länder, die sich voll dem Welthandel öffnen, vor dem Zugriff von Akteuren aus reichen Ländern zu schützen. Interessanterweise sind auch die heute reichen Länder nur hinter »Schutzmauern« reich geworden, auch wenn sie heute vielfach vorgeben, Offenheit und Demokratie wären die Lösung für alle.

Zu den systemischen Voraussetzungen für Reichtum zählen aber auch ein hervorragender Kapitalstock (hoch technisierte Arbeitsplätze kosten bis zu 300 000 Euro), der Zugriff auf benötigte Ressourcen, eine leistungsfähige Forschung und konkurrenzfähige Innovationsprozesse, ein leistungsfähiges Geld- und Finanzsystem sowie die Einbindung von Unternehmen und Menschen in leistungsfähige weltweite Wertschöpfungsnetze.

Hinzu kommt die zentrale Bedeutung von Bildung und Ausbildung. Dabei geht es auch um intakte Familien, die genügend
Zeit für emotionale Zuwendung und intelligente Ansprache
ihrer Kinder finden.[26] All dies macht Gesellschaften reich, muss
aber auch finanziert werden. Es gibt kein produktives und kein
innovatives Land ohne hohe Steuern.

Es wäre wohl zu viel verlangt zu erwarten, dass jemand gerne
Steuern zahlt. Nachvollziehbar ist auch, dass es einem Menschen mit hohem Einkommen schwerfällt, progressive Steuern
zu akzeptieren, obwohl er immer noch vielfach mehr übrig hat
als Menschen mit niedrigem Einkommen. Entscheidend aber
ist, dass es ohne ausreichende Steuern keine sicheren Straßen,
keine guten Schulen und kein Umfeld geben kann, in dem Be-
güterte mit ihren Familien sorgenfrei leben und ihren Geschäf-
ten nachgehen können.

Konkurrenz ist wichtig, Kooperation ist wichtiger

Dass das marktradikale Verständnis von Wohlstand die systemische Dimension eher ausblendet und die Rolle des Einzelnen
überhöht, hängt einerseits mit seiner verdeckten Zielsetzung,
nämlich der extremen Begünstigung Einzelner, zusammen und
wurzelt andererseits in seinem Menschenbild, dem *homo oeconomicus*: »Wenn jeder an sich denkt, ist an jeden gedacht.«

Marktfundamentalisten beschwören in diesem Zusammenhang immer die »unsichtbare Hand« von Adam Smith, die angeblich dafür sorgen soll, dass sich Eigeninteresse und Allge-
meininteresse decken. Wie muss man sich das vorstellen? Ein
kluger Analytiker hat einmal gesagt, dass hinter der »unsichtbaren Hand« immer eine »unsichtbare Faust« steht, die der

»unsichtbaren Hand« zeigt, wo die Reise hingeht. Diese Rolle übernimmt in der heutigen globalen Ökonomie als letzter Garant der Eigentumsstruktur das US-Militär.

Der Wettbewerb alleine ist es jedenfalls nicht, der der »unsichtbaren Hand« den Weg weist. Mathematisch gesprochen ist der Wettbewerb ein Suchalgorithmus für gute Lösungen unter bestimmten Rahmenbedingungen wie Steuern, Preisstrukturen, Geboten und Verboten. Wettbewerb erzeugt Effizienz, also eine gute Input/Output-Relation, mit der ein Ziel erreicht wird. Bei Märkten gibt es aber noch eine weitere, wahrscheinlich wichtigere und oft vergessene Kategorie, nämlich die Effektivität: Sie sorgt dafür, die Ziele zu erreichen, die es zu erreichen gilt. Im Übrigen hat Adam Smith immer sehr überzeugend staatliche Ordnungssysteme zur Regulierung von Märkten für notwendig erklärt und sich dabei ausführlich zu den ethischen Grundlagen erfolgreichen Unternehmertums geäußert. Es sind eben diese Rahmenbedingungen, die als »unsichtbare Hand« wirksam werden und Sorge dafür tragen, dass Akteure, die ihre eigenen Interessen verfolgen, dadurch auch das Gemeinwohl fördern. In diesem Sinne sind Rahmenbedingungen wichtiger als der Wettbewerb. Genau an dieser Stelle setzt deshalb in funktionierenden Demokratien der Primat der Politik an.

Der *homo oeconomicus* ist der idealtypische Konsument, der ausschließlich von seinem Eigeninteresse geleitet wird. Dem steht allerdings in der realen Welt die Evolutionserfahrung entgegen, denn der Mensch hat nur überlebt, weil er kooperativ und zum Teil auch altruistisch ist und weil er an andere denkt, durchaus auch im Sinne eines wohlverstandenen Eigennutzes *(insightful selfishness)*.

Typisch für menschliche Gemeinschaften, vor allem Kleingruppen, ist ein Geben und Nehmen und ein korrespondierendes Gefühl für Gerechtigkeit und Angemessenheit. Auch Bestrafung ist Teil dieses Repertoires, denn wenn sich jemand unfair verhält, wird er von anderen daran »erinnert«. Menschen, übrigens ähnlich den Menschenaffen, denken in längeren Zeiträumen und führen innerlich Buch.[27] Die moderne Wirtschaftswissenschaft hat mittlerweile in Teilen das realitätsfremde Konstrukt des *homo oeconomicus* durch ein Menschenbild ersetzt, das der Erfahrung in Märkten, in der Arbeitswelt, beim Kaufen und Tauschen deutlich näherkommt, nämlich das des *homo oeconomicus cooperativus*.

Seit einiger Zeit widmet sich die empirische Ökonomie dieser Thematik in Untersuchungen zum so genannten Ultimatumspiel. Die typische Situation sieht wie folgt aus: Zwei Personen befinden sich in einem Raum, und eine dritte Figur, der »reiche Onkel«, legt 1000 Euro auf den Tisch. Einer der beiden darf als Erster zugreifen: »Nimm dir davon, so viel du willst«, sagt der Onkel. »Gib dem anderen den Rest – aber keine Kommunikation! Wenn der andere nicht ablehnt, könnt ihr beide das Geld behalten. Weigert er sich, bekomme ich das Geld zurück.«

Auf den ersten Blick ist das vielleicht ein ungewöhnliches Spiel. Aber es unterscheidet sich doch kaum von vielen Situationen im wirklichen Leben. Für den Marktfundamentalisten ist die Situation klar, er weiß, wie sich der Zweite verhalten muss. Selbst wenn der Erste 999 Euro nimmt, bleibt dem Zweiten noch ein Euro. Das ist ein Ergebnis, das für beide zweifellos besser ist als die Ausgangssituation. Warum sollte sich auch jemand beschweren, wenn er, ohne etwas zu leisten, einen Euro geschenkt bekommt? Aus Sicht der Marktfundamentalisten rutscht jemand, der »Nein« sagt, schnell in die Ecke des Spielverderbers, er wird zum typischen Neider, blockiert den Markt und die gesellschaftliche Entwicklung.

Interessanterweise verhalten sich die Menschen aber anders, als diese Theorie unterstellt. Der Zweite akzeptiert manchmal noch ein Viertel des Anteils; das gilt für normale Größenordnungen und wenn Menschen nicht in Not sind. Viele Menschen bestehen auf einem Drittel, manche beharren sogar auf 50 zu 50. Und viele würden sich schämen, weniger als 35 Prozent überhaupt anzubieten.

Die meisten Menschen auf diesem Globus haben beim Ultimatumspiel ein klares Gefühl dafür, was gerecht ist. Die moderne Gehirnforschung kann auf tomografischen Bildern des Gehirns sogar nachweisen, dass bei »unfairen« Angeboten das Schmerzzentrum aktiviert wird. Auch das ist übrigens bei Schimpansen ähnlich. Offensichtlich ist die Erwartung einer gewissen Art von Fairness bereits genetisch als stammesgeschlechtliches Erbe vorprogrammiert. Ohne ein gewisses Maß an Kooperation wäre das Leben für unsere Vorfahren nicht zu bewältigen gewesen.

In dem Versuchsaufbau des Ultimatumspiels hat die Willkür oder Beliebigkeit des ersten Zugriffs eine zentrale Rolle: Wer darf sich das Geld zuerst nehmen? Und mit welchem Recht? Das menschliche Gerechtigkeitsempfinden ist aus nachvollziehbaren Gründen fein ausdifferenziert. Wenn der erste Zugriff durch eine zuvor erbrachte Leistung, wie zum Beispiel einen Erfolg bei der Jagd, gerechtfertigt ist, dann sind die 1000 Euro die Beute. Unter diesen Umständen werden dann viel schlechtere Angebote des Teilens akzeptiert, als es eigentlich in Ordnung ist. Wenn sich also jemand in akzeptabler Weise verdient gemacht hat, erscheint das Recht des ersten Zugriffs in einem anderen Licht. Der Zufall hingegen wird als Basis für einen völlig asymmetrischen Zugriff als unzureichend empfunden.

Überträgt man diese Laborsituation auf den Globus, ergeben sich viele Parallelen. Vielfach ist der Wohlstand auf der Welt nicht fair verdient, sondern hat etwas mit dem ersten Zugriff beziehungsweise dem institutionellen Design oder dem so genannten *agenda setting* durch den Ersten zu tun. Das betrifft teilweise die historisch gewachsene Verteilung des Bodens, die Dominanz in bestimmten Märkten, die Wirkung des Familienumfelds und des Erbrechts, die Folgen des Kolonialismus und die Natur der intellektuellen Eigentumsrechte.

Für diejenigen, die sich von den Zugriffsrechten her systematisch benachteiligt fühlen, gibt es viele Möglichkeiten, zu den ihnen angebotenen Partizipationsmöglichkeiten in der Weltökonomie, in der sie automatisch die schlechten Plätze einnehmen, »Nein« zu sagen. Sie können dies durch schlechte Arbeit, schlechte Laune, Frust, Alkoholismus, Vandalismus, innere Emigration im Alltag oder die innere Kündigung zum Ausdruck bringen. Auch Terror kann eine unüberhörbare Form dafür sein. Er ist in vielen Fällen eine systemische Reaktion auf Verhältnisse, die als zutiefst ungerecht empfunden und auf legalem Weg als nicht veränderbar angesehen werden. Terror ist eine Form der Kommunikation, die den Verlierern bleibt, wenn die dominante Seite die Spielregeln diktiert, sie brutal zum eigenen Vorteil ausnutzt, was bei den Verlierern Hoffnungslosigkeit erzeugt.

Ökosoziale Marktwirtschaft als Garant höchsten Wachstums

Was macht Länder reich? Nicht die marktradikale Ordnung, sondern die ökosoziale. Nur sie ist der Garant für eine exzellent und breit ausgebildete Bevölkerung, sie stellt die Nervennetze und Transportwege für alle bereit, mit deren Hilfe moderne

Gesellschaften überhaupt wertschöpfend sein und wettbewerbsfähig bleiben können.

Aber garantiert die ökosoziale Ordnung auch kräftiges Wachstum? Ist es nicht eher so, dass die marktradikale Ordnung, indem sie stärker auf Konkurrenz setzt, leistungsfähiger ist, mehr Wachstum und Wohlstand produziert, woraus schließlich auch die weniger Begüterten ihren Vorteil ziehen? Das Rezept dafür ist, den Staat zurückzubauen, weniger Beamte zu haben und die Steuern zu senken. Alles funktioniert angeblich besser nach dem Prinzip »Leistung muss sich wieder lohnen, und Wachstum schafft Arbeitsplätze«. Wenn es um soziale oder Umweltfragen geht, heißt es, das sei schön und gut, aber dafür muss erst mal Geld vorhanden sein.

Der größte Erfolg des Marktradikalismus ist sicherlich, dass er es geschafft hat, diese Argumentationslinie so tief in den Köpfen zu verankern, dass das marktradikale Modell als Normalmodell gilt: TINA (there is no alternative). Wenn vom Markt die Rede ist, dann ist der »freie Markt« gemeint, also der nicht regulierte, nicht gegängelte und nicht strangulierte Markt.

Dabei ist gerade der so genannte »freie Markt« in Eigentums- und Zugriffsfragen und in der Sicherung privilegierter Positionen total reguliert, nur nicht im sozialen, kulturellen und ökologischen Bereich. Der Marktradikalismus hat es geschafft, die zentralen Begriffe der Ökonomie, »Markt« und »Wachstum«, zu besetzen. Es heißt, der freie Markt schaffe das höchste Wachstum.

Das ist ein Mythos.

Der Marktfundamentalismus produziert eben *nicht* das höchstmögliche Wachstum. Selbst dieses letzte Versprechen hält er nicht, das ist alles nur hübscher Schein und Manipulation von Gehirnen. Er führt zu mehr Wachstum als der Kommunismus, aber das Maß aller Dinge ist er nicht. Das ist die Ökosoziale Marktwirtschaft.

Für die heutige Welt sind der freie Markt und sein Wachstumspotenzial so etwas wie der heilige Gral, die Lebenslüge der Ökonomie. Der Glaube an den freien Markt setzt einen Denkrahmen, in dem die Probleme der Welt gedeutet werden. In früheren Zeiten waren Religionen oder Philosophien die intellektuellen Konstrukte für Letzterklärungen, heute sind es ökonomische Megaphilosophien.

Warum vergötzen Gesellschaften das Wachstum? Weil man aus einem stets größer werdenden Kuchen auch kleine Stücke schneiden kann, die nach etwas aussehen. Unter Wachstumsbedingungen sind Verteilungsprobleme politisch sehr viel leichter zu lösen, als wenn die Größe des Kuchens gleich bleibt oder gar schrumpft. Denn bei gleichbleibendem oder schrumpfendem Kuchen kann man jemandem nur dann mehr geben, wenn man anderen etwas wegnimmt. Darum ist Wachstum, auch in reichen Ländern, die politische Zauberformel für fast alles und jedes.

Natürlich bleibt das grundsätzliche Problem, wie man Wachstum und sozialen Ausgleich austariert. Ist ein relativ kleineres Stück aus einem großen Kuchen nicht besser als ein relativ größeres Stück aus einem kleinen? Absolut hat man dann vielleicht sogar mehr. Oder ist es eher so, dass Armut und Wohlstand vor allem relativ empfunden werden, im Verhältnis zu Nachbarn, Kollegen, zu den *celebrities* dieser Welt? Die Kinder haben zwar ein Dach über dem Kopf, aber sie werden nicht zur Geburtstagsparty eingeladen, weil sie nicht die richtigen Geschenke mitbringen können oder die falschen Schuhe tragen. Die EU orientiert sich zum Beispiel an diesem relativen Verständnis, denn Menschen gelten dann als arm, wenn sie über weniger als das halbe Durchschnittseinkommen ihres Landes verfügen. Und mit ihren Strukturfonds hilft die EU in Regionen, deren Durchschnittseinkommen unterhalb von 75 Prozent des entsprechenden EU-Niveaus liegen.

Ein Land kann es sich heute gar nicht erlauben, *nicht* zu wachsen. Nicht unter den Bedingungen der heutigen falsch organisierten Weltordnung. Wer nicht wächst, wer nicht mitgeht, verliert. Er wird dann marginalisiert und ist dem Willen seiner Konkurrenten ausgesetzt. Auf Dauer schlägt hohes Wachstum machtpolitisch jede Alternative.

In reichen Ländern suggeriert die entsprechende Propaganda ein zu niedriges Wachstum und behauptet, dass es sich durch geeignete Maßnahmen erhöhen ließe. Als wäre das in den reichen Ländern erreichbar, verweist sie auf dynamische Schwellenländer mit Wachstumsraten von sechs, acht oder gar zehn Prozent.

Zehn Prozent Wachstum in China sind aber schlichtweg etwas ganz anderes als ein Prozent Wachstum in Deutschland. Pro Kopf und absolut gesehen sind ein Prozent Wachstum in einem reichen Land wie der Bundesrepublik sogar dreimal mehr als zehn Prozent in China – weil Deutschland eben pro Kopf 30-mal reicher ist.

Der Turbolader in der Aufholjagd ist das so genannte *leapfrogging*, das oben schon erwähnt wurde. Dabei werden die besten Lösungen der entwickelten Welt für Infrastruktur, Maschinenausstattung und Produktionsverfahren übernommen, oder sie kommen mit ausländischen Unternehmen und Direktinvestitionen ins Land. Und dann besteht die Möglichkeit, selber aktiv zu werden, etwa indem man Lösungen gleich kopiert. Die Chinesen sind darin Meister, aber die ausländischen Direktinvestitionen sind nach wie vor der dominierende Wachstumstreiber. In der Folge wird heute die Hälfte aller Kameras und ein Viertel aller Kühlschränke in China produziert, und zwar für einen Bruchteil der Löhne, die man dafür in Deutschland zahlen müsste. Morgen sind es vielleicht chinesische Autos auf dem Weltmarkt und übermorgen Flugzeuge, wobei dies entgegen einer weit verbreiteten Meinung noch keineswegs entschieden ist. Beim *leapfrogging* muss man nicht lange suchen oder erfinden, sondern nur implementieren. Das heißt im Kern: investieren beziehungsweise andere dafür gewinnen, dies im eigenen Land zu tun. Deshalb sind Bedingungen wichtig, die globalen Investoren zusagen. Der große chinesische Markt ist dabei ein besonderer Anziehungspunkt.

Im Delta des Perlflusses verschmelzen heute Hongkong, Shenzhen, Kanton, Zhuhai und Macau zu einer 40-Millionen-Megastadt. Vor nicht allzu langer Zeit lebten in den Sümpfen noch Reiher, und Fischerdörfer säumten die Küsten. Heute drängen sich im Umkreis von 100 Kilometern fünf Flughäfen und 41 Häfen. Sie sind das Einkaufsparadies von Ikea, Otto-Versand und Wal-Mart. Die dort angesiedelten Fabriken tragen Namen wie *Wohlstand für die Massen* oder einfach nur *Frieden*. Die Menschen, die unter erbärmlichsten Bedingungen arbeiten, produzieren Hemden, Computer oder Spielzeug für Kinder in reichen Ländern.

Einen Mangel an Arbeitskräften gibt es nicht. China hat noch 900 Millionen Menschen in Reserve, vor allem Bauern vom Lande. Die arbeitende Bevölkerung, also der in die formalisierte Ökonomie eintretende Teil, wächst stetig. Damit kommt das Wirtschaftswachstum von ganz alleine, man muss nur die richtigen Weichen stellen. Das gilt auch für einen stets wachsenden Input von natürlichen Ressourcen wie Boden, Biomasse, Wasser und Öl, der das Wirtschaftswachstum weiter antreibt.

Länder, die aufholen, haben also viele Möglichkeiten, ihr Wachstum zu forcieren. Richtig betrachtet ist dies jedoch eher ein Ausdruck ihrer Armut. Wollen Länder aber ganz nach vorne, wie es Singapur, Taiwan und Südkorea bereits geschafft haben, müssen sie irgendwann einen hohen sozialen Ausgleich erreichen. Die Erfahrung zeigt, dass es reiche Länder ohne Ausgleich nicht gibt. Und dafür gibt es auch inhaltliche Begründungen. Das gilt ebenso für ein unvermeidliches Abfallen der Wachstumsrate. Sobald aufholende Länder die Spitze erreicht haben, treten sie nämlich in Konkurrenz mit anderen gut entwickelten Ländern um Spitzenpositionen. Wachstum ist dann im Wesentlichen nur noch über Innovationen möglich. Das bestimmt die relative Position eines Landes. Weil aber Innovationen teuer sind und Zeit brauchen, brechen spätestens dann die Wachstumsraten ein, wie es auch bei den Aufholprozessen von Deutschland und Japan nach dem Zweiten Weltkrieg gut zu beobachten gewesen ist.

Die Spitzenklasse spielt in einer anderen Liga. Für Aufholprozesse sind aufgeklärte Diktaturen vielleicht sogar die am meisten Erfolg versprechende Lösung, wie das Beispiel China zeigt. Wenn dagegen Innovationen die entscheidende Triebfeder für Wachstum werden, muss man kreativ sein und neue Lösungen im Sinne von Karl Popper in einem offenen Prozess ausprobieren. Das funktioniert am besten in Demokratien und offenen Gesellschaften. In diesem Stadium sind – ehrlich gerechnet – ein oder zwei Prozent Wachstum dann schon viel. Das gilt erst recht für den absoluten Zuwachs pro Kopf, der erheblich ist.

Bei den Wachstumsblockaden und den Problemen, die wir zurzeit haben, ist weniger an Beispiele wie China zu denken. Sie sind auch nicht in erster Linie dadurch verursacht, dass wir als Gesellschaft älter werden und dass wir zu wenige Kinder haben. Wie wir wissen, wächst bei uns das Bruttosozialprodukt pro Kopf, und für die wenigen Kinder haben wir noch nicht einmal einen Ausbildungsplatz. Die Probleme sind primär dadurch begründet, dass wir insgesamt schlecht austarierte Verteilungsmuster haben, die uns nun im Zuge der Globalisierung aufgezwungen werden.

Wer die Regeln setzt, hat die Macht

Ein Professor pflegte mit seinen Studenten essen zu gehen. Ein fröhliches Sich-Kennenlernen zum Semesterauftakt. »Jeder zahlt für sich!«, sagte der Professor. Gegen Ende des Semesters traf man sich ein weiteres Mal. Diesmal sagte er ganz nebenbei: »Wir legen zusammen, der Betrag wird durch die Zahl der Anwesenden geteilt.« Die Stimmung war noch ausgelassener als beim ersten Treffen. Mit der Rechnung kam aber die Ernüchterung, denn sie war doppelt so hoch wie die erste. Das funktionierte nach dem Prinzip: »Der Nachbar bestellt sich eine Suppe vorweg? Gute Idee! – das mach ich auch. Die Rechnung wird doch geteilt. Heute soll's mal der gute Rotwein sein! Die Rechnung wird doch geteilt.« Der Professor genoss die geselligen Abende sehr, und den Lerneffekt schätzte er außerordentlich.

Es kommt auf die Spielregeln an. Warum ist es immer die Bank, die gewinnt? Weil sie die Spielregeln setzt. Oft ist den Spielern gar nicht bewusst, dass sie längst die Rahmenbedingungen des Spiels akzeptiert haben und damit auch, wer wahrscheinlich gewinnt. Diejenigen, die das Spielfeld abstecken und bestimmen, wann man über »Los« geht, sind in der Regel die Gewinner.

Das gilt insbesondere für die Art und Weise, wie die Globalisierung organisiert ist. Die Mechanismen, wie Geld verliehen wird, haben beispielsweise dazu geführt, dass die Zinszahlungen des Südens an den Norden bei etwa 180 Milliarden US-Dollar pro Jahr liegen, sie sind damit mehr als doppelt so hoch wie die Hilfe für Entwicklungszusammenarbeit aus dem Norden. Die realen Transfers verlaufen also in ausgeprägter Weise von Süden nach Norden. Eine globale Plünderung, die noch dazu völlig legal ist: Die Reaktion des Finanzsektors auf eine solche Vorhaltung besteht in dem Verweis auf die Wertschöpfungspotenziale, die angeblich aus den über Kredite ermöglichten Investitionen resultieren. Die Erfahrung in sich entwickelnden Ländern ist aber in der Regel eine andere: viel Geld auf privaten Konten, wenig Wertschöpfung und zunehmende Staatsverschuldung zu Lasten einer ohnehin bitterarmen Bevölkerung.

Politische, rechtliche, ökonomische und finanzielle Regelwerke durchsetzen zu können ist ein Machtinstrument erster Güte. Wirkungsmächtiger auf diesem Planeten ist nur noch die Fähigkeit, Bilder und Interpretationen in den Köpfen zu erzeugen.[28] Das ist die effektivste Stellschraube, weil mit Bildern Voraussetzungen dafür geschaffen werden, Institutionen und Regeln eines bestimmten Typs durchzusetzen, die als gerecht empfunden und nicht mehr hinterfragt werden. Genau hier wird viel Geld für intellektuelle Beratung und Marketing ausgegeben. Ziel ist es, systematisch falsche Bilder zu erzeugen, um die Gehirne der Menschen zu vernebeln. Das Bild, das im Kern die Machtposition des marktradikalen Modells sicherstellt, ist für Intellektuelle und Wirtschaftsfachleute das der höchsten Wachstumsintensität. Ein Mythos – schlichtweg falsch, aber für die Gewinner marktradikaler Prozesse höchst komfortabel.

Aufklärung in Zeiten der Globalisierung

Ökosozial statt marktradikal

Es waren einmal zwei Länder, getrennt durch einen reißenden Fluss. Beide Völker lebten jahrhundertelang nebeneinanderher. Keine Brücke, keine Fähre verband sie miteinander, und es gab nur wenig Austausch. Eines Tages hatte ein findiger Ingenieur die Idee zu einer großen Hängebrücke. Nach langem Hin und Her wurde sie schließlich gebaut. Zur Eröffnung gab es ein großes Fest, die Feierlichkeiten dauerten eine ganze Woche. Nun begann ein reger Verkehr zwischen den Völkern. Menschen wanderten mit Ideen und Waren aller Art hin und her, eine große Belebung setzte ein. Alles wurde schneller und intensiver, vieles auch besser. Die Mittel der modernen Medizin erreichten immer mehr Menschen, und die Bewohner beider Länder wetteiferten nun miteinander um die beste Arbeit, die besten Maschinen und die besten Waffen ... So oder ähnlich könnte eine Geschichte über die Globalisierung beginnen.

Moderne Transport- und Kommunikationsmittel sind wie Brücken. Plötzlich rücken Produktionsstandorte am anderen Ende der Welt ganz nah heran. In einer globalisierten Welt können wir mittels Informationstechnik viele ökonomische Prozesse über beliebig große Entfernungen hinweg sekundengenau koordinieren. Flugzeuge bringen über Nacht Güter von Singapur nach Hamburg; der Weitertransport in die Lüneburger Heide dauert oft länger und ist für hochwertige Güter wie Computerchips erheblich teurer als der Langstreckenflug. In allen möglichen Prozessen sind wir mittlerweile global eng vernetzt, mit tief greifenden Konsequenzen für den Charakter der Verhältnisse.

Auch weniger hochwertige Produkte wie Schuhe, Hemden oder Spielzeug gibt es in den Industrieländern mittlerweile für wenig Geld zu kaufen. Sie werden in China, in Vietnam oder in Afrika gefertigt. Manchmal von Kindern, die meist froh sind, dass sie überhaupt etwas verdienen. Das Geld wandert dann zu ihren Eltern oder auch zu modernen Sklavenhaltern, wir freuen uns hingegen, dass die Waren preiswert sind. Aber in der Folge gehen Arbeitsplätze bei uns verloren. Beinahe täglich erreichen uns mittlerweile neue Meldungen über Produktionsstätten, die ins Ausland verlagert werden. Freilich herrschen dort Arbeitsbedingungen, unter denen hier aus guten Gründen niemand einen Job annehmen würde. Kinder gehen nicht in die Schule, sondern in Fabriken. Ausbildung: Fehlanzeige. Die ärmeren Länder lehnen regelmäßig durchsetzbare internationale Bestimmungen in Sachen Kinderarbeit ab. Nicht etwa, weil sie etwas gegen den Schutz ihrer Kinder hätten, sondern weil Kinderarbeit für viele Familien oft die einzige Möglichkeit ist, überhaupt etwas Geld zu verdienen und satt zu werden. Das illustriert den heutigen Zustand der Welt und die Art und Weise, wie Märkte strukturiert sind.

Auch in den entwickelten Ländern zieht eine in falsche Bahnen geleitete Globalisierung mittlerweile gewaltige Zwänge und zum großen Teil nicht erwünschte Folgen nach sich. Ein Beispiel ist sozialer Rückbau, der eintritt, wenn für die verloren gegangenen Jobs nicht genügend werthaltige neue nachkommen, sondern allenfalls schlecht bezahlte Dienstleistungsjobs für immer mehr *working poor*. Weil dem öffentlichen Sektor der Finanzhahn zugedreht wird, muss er Mitarbeiter entlassen, Aufgabenfelder vernachlässigen, Konditionen verschlechtern, outsourcen und Aufgaben in private Hände übergeben oder ganz ruhen lassen – unabhängig davon, wie wichtig sie eigentlich sind. Wenn der Staat die globalen Transaktionen nicht adäquat besteuern kann und wenn sozialer Ausgleich und Ausbildung für alle viel Geld kostet, wird es eng. Der Staat besteuert eben den, der nicht weglaufen kann: sei es der Angestellte, die Frau an der Supermarktkasse, kleine und mittelgroße Unternehmer, der Ingenieur hierzulande mit dem deutschen Diplom oder der Häuslebauer.

Die geschicktesten globalen Akteure zahlen nichts und verhalten sich damit völlig legal. Sie verstehen es, ihre Wertschöpfungsprozesse so zu organisieren, dass sie Gewinne auf Offshore-Bankplätze wie die Cayman Islands auslagern, wo die Steuersätze besonders niedrig sind. Gleichzeitig nutzen sie interne Verrechnungspreise, etwa zwischen Malaysia und Deutschland, um die Gewinne hierzulande auf null zu fahren. Noch härter wird es, wenn sie die Produktion zum Beispiel nach Vietnam auslagern, um hierzulande möglichst wenige Arbeitnehmer zu beschäftigen, wodurch weniger Lohn, weniger Lohnsteuern und weniger Sozialabgaben fällig werden. Wenn einige Unternehmen diese Strategie erfolgreich umsetzen, gerät die Konkurrenz unter Druck und muss nachziehen. Aus Konsumentensicht positiv sind die häufig resultierenden niedrigeren Preise, negativ ist jedoch der Arbeitsplatzverlust. Das eine hängt dabei oft direkt mit dem anderen zusammen. Obendrein liefern sich europäische Staaten, zum Teil sogar innerhalb der EU, einen geradezu perversen Steuerwettbewerb. Die Schweiz und Liechtenstein profitieren schon immer von dieser Situation und verdienen gut. Natürlich versuchen die Finanzminister dagegenzuhalten, aber die anderen sind immer zwei Schritte voraus. Nichts erhöht so sehr den Gewinn, wie gar keine Steuern zahlen zu müssen. Deshalb lohnt es sich, auf diesem Feld in die besten Fachleute, Berater und Lobbyisten zu investieren.

Der Markt findet, so zumindest die Theorie, über alle Handlungen hinweg stets die besten Lösungen. Wenn der Markt aber völlig inakzeptable Zustände hervorbringt, wenn 80 Prozent der Menschen auf diesem Globus nur über höchstens 20 Prozent des Welteinkommens verfügen und wenn täglich 24 000 Menschen verhungern – was ist dann eigentlich falsch gelaufen?

Ökonomien bestehen eben nicht nur aus dem Wettbewerb, um die optimalen Lösungen zu finden und Dinge richtig zu tun, sondern auch aus Rahmenbedingungen, die sicherstellen, dass man die richtigen Dinge tut. Wettbewerb sorgt für Effizienz, Rahmenbedingungen dagegen bringen Effektivität, führen also dazu, dass bestimmte angestrebte Ziele erreicht werden. Auf diese Weise werden wichtige ethische und gesellschaftliche Anliegen einer Gesellschaft – soziale, ökologische und kulturelle – in die ökonomischen Prozesse inkorporiert. Angenommen, es gibt einen Konsens darüber, dass Tiere nicht über Tausende Kilometer hinweg transportiert werden sollen, dann muss das fest in den Regelwerken der Ökonomie verankert werden. Das kann über Verbote oder über Anreizmechanismen geschehen oder indem man die Kontroll- und Betreuungskosten für die Tiere entsprechend erhöht.

Vom Prinzip her sind die Rahmenbedingungen deshalb wichtiger als der Wettbewerb, denn hier geht es darum, die richtigen Dinge zu tun. Der Wettbewerb ist vom Prinzip der einfachere Faktor, denn er wirkt unter allen Rahmenbedingungen und sorgt für gute Einsatz-Nutzen-Verhältnisse und damit für Effizienz. Aber was am Ende dabei herauskommt, wird im Wesentlichen durch die Regelwerke bestimmt. Bei falschen Rahmenbedingungen optimiert der Markt genauso effizient das Falsche wie unter richtigen Bedingungen das Richtige.

Wenn man vermeiden wollte, dass die globale Umwelt durch einen über alle Maßen expandierenden Welthandel weiter geschädigt wird, müsste man die Transporte verteuern. Der internationale Transportsektor, vor allem der Luft- und Seeverkehr, müsste dann endlich für die erzeugten Umweltschäden aufkommen, statt zu ihren Lasten subventioniert zu werden. Zumindest würde man im internationalen Verkehr ähnlich hohe Steuern auf Mineralölprodukte und eine ähnlich hohe Mehrwertsteuer erheben wie im Inland. Genau das ist heute nicht der Fall, denn der internationale Luft- und Seeverkehr ist von Steuern weitgehend frei, und die Zerstörung der Umwelt schlägt sich nur in Ausnahmefällen in den Preisen nieder. Selbst im Landverkehr sind die Preise noch zu niedrig. Deshalb rechnet es sich überraschend oft, Schweinehälften, Edel-Mineralwasser oder Joghurt über große Distanzen zu transportieren.

Im Welthandel existieren bislang auch keine Mechanismen für einen sozialen Ausgleich. Unter den gegebenen Umständen ist es selbst für Kinder oft besser, eine harte, manchmal sklavenartige Arbeit anzunehmen als gar keine. In die Schule zu gehen ist in solchen Situationen ohnehin keine Option. Vernünftigerweise müsste man die Forderung nach der Abschaffung von Kinderarbeit daher mit einem Mechanismus der Kofinanzierung koppeln. Mittel für sozialen Ausgleich sollten dann fließen, wenn ärmere Länder bereit sind, Regelwerke und Standards, zum Beispiel Schulausbildung für Kinder in Verbindung mit einem Verbot der Kinderarbeit, tatsächlich umzusetzen. Das ist im Grunde nicht neu, und nach demselben Ansatz funktioniert jedes vernünftige Land, in dem dann sogar Schulpflicht besteht. Auch die Erweiterungsprozesse der Europäischen Union sind nach diesem Prinzip organisiert.

Im globalen Maßstab dagegen gilt die Freihandelslogik. Freihandel, so heißt es, sei die beste Lösung für alle Probleme dieser Welt, selbst für die Überwindung der Armut. Tatsächlich ist die Lage komplizierter. Viele Vertreter des Freihandels wissen das, aber sie wollen weiter ihre Profite einstreichen, und noch die absurdeste Begründung ist recht, um die ethische Korrektheit der von ihnen betriebenen Plünderungsprozesse plausibel zu machen. Tatsächlich wird viel Geld bezahlt, um eben diese Begründungen überall zu verbreiten und Gegenpositionen auszublenden.

Theoretisch gibt es nur drei Alternativen. Erstens: voneinander abgeschottete Ökonomien mit je eigenen Strukturen, was in Zeiten der Globalisierung de facto nicht mehr möglich ist, wenn man konkurrenzfähig bleiben will. Zweitens: ökonomische Prozesse, die nach dem genannten Freihandelsprinzip organisiert sind. Hier handelt es sich um das vorherrschende marktradikale Modell. Drittens: eine weltweite Ökosoziale Marktwirtschaft nach europäischer Logik mit den entsprechenden Rahmenbedingungen für die Märkte.

Marktradikale argumentieren, das zweite Modell sei besser als das erste. Der Preis für dieses Programm ist allerdings hoch, denn die soziale Spaltung wird dabei teilweise noch vertieft, zugleich werden die ökologischen Regelkreise des Planeten ruiniert. Und selbst wenn das zweite Modell besser als völlige Abschottung ist, wird es vom dritten Modell, der Ökosozialen

Marktwirtschaft, übertroffen. Das ist aber eine Diskussion, die Marktradikale immer vermeiden.

Nur die Ökosoziale Marktwirtschaft schafft auf Dauer das höchstmögliche Wachstum und den größten Wohlstand. Und zwar durch Ausgleich, das heißt auch durch eine breite, von der Leistungsfähigkeit abhängige Besteuerung. Eine exzellente und breite Bildung für alle setzt erhebliche Finanzmittel und Querfinanzierung voraus. Nur eine gut ausgebildete und motivierte Bevölkerung kann sich im globalen Wettbewerb in der ersten Liga behaupten. Die historische Erfahrung ist eindeutig: Wohlhabende und erfolgreiche Länder praktizieren sozialen Ausgleich, insgesamt arme Länder dagegen sind in der Regel tief gespalten. Dort gibt es dann wenige sehr Vermögende in ummauerten Residenzen, den *green zones* der Megacities, auf der anderen Seite fristen viele Elende in menschenunwürdigen Ghettos ihr Dasein.

Leistungsorientierung, sozialer Ausgleich und Umweltschutz sind die zentralen Elemente der Ökosozialen Marktwirtschaft. Anders formuliert: Leistung und Gegenleistung, Fairness und Gerechtigkeit, Solidarität und Subsidiarität und Frieden mit der Biosphäre. Das ist gleichermaßen in der europäischen wie in der asiatischen Tradition angelegt. Ein konkreter Schritt auf dem Weg zu einer globalen Ökosozialen Marktwirtschaft ist der in Kapitel 5 behandelte Global Marshall Plan – ein weltweites Entwicklungsprogramm und ein Weltvertrag nach dem Vorbild des historischen Marshallplans, mit dem die USA nach dem Zweiten Weltkrieg in Europa ein Wirtschaftswunder ausgelöst haben. Ökosozial statt marktradikal ist die bessere Alternative. Das gilt zumindest für die große Mehrheit der Menschheit.

Eine bessere Globalisierung ist möglich

Globalisierung ist besonders anschaulich in den Finanz- und Regierungsdistrikten der Global Cities[1] wie New York, London, Tokio, Paris, Bombay oder São Paulo, wo die Banken, die großen Konzerne und die nationalen Regierungen ihren Sitz haben. Global Cities sind mächtige Netzwerkknoten[2], die *fat hubs* der Weltwirtschaft. Anders als das alte, alles verschlingende Rom gibt es Global Cities nur im Verbund. In den 80er Jahren schwoll der Strom von Kapital und hochwertigen Dienstleistungen zwischen den Weltstädten gewaltig an. Damit war die Keimzelle eines neuen und globalen Städtesystems gelegt. Es ist eine Welt für sich.

Zu Beginn der 90er Jahre begannen die lateinamerikanischen Staaten zu deregulieren. Sie öffneten ihre Märkte und boten ausländischen Investoren ihre Ölförderanlagen, Transportsysteme sowie große Teile der Infrastruktur zum Kauf an. Dadurch rückten São Paulo und Buenos Aires in die Weltliga der Global Cities auf. Heute gehören auch Shanghai und Beijing dazu, die sich sogar zum Ziel gesetzt haben, die US-amerikanischen Glitzermetropolen vom Thron zu stürzen. Die Global Cities bilden einen erlauchten Kreis von 30 bis 35 Mitgliedern. Es sind zentrale Knoten im Nervennetz der Globalisierung, die miteinander über Satelliten, transozeanische Kabel, Schifffahrtslinien und Flugzeugrouten verwoben sind. Hier fallen die wichtigen Entscheidungen, und hier sitzt die Macht.

Die Knoten im globalisierten Transportsystem sind die großen internationalen Drehkreuze im Flugverkehr und die Seehäfen, über die das Gros der weltweiten Stoffströme umgeschlagen wird. Riesige Containerfrachter drehen ihre Loops wie Verkehrsbusse ihre Runden. Die Schiffe fahren relativ leer nach

Asien und kehren voll beladen nach Europa und in die USA zurück. Innerhalb des dominanten Dreiecks (EU, NAFTA-Staaten, Ostasien) werden drei Viertel des Welthandels abgewickelt.

Die Folgen der Erfindung des Seecontainers – eine simple, standardisierte Stahlkiste mit 20 Fuß Länge – sind im Zusammenspiel mit moderner Informations- und Kommunikationstechnik gar nicht zu überschätzen. Am 26. April 1956 stach die *Ideal X*, ein umgebauter ehemaliger Tanker, mit 58 Containern an Bord von Newark, New Jersey, aus in See. Der größte Frachter hat heute eine Tragekapazität von 13 000 Einheiten. Lange bevor ein Schiff einen Hafen anläuft, übermittelt es von See aus die entscheidenden Daten über Lage und Inhalt der Container an Bord. Später am Kai kann dann der Führer der Containerbrücke per Joystick in kürzester Zeit genau die richtigen Kisten aus dem Bauch des Schiffes fischen. Moderne Containerterminals sind geisterhafte Areale mit so genannten *no-go-zones*, in denen rechnergesteuerte Carrier die Container rund um die Uhr bewegen und umstapeln. Vor wenigen Jahren noch brauchte man dafür Stricke, Kisten, Netze und viele Hafenarbeiter. Die Transportkosten im Seeverkehr tendieren heute gegen null, für eine Flasche Wein aus Australien oder ein Fernsehgerät aus China sind es nur noch ein paar Cent. Niemand wundert sich in Europa mehr über Äpfel aus Neuseeland.

Durch eine leistungsfähige Informations- und Kommunikationstechnik sind die Nervennetze und Transportsysteme des Superorganismus Menschheit bereits weit entwickelt. Unterdessen wird der Stress langsam unerträglich, denn mit seinen Stoffwechselprozessen stößt der Superorganismus an die Grenzen seines Biotops. Er verbraucht zu viele Ressourcen, und darunter sind auch sehr knappe, die nicht erneuert werden können. Zudem verursacht er jede Menge Umweltbelastungen, zum Beispiel Kohlendioxidemissionen. Die Perspektive für zukünftige Generationen ist nicht gut, und die Verhältnisse zwischen Arm und Reich sind zunehmend unerträglich. Spannungen nehmen zu, Hass und Terror eskalieren. In den reichen Ländern verunsichert ein massiver sozialer Rückbau bei wachsendem Bruttosozialprodukt die Bevölkerung. Die Politik reagiert nur noch, statt zu agieren. Und das internationale Ordnungssystem ist nicht in der Lage, das offensichtlich Notwendige auch zu tun, selbst wenn es beschlossen sein sollte. Die Millenniumsentwicklungsziele der Vereinten Nationen für das Jahr 2015, die markante Entwicklungseckpunkte für den gesamten Globus beinhalten, sind ein schlagendes Beispiel. Wie so oft gibt es zielführende Beschlüsse, aber kaum etwas passiert. Und wenn etwas passiert, wird es häufig zur Befriedigung anderer Interessen umfunktioniert.

Der Logik des dominierenden marktradikalen Modells folgend, wird der Druck auf Arbeitslose gegenwärtig permanent mit dem Hinweis erhöht, dass sie nicht wettbewerbsfähig seien. Dabei haben nicht sie sich verändert, sondern die Welt, in der sie leben. Sie sind in einem ökonomischen System aufgewachsen, haben sich dort orientiert und schließlich ihren Platz gefunden. Ihr Arbeitsplatz ging deswegen verloren, weil sich die Rahmenbedingungen so verändert haben, dass sie nicht mehr konkurrenzfähig waren. Die Frage ist: Wer hat mit welcher Intention die Rahmenbedingungen verändert? Und wäre ein anderer Weg möglich gewesen, beziehungsweise ist er immer noch möglich? Es ist schlimm genug, dass es schuldlose Verlierer gibt, schlimmer aber ist, wenn ihnen dann auch noch die Schuld zugeschoben wird.

Globalisierung ist kein Schicksal, denn sie folgt den von Menschen gemachten Regeln, zum Beispiel denen des WTO-

Regimes. Im Ergebnis verläuft der Prozess der Globalisierung stark asymmetrisch. Von der globalen Wertschöpfung wird mehr weltweit verteilt, aber auch sehr viel mehr nach oben umverteilt, als das früher möglich war. Dadurch werden gerade auch die voll entwickelten Sozial- und Industriestaaten hart getroffen.

Eine in falsche Bahnen gelenkte Globalisierung hat die Brasilianisierung zur Folge, die zunächst Arbeitnehmer und Arbeitslose, dann aber auch den Mittelstand in Mitleidenschaft zieht. Globalisierungsgestalter behaupten, dass die Regeln der Globalisierung auch von Menschen verändert werden können, da sie von ihnen gesetzt worden sind. Dabei sind aber viele Interessen und spieltheoretische Zwänge zu überwinden. Das ist eine Herkulesarbeit und durchaus kein Selbstläufer.

Technik ist eine Chance

In den Wachstumszentren ihres Landes führen Millionen von Chinesen heute ein vergleichbares Leben wie Europäer oder Amerikaner. Sie fahren Autos, ihre Ernährung ist reichhaltiger und üppiger geworden, und sie verfügen über Computer und Handys. Auf ganz China bezogen stellen sie aber nur eine kleine Minderheit dar. Was wäre, wenn alle 1,3 Milliarden Chinesen den Lebensstandard eines heutigen US-Amerikaners erreichen würden?

Das chinesische Bruttosozialprodukt pro Kopf liegt derzeit bei 1740 US-Dollar, das amerikanische bei 43 740 US-Dollar. Während der vergangenen 25 Jahre ist die chinesische Wirtschaft jährlich um 9,5 Prozent gewachsen. Würde sie von nun an nur um acht Prozent pro Jahr zulegen, verdoppelte sich das Bruttosozialprodukt alle neun Jahre. Dann würde der Chinese um das

Jahr 2050 mit dem Amerikaner, wohlgemerkt von heute, gleichziehen.

Stellen wir uns einmal vor, wir befänden uns im Jahr 2050. Chinesen essen dann vermutlich deutlich mehr Fleisch und trinken mehr Bier als heute. Angenommen, Getreideverbrauch und Fleischkonsum verdreifachten sich. Dann würde China etwa zwei Drittel der Weltgetreideproduktion des Jahres 2004 benötigen und fast die gesamte Fleischproduktion.[3]

Wenn der chinesische Stahlkonsum, der mit rund 300 Millionen Tonnen jährlich bereits ein Drittel der globalen Nachfrage ausmacht, in einer Pro-Kopf-Betrachtung das US-amerikanische Niveau erreichen würde, wäre er größer als derjenige der gesamten industrialisierten Welt heute. Und wenn der gegenwärtige jährliche Papierverbrauch eines Chinesen von 30 Kilogramm auf den durchschnittlichen amerikanischen Wert von heute rund 300 Kilogramm emporschnellen würde, benötigte China jährlich das Doppelte der gegenwärtigen Papier-Weltproduktion. Wenn China schließlich beim Ölverbrauch, pro Kopf gerechnet, mit dem der USA gleichziehen wollte, würde viel mehr als das gesamte jährlich verfügbare Öl benötigt. Mehr ist aber nicht vorhanden. Dass China den amerikanischen Traum lebt, ist nur ein Gedankenmodell und keine Option für die Zukunft. Aber worin besteht die Alternative?

Die Knappheiten bei der wichtigsten aller Ressourcen, dem Erdöl, sind offensichtlich. Auch die Kapazität der Ökosysteme, insbesondere der Atmosphäre, Kohlendioxid und andere Klimagase zu absorbieren, ist begrenzt. Das eine Thema hängt mit dem anderen zusammen. Die weltweite Nachfrage nach Öl steigt weiter, das Angebot wird allerdings nach dem Erreichen des Förderhöhepunkts in zehn bis 20 Jahren deutlich zurückgehen, was unweigerlich erhebliche Preissteigerungen nach sich zieht. In den Industrienationen wird man dann, wenn auch in vermindertem Umfang, weiter Auto fahren. Das größte Problem haben die armen Länder sowie der ärmere Teil der Menschen in den reichen Ländern. Wie zu Zeiten des Ölpreisschocks Anfang der 70er Jahre werden sie sich dann gar kein Öl mehr leisten können. Heftige politische Auseinandersetzungen dürften die Folge sein.

Der Krieg um Öl ist bereits Realität, während die Verteilungskämpfe um Stahl derzeit auf dem Markt ausgetragen werden. Auch Wasser ist zu einem kritischen Gut geworden. Wenn es um das Überleben geht, eskalieren die Auseinandersetzungen.

Was ist zu tun? Ein Verzicht auf einmal gewonnene Annehmlichkeiten wie ein Auto, einen Computer oder ein Steak ist in den entwickelten Ländern kaum möglich. Historische Erfahrungen zeigen, dass die Lebensstandards breiter Bevölkerungsschichten nur in extremen Notsituationen oder im Krieg sinken.

Wenn überhaupt, bietet in dieser Situation die Technik den entscheidenden Ausweg. Gelänge es, aus weniger Natur mehr Wohlstand, mehr Güter und mehr Dienstleistungen zu erzeugen, gäbe es entsprechend mehr zu verteilen. Der übliche Weg dorthin ist die Steigerung der Ressourcenproduktivität, eine normale Begleiterscheinung des technischen Fortschritts. Das ist ein Thema, mit dem sich beim Club of Rome Ernst Ulrich von Weizsäcker intensiv und in enger Zusammenarbeit mit seinem Vizepräsidenten Friedrich Schmidt-Bleek beschäftigt hat.[4] Von Weizsäcker war damals Direktor des Wuppertal Instituts für Klima, Umwelt, Energie. Hier sei noch einmal an das Beispiel der Papierproduktion erinnert, die über die vergangenen zweitausend Jahre mindestens 100-mal ressourceneffizienter geworden ist.

Die Entkoppelung von Wirtschaftswachstum und Ressourcenverbrauch hat nachweislich und spätestens in der Folge des legendären Club of Rome-Berichts *Die Grenzen des Wachstums* aus dem Jahre 1972 schon begonnen. Bei realistischer Betrachtung sollte es im Laufe der kommenden 50 oder 100 Jahre durchaus gelingen, Produkte und Dienstleistungen herzustellen, die im Mittel nur noch ein Zehntel der Energie und des Materials pro Wertschöpfungseinheit von heute benötigen. In diesem Sinne ist die Steigerung der Ressourcenproduktivität eine notwendige Bedingung jeder zukunftsfähigen Entwicklung, aber bei weitem keine hinreichende.

Ironischerweise hat sich das »papierlose Büro« zum Ort des größten Papierverbrauchs in der Geschichte der Menschheit entwickelt. Manche Wissensarbeiter »verdauen« heute gewichtsmäßig mehr Papier als Nahrungsmittel. Früher gab es nur wenige Großrechner, heute dagegen Millionen von Handys, die sich binnen kürzester Zeit in Elektronikschrott verwandeln. Je kleiner die Rechner, desto größer die Menge Elektronikschrott, ein weiteres Beispiel für den Bumerangeffekt. Er führt dazu, dass der absolute Verbrauch von Energie und Ressourcen weiter steigt, trotz oder sogar wegen verbesserter Ressourcenproduktivität.

Besonders stark zeigt sich der Bumerangeffekt in der Medizin. Aus Sicht des Globus und des Ressourcenverbrauchs gibt es eine Chance auf Entlastung, wenn wir richtig krank sind, weil wir dann vielleicht bald nicht mehr da sein werden. Dieser Blick auf die Dinge mag grausam scheinen, aber nicht aus der Perspektive des Globus. Wenn uns die Medizin nun mit drei Bypässen rettet, man uns in die Selbsthilfegruppe schickt und wir anschließend wieder um den Globus jetten, dann ist ja nicht nur der erhebliche Ressourcenaufwand für unsere Rettung zu kalkulieren. Der viel größere Aufwand besteht darin, dass wir anschließend weiterleben und weiter Ressourcen verbrauchen.

Für uns als Menschen ist es natürlich das, was wir fordern! Aber zugleich ist die Balance mit der Biosphäre zu sichern. Deshalb gilt: Technik ist wie ein Wunder, aber sie alleine löst keine Probleme.

Vielleicht haben wir in 20 Jahren statt Zeitungen aus Papier eine leichte und schicke Plastikfolie, die man morgens ans Internet hängt und mit deren Hilfe man im Handumdrehen alle Nachrichten, Bilder und Texte bekommt, die man benötigt. Das wäre wenig ressourcenintensiv. Aber garantiert lauert irgendwo wieder ein Bumerang: Womöglich werden Papierfasern dann für andere Anwendungen gebraucht, vielleicht um Häuser oder Autokarosserien zu bauen. Die Lösung könnte dahin zielen, dass man die benötigten Fasern weniger aus Bäumen gewinnt, sondern aus schnell wachsenden Pflanzen auf degradierten, ökologisch weniger wertvollen Flächen, von denen es auf diesem Planeten mehr als genug gibt. So würde es gelingen, die wertvollen Wälder zu schützen, als Welterbe zu sichern und, was besonders notwendig scheint, eine globale Obergrenze des Verbrauchs festzulegen und durchzusetzen. Innerhalb dieses Rahmens würde der Markt dann sehr effizient vor allem im Hinblick auf den Verbrauch von Ressourcen wirken können.

Es geht darum, die ökologischen Grenzen hart im ökonomischen Design zu verankern und im Marktgeschehen zu internalisieren. Die Preise müssen die ökologische Wahrheit[5] sagen. Technik und neue Formen der Organisation sind eine Chance, letztlich entscheidend, wenn diese Chance genutzt werden soll, sind jedoch die Rahmenbedingungen des weltökonomischen Systems.

Für ein Ökosoziales Weltwirtschaftswunder

Wenn die Welt ein Dorf mit 1000 Einwohnern wäre, sähe sie etwa wie folgt aus:[6]

Eine Person ist superreich und verfügt über rund 30 Prozent des gesamten Wohlstandes. Ein Drittel der Fläche des Dorfes ist von hohen Mauern umgeben und damit der Öffentlichkeit entzogen. Es ist eine Welt der Privatflughäfen, der Konferenzzentren und der Fünf-Sterne-Hotels.

200 Personen, darunter auch der Superreiche, verfügen über 80 Prozent des Reichtums. Dieser Bereich des Dorfes ist mit einer luxuriösen Shopping-Mall ausgestattet, die sich inmitten weiter Parkareale befindet. Daran angeschlossen sind ein Villenviertel und ein Vorort mit Einfamilienhäusern. Fast jede Familie fährt ein Auto, viele sogar zwei oder mehr. Diese 20 Prozent der Dorfbewohner emittieren deutlich mehr als die Hälfte des von Menschen erzeugten Kohlendioxids.

400 Bewohner zählen zum »Mittelstand«, im globalen Sinn bedeutet dies aber etwas völlig anderes als in Industriestaaten. Es sind zum Beispiel Kleinbauern am Rande des Dorfes mit einem Stück Land und ein paar Hühnern oder Ziegen.

400 Dorfbewohner sind arm, ihnen stehen pro Kopf und Tag nur zwei US-Dollar zur Verfügung, oft weniger. Ihre Häuser und Hütten haben keine sanitären Anlagen, die Anfälligkeit für Krankheiten und die Kindersterblichkeit sind hoch.

200 Personen aus dem Kreis der Armen leben sogar nur von einem US-Dollar täglich. Viele hungern. Schulen gibt es so gut wie keine. Die Menschen sind auf einem winzigen Flecken des Dorfes zusammengepfercht, in einem Slum am Rande der Müllkippe. Von hier beziehen sie einen wesentlichen Teil des

Baumaterials für ihre Hütten und ihre Lebensmittel. Meist sind es stinkende Reste, die auch die Kinder essen müssen. Die Ärmsten des Dorfes haben keinen Zugang zu sauberem Trinkwasser, sondern entnehmen es Pfützen und dem nahe gelegenen Bach. Auf dem Dorfplatz steht ein klappriges Fernsehgerät, das an einer Autobatterie hängt. Dort versammeln sich die Ärmsten der Armen jeden Abend, schauen Seifenopern an und sind so über die Lebensgewohnheiten in den abgeschirmten Teilen des Dorfes bestens informiert.

Statt 1000 Einwohnern hat die Welt 6,5 Milliarden. Schon die große Zahl macht die Dinge kompliziert. Die globale Situation insgesamt ist bedrohlich, denn die weltweiten Umweltprobleme nehmen zu, und die soziale Spaltung in vielen Teilen der Welt wächst. Zwischen den Kulturen wird Hass geschürt.

Ernüchternd ist, dass die vorhandenen weltweiten politischen Strukturen nicht geeignet scheinen, diese Prozesse in eine bessere Richtung zu, steuern. Uns fehlen die weltweiten Koordinationsmechanismen, also die Governance-Struktur, mit deren Hilfe alle Menschen im Konsens oder in einer mit dem Gedanken der Demokratie kompatiblen Weise miteinander die notwendigen Vereinbarungen schließen können, um gemeinsam die Umwelt zu schützen und den drohenden Kollaps zu verhindern.

Dazu wäre ein Weltvertrag mit ökosozialem Design erforderlich, in dem sich die Menschen unter anderem darauf verpflichten, kritische Ressourcen nur noch in dem Umfang zu nutzen, wie es die Stabilität des ökologischen Trägersystems erlaubt. Gelingt solch ein Vertrag nicht, dann ist der ökologische Kollaps allenfalls mit Gewalt zu vermeiden – als Ressourcendiktatur weniger auf Kosten der Übrigen und um den Preis der

Brasilianisierung großer Teile der heute reichen Welt. In diesem Fall drohen Bürgerkrieg und Terror.

Nur Technik, Organisation und Governance eröffnen hier einen möglichen Ausweg. Wenn man die Dinge intelligent anpackt, kann man selbst bei angespannter Ressourcensituation aus weniger Natur mehr Wohlstand erzeugen, dann gibt es mehr zu verteilen, und balancierte Aufholprozesse werden möglich.

Die hier vorgeschlagene Lösung beinhaltet eine doppelte Zurückhaltung: Erstens muss sich die Menschheit als Ganzes auf Obergrenzen des Verbrauchs einigen, damit die Ökosysteme des Planeten nicht weiter aus dem Gleichgewicht geraten. Zweitens muss sich der Norden als reicher Teil sogar überproportional zurückhalten, damit der arme Teil eine Chance hat aufzuholen. Dabei operieren alle Menschen zusammen im Rahmen der ersten Zurückhaltung.

Ein interessanter Fall, in dem diese doppelte Zurückhaltung bereits einmal realisiert wurde, ist das Montrealer Protokoll von 1987, das von 25 Regierungen sowie der Kommission der Europäischen Gemeinschaft unterzeichnet wurde. Als bekannt wurde, dass die Ozonschicht der Stratosphäre massiv gefährdet ist und als Ursache das in Kühlschränken verwendete Kühlmittel FCKW identifiziert werden konnte, drängte man auf einen Produktionsstopp. Andere Kühlschränke mit anderer Technologie sollten her. In einem Protokoll wollten sich die westlichen Staatschefs darauf verständigen, keine FCKW-haltigen Produkte mehr herzustellen. China und viele andere aufholende Länder waren dazu jedoch nicht bereit. Sie argumentierten, dass die Verursacher die reichen Länder gewesen seien, und nahmen zunächst für sich in Anspruch, pro Kopf künftig noch so viel von diesem Material in den Himmel schicken zu dürfen, wie das bereits von den reichen Ländern getan worden war. Sie waren nur unter der Bedingung bereit, auf die veraltete Technik zu verzichten, dass die reichen Länder sowohl keine FCKW-haltigen Kühlschränke mehr herstellten als auch die Kosten übernähmen, um die Produktion der ärmeren Länder auf umweltschonende Kühlschränke umzustellen. Die reiche Welt war klug genug, »Ja« zu sagen und so das Prinzip »Kofinanzierung gegen Standards« umzusetzen.

Wenn man die doppelte Zurückhaltung in Zahlen ausdrückt, eröffnet eine Steigerung der Ressourcenproduktivität um den Faktor 10 in Verbindung mit angepassten Preisstrukturen und Regelwerken die Chance auf eine Steigerung des Weltbruttosozialprodukts um das Zehnfache. Umwelt und Ressourcenbasis würden dabei nicht weiter belastet werden, es wäre also ein doppelter Faktor 10, über einen Zeitraum von 50 bis 100 Jahren gerechnet. Wir gehen vom heutigen weltweiten Wohlstand aus und setzen ihn gleich 100 Prozent oder 100 Einheiten. Mit einem Faktor 10 ergeben sich daraus perspektivisch 1000 Einheiten, also global zehnmal so viel Wertschöpfung wie heute, allerdings stark dematerialisiert und damit umweltverträglich. Die könnten in Zukunft wie folgt verteilt werden: Der Norden vervierfacht noch einmal seinen Wohlstand und erhält somit künftig einen Anteil von 320 (der 1000) Einheiten. Der Süden vervierunddreißigfacht seinen Wohlstand und kommt damit auf 680 Einheiten. Dabei ist die weitere Entwicklung der Weltbevölkerung mit erheblichen Zuwächsen im Süden gedanklich bereits mit einbezogen.

Damit würde das heutige Nord-Süd-Gefälle von 80 zu 20 reich versus arm auf ein Verhältnis von 68 zu 32 gemildert. Diese Art der Nutzung eines doppelten Faktors 10 im Rahmen eines Weltvertrags für eine nachhaltige Entwicklung führt direkt auf die Zukunftsformel[7] $10 \rightsquigarrow 4:34$. Die weltweiten Wachstumsraten der reichen Welt könnten gemäß dieser Formel im Mittel über 50 Jahre bei 1,5 Prozent liegen, bei den ärmeren Teilen der Welt bei sechs bis sieben Prozent. Das hätte einen enormen wirtschaftlichen Boom zur Folge, von dem vor allem auch unsere Unternehmen profitieren könnten. Zugleich würde der soziale Ausgleich auf dem Globus vom heutigen Zustand einer globalen Apartheid auf ein Niveau gehoben, das dem in der EU entspricht. Eine ermutigende Perspektive!

Das Ziel ist also nicht mehr Rückbau und Abbau, sondern ein am Prinzip der Nachhaltigkeit orientiertes Wachstum. Insbesondere wird der Geldumlauf in allen Segmenten der Gesellschaft durch den ökosozialen Ansatz, die Kofinanzierung von Entwicklung und die Umverteilung in alle Bereiche der Weltwirtschaft gefördert. Damit entfallen Blockaden, die aus Angst und Pessimismus resultieren. Unter diesen Bedingungen gäbe es eine weltweit positive Entwicklung, ein Weltwirtschaftswunder. Das dafür erforderliche globale Investitionsprogramm würde gigantische Kräfte in die richtige Richtung freisetzen. Es wäre vergleichbar mit dem Effekt, der in den USA mit dem Bau der transkontinentalen Eisenbahn einherging, als der ganze Westen als Wirtschaftsraum belebt wurde, was einem gewaltigen Konjunkturprogramm gleichkam. Die Ökosoziale Marktwirtschaft beginnt zwar zunächst mit einer Zurückhaltung, aber der Effekt wäre ein intelligenter Erweiterungsprozess auf vielen Ebenen.

Der neu gewonnene Wohlstand wird allerdings andere Formen annehmen, wenn materieller Konsum durch die Ressourcenverteuerung nachlässt und kulturelle Produkte an Gewicht gewinnen. Die Tochter aus gutem Hause bekommt dann zum bestandenen Abitur keine Weltreise mehr geschenkt, stattdessen vielleicht ein Gemälde oder ein eigens für sie komponiertes Musical.

Um diese Entwicklung anzuschieben, müssten über abgestimmte Marktangebote und Kofinanzierung zunächst 0,3 Prozent und auf Dauer vielleicht ein bis zwei Prozent des Weltbruttosozialprodukts umverteilt werden. Diese Mittel würden im Sinne der Ökosozialen Marktwirtschaft für gezielte Entwicklungsprozesse, bessere Ernährung und Ausbildung, Frauenförderung sowie für Gesundheits- und Rentensysteme eingesetzt werden.

So weit das Programm. Die Aufgabe ist gewaltig, und die Widerstände sind es auch. Der Kern des Problems besteht darin, dass die Akteure – spieltheoretisch formuliert – in ein Gefangenendilemma verstrickt sind: Sie haben sich eingegraben, und niemand will sich bewegen, in der Angst, etwas zu verlieren. Die hier vorgeschlagene Lösung hängt aber wesentlich von einem Konsens ab und davon, dass man beginnt, miteinander zu reden, eine Gesamtlösung sucht und mit einer intelligenten Win-win-Strategie ein völlig neues Feld eröffnet.

Wir sprechen von einer Wachstumsstrategie. Freilich steht dahinter ein anderer Wachstumsbegriff als der, von dem täglich in den Medien die Rede ist. Wachstum gilt heute als Zauberformel für alle Probleme, auch und gerade in reichen Ländern. Wir erlauben uns als Erste Welt sogar die perverse Ideologie, dass es ohne zwei bis drei Prozent jährliches Wachstum unmöglich sei, allen Menschen eine sinnstiftende Arbeit zu ermöglichen. Wachstum wird heute über die Veränderung des Bruttosozialprodukts gemessen. Das entscheidende Defizit dieser Methode besteht darin, dass, wenn in der Sphäre der Wirtschaft wichtige soziale, kulturelle und ökologische Bestände ersatzlos verbraucht werden (Kannibalisierung), dies ebenfalls positiv zu Buche schlägt. Dieser Logik folgend, steigern Verkehrsunfälle und Terroranschläge das Bruttosozialprodukt. Zur Kannibalisierung gehört auch, wenn der Norden gut ausgebildete Menschen aus Schwellenländern abwirbt und für die bis zu diesem Zeitpunkt erfolgte Ausbildung keine Gegenleistung gewährt. Oder die Zerstörung der Atmosphäre, der Böden und des Artenreichtums. Diese Kannibalisierungsbestandteile in der Berechnung des Bruttosozialprodukts, die als Wachstum ausgewiesen werden, sind kontraproduktiv und sollten gestrichen werden. Ersatzweise müssen weltweite Rahmenbedingungen durchgesetzt werden, unter denen diese Kannibalisierungsformen nicht mehr auftreten.[8] In jedem Fall brauchen wir einen ehrlichen Wachstumsbegriff. Tatsächlich gibt es bereits seit einigen Jahren alternative Modelle einer volkswirtschaftlichen Gesamtrechnung, die den gesellschaftlichen Reichtum vollständiger und besser beschreiben als das Bruttosozialprodukt.[9] Hier hat insbesondere das Club of Rome-Mitglied Wouter van Dieren wichtige Beiträge geleistet, indem er mit einer geeigneten Methodik viele Dimensionen der Lebensqualität in ein Messsystem integriert.

Dass die Welt, insbesondere die sich erst entwickelnde Welt, Wachstum benötigt, steht außer Frage. Bei realistischer Betrachtung braucht sie so etwas wie einen *long boom*, einen kräftigen und dauerhaften Entwicklungsprozess, denn anders ist die extreme Schieflage auf unserem Planeten nicht zu korrigieren. Der Norden würde davon ebenfalls profitieren, und die Welt könnte viel reicher sein als heute. Dabei würden wir uns im Rahmen der ökologischen Kapazitäten des Planeten bewegen, einen angemessenen sozialen Ausgleich realisieren und miteinander in kultureller Balance leben.

Zukunft braucht Werte

Die Millenniumsentwicklungsziele der Vereinten Nationen sind ein Kernstück internationaler Politik. Nach zehn Jahren Vorarbeit wurden sie im Jahr 2000 von 189 Staatschefs unterzeichnet. Auch große Weltorganisationen wie Weltbank, OECD, FAO und UNESCO unterstützen das Vorhaben. Gefordert werden zum Beispiel der Zugang zu sauberem Wasser für 500 Millionen Menschen, denen dies bislang verwehrt ist, die Halbierung extremer Armut bis 2015 (als relative Größe) sowie eine volle Schulausbildung für alle Kinder, Jungen wie Mädchen. Die Ziele sind ein guter Handlungsrahmen für den ersten Schritt in eine bessere Zukunft. So lässt sich endlich anfangen, ohne immer gleich die Schuld auf andere zu schieben, die erst noch Vorleistungen erbringen sollen, bevor man sich selbst bewegt.

Weitreichende Ziele, auch die doppelte Zurückhaltung, bedürfen einer ethischen Fundierung. Das zentrale Prinzip ist die goldene Regel: »Was du nicht willst, was man dir tut, das füg auch keinem anderen zu.« Oder positiv formuliert: »Was du willst, das man dir tut, das tue auch den anderen.« Das ist die Formulierung, wie sie der Theologe Hans Küng und die Stiftung Weltethos[10] wählen.

Kants kategorischer Imperativ könnte als eine moderne und säkularisierte Form der goldenen Regel angesehen werden: »Handle so, dass die Maxime deines Willens jederzeit zugleich als Prinzip einer allgemeinen Gesetzgebung gelten könne.«[11] Die goldene Regel hat sich über Jahrtausende bewährt, religiöse wie nichtreligiöse Menschen können sich auf sie berufen und sich darauf verständigen.

Nichtreligiöse oder humanistisch Gesinnte wurzeln mit ihrer Ethik im Prinzip der Vernunft. Immanuel Kant setzt auf ein gleichsam angeborenes moralisches Gesetz in uns. In moderner Interpretation ist es das im Menschen genetisch verankerte Prinzip der Kooperation, das aus der Evolution heraus verstanden der wichtigste Grund für den Siegeszug der Menschheit ist.

Der Philosoph John Rawls[12] gründet seine Theorie der Gerechtigkeit auf ein Gedankenexperiment: Freie und vernünftige Menschen einigen sich in ihrem eigenen Interesse auf ethische Grundsätze, und zwar hinter einem »Schleier des Nichtwissens«: Sie haben also keine Kenntnis, welche Stellung sie in der Gesellschaft haben werden, ebenso wenig kennen sie ihr Los bei der Verteilung natürlicher Gaben wie Intelligenz oder Körperkraft. Die Zufälligkeiten der Natur oder der gesellschaftlichen Umstände werden somit »ausgeblendet«. Der Zustand des Nichtwissens hat bei Rawls freilich rein theoretischen Charakter: Es geht darum, die Grundsätze der Gerechtigkeit zu begründen.

Religiöse Menschen verweisen in der Letztbegründung ihrer Werte auf ein Absolutes oder Transzendentes. Die christlichen Werte wurzeln in den gottgegebenen Zehn Geboten, in der Achtung vor der Würde des Einzelnen, der nach dem Abbild Gottes geschaffen ist. Zwar sollen wir uns die Erde »untertan« machen, aber sie ist und bleibt die Schöpfung Gottes; wir sind nur ihre Hüter und verpflichtet, sie intakt an nachkommende Generationen weiterzugeben. Religionen sprechen dabei mit absoluter Autorität, nicht nur in Begriffen, Lehren und Dogmen, sondern auch mit Symbolen, Riten und Festen, also auf rationaler wie auf emotionaler Ebene. Keine Frage, dass die Religionen eine außerordentliche Bedeutung haben – im Alltag, im Selbstverständnis und in der gesamten Kultur. In ihnen spiegeln sich sehr klar gesellschaftliche Evolutionserfahrungen, sie stellen gewissermaßen »geronnenes« Wissen dar.

In diesem Zusammenhang muss man daran erinnern, dass fast alle Weltreligionen neben triumphalen Erfolgsgeschichten auch ihre dunklen Seiten haben: Bizarre und brutale Ereignisse ziehen sich durch die gesamte Religionsgeschichte. Die Verstrickungen der katholischen Kirche in den Kolonialismus und die Exzesse der Inquisition sind sprichwörtlich. Allein in Sevilla wurden im Jahr 1481 etwa 400 Menschen verbrannt, bis zum Jahr 1783 wird die Zahl der Toten auf 31 000 beziffert.[13]

In den vergangenen Jahren wurde die Welt auch immer wieder von religiösen Fundamentalisten erschüttert, sei es durch islamistischen Terror, durch die rücksichtslose Siedlungspolitik jüdischer Fundamentalisten oder durch Hindu-Fanatiker. Negative Kräfte aus dem Bibelgürtel der USA haben einen großen Einfluss auf die von Präsident George W. Bush geführte Regierung. Die grundsätzliche Schwierigkeit liegt im Absolutheitsanspruch der fundamentalistischen Position, in einem »göttlichen Auftrag«, der weder Verhandlung noch Spielraum zulässt. Wenn Gewaltbereitschaft oder gar Gewalttätigkeit hinzukommen, nehmen die Schwierigkeiten weiter zu. Gewaltbereite beziehungsweise gewalttätige Fundamentalisten sind glücklicherweise bisher innerhalb ihrer Kulturen verschwindende Minderheiten. Wichtiger als diese »Verirrten« sind die vielen Menschen in den Religionen dieser Welt, die sich in tätiger Hilfe für in Not geratene andere einsetzen. Grundsätzlich liegt in den Religionen eine große und positive Kraft für die zukünftige Entwicklung, auch deshalb, weil sie bestimmte grundsätzliche und vernünftige ethische Positionen gemeinsam vertreten.

So ist die goldene Regel, wenn man sie gedanklich auf die zukünftigen Generationen ausdehnt, zugleich die Basis für die beiden zentralen universellen ethischen Prinzipien, die sich in praktisch allen Religionen, dem Weltethos und dem interkulturellen Humanismus finden:

1. Erhalt der Umwelt. Der Mensch muss mit der Welt so umgehen, dass sie für zukünftige Generationen bewohnbar bleibt und deren Bedürfnisse erfüllt.

2. Würde des Menschen. Die Würde aller Menschen ist zu sichern. Niemand darf das Objekt des Willens eines anderen sein.

Diese beiden Prinzipien sind ebenfalls in der doppelten Zurückhaltung aufgehoben. Die erste beinhaltet für die Menschheit insgesamt die Pflicht, alles zu vermeiden, was den Globus und die Umwelt langfristig schädigt. Die zweite Zurückhaltung betrifft zusätzlich die reiche Welt: nämlich bei der Verwirklichung der ersten Prämisse dafür Sorge zu tragen, dass die Würde aller Menschen geachtet wird. Die reiche Welt muss der ärmeren ein Aufholen ermöglichen, während man die erste Prämisse gemeinsam verwirklicht.

In den Millenniumsentwicklungszielen, im Weltethos, das in den Weltreligionen und im Bereich der UN immer wichtiger wird, ist die Welt sich durchaus einig und weiß, was sie will. Zugespitzt könnte man sagen, dass wir hier nicht die letzte Party feiern, sondern allen Menschen ein würdevolles Leben ermöglichen und nachfolgenden Generationen einen intakten Globus hinterlassen wollen.

Allerdings passen Worte und Taten überhaupt nicht zusammen. Die Millenniumsentwicklungsziele sind in Gefahr, zu einer bloßen Kulisse für das eigentliche Spiel zu werden, das hinter der Bühne gegeben wird. Die Spitze der Pyramide will alles andere als Transparenz, die Offenlegung der internationalen Machtstrukturen oder so etwas wie eine weltweite Demokratie. In einem weltweiten demokratischen Prozess, der seinen Namen tatsächlich verdient, würde es den armen Ländern beziehungsweise den dort lebenden Menschen deutlich besser gelingen, ihre Anliegen durchzusetzen, als das heute der Fall ist.

Das Demokratieproblem auf diesem Globus besteht nicht primär darin, dass China, Saudi-Arabien oder Nordkorea keine Demokratien sind, sondern darin, dass ein Land mit 300 Millionen Einwohnern einen Präsidenten wählt, aber 6,5 Milliarden mit ihm leben müssen. Obwohl ihn nur die wenigsten wählen dürfen, bestimmt der US-Präsident in erheblichem Maße die Lebensbedingungen aller Menschen auf diesem Globus. Das ist im Grunde schlimmer als preußisches Dreiklassenwahlrecht. Hier hebelt die Globalisierung die Demokratie aus, und es wird immer schwieriger, einen Primat der Politik gegen die Interessen der stärksten Mächte oder globalisierten Marktkräfte durchzusetzen.

Umso wichtiger ist eine ethische Fundierung. Wenn es darum geht, bei weitreichenden Zielen für die Menschheit nicht nur politisch oder taktisch zu argumentieren, braucht man zumindest eine Plattform der wichtigsten Werte, auf die sich die Weltgemeinschaft stützen kann und an der sich die Politik der einzelnen Nationen und stärksten Staaten dann auch tatsächlich orientiert.

Die von Naturwissenschaft und Technik mitinduzierten Probleme und Übel können nicht einfach durch ein Mehr an Naturwissenschaft und Technik geheilt werden. Die Ethik verfügt dabei zwar selber nicht über Antworten auf die konkreten und im Einzelfall zu beantwortenden sozialen, wirtschaftlichen oder ökologischen Fragen, aber sie hält die zentralen Prinzipien bereit, auf deren Basis Entwicklungsalternativen und -ergebnisse beurteilt werden können. Sie gibt also eine Leitschnur an die Hand, mit deren Hilfe der Fortgang der Ereignisse beurteilt werden kann. Die Ethik entscheidet über die Effektivität dessen, was wir tun, und das ist wichtiger als die Frage der Effizienz, so wünschenswert Letztere auch sein mag, wenn das ethisch Richtige dann umgesetzt wird.

Aufklärung in Zeiten der Globalisierung

Wenn Poker angesagt ist, kann man nicht einfach Schach spielen. Dann muss man pokern, auch wenn man das nicht mag. Als die Ökonomie noch wesentlich national oder kontinental organisiert war, gab es, nach Ländern geordnet, durchaus Poker- und Schachrunden, die, locker verbunden, nebeneinanderher geführt werden konnten. Als Folge der informationstechnischen Revolution befinden wir uns nun in einem einzigen übergreifenden Weltmarkt. Es gibt eine neue Lage und nur noch ein Spiel für alle, nämlich Poker.

Die geografische Entfernung verlor an Bedeutung, und weltweite Wertschöpfungsprozesse drangen in immer mehr Bereiche vor. Wer sie nutzt, hat einen Wettbewerbsvorteil. Für alle Staaten rund um den Globus wird der Welthandel, werden die WTO und die Einbindung in die internationalen Finanz- und Anlagemärkte zur Überlebensfrage. Die WTO-Logik bestimmt, was sich auf den Weltmärkten rechnet. Im Kern geht es um die Erleichterung und Förderung der grenzüberschreitenden Arbeitsteilung. Dabei kümmert man sich nur nachrangig um ökologische, soziale, gesellschaftliche oder kulturelle Anliegen. Diese werden an die Nationalstaaten zurückverwiesen und sollen sich ansonsten gemäß der freigesetzten Marktkräfte von selber einstellen. Das ist das Ricardo-Theorem, der »heilige Gral« der Freihandelseuphoriker und Marktfundamentalisten.

Der mathematische Kern hinter diesem Dogma ist, dass unter bestimmten – heute allerdings oft nicht mehr gegebenen – Bedingungen die Förderung der grenzüberschreitenden Arbeitsteilung zu einer höheren Gesamtwirtschaftsleistung führt, als wenn man auf diese Arbeitsteilung verzichtet. In diesem Sinne sind wir dann Gewinner.

Aber wer ist hier »wir«? Wer profitiert von der erweiterten Wirtschaftsleistung? Das ist letztlich eine Verteilungsfrage. Die Ereignisse des vergangenen Jahrzehnts haben vielen die Augen geöffnet: Weiterhin können 80 Prozent der Bevölkerung schlechtergestellt werden, während »wir« gewinnen (Brasilianisierung). Weil nämlich in der Folge der Freihandelsprozesse viele ihren Job verlieren und zugleich die Demokratie des jeweiligen Staates über den zwischenstaatlichen Steuerwettbewerb nach unten daran gehindert wird, die Verlierer aus dem Überschuss mit Ausgleichszahlungen zu versehen. Die 20 Prozent der Bevölkerung, die bei diesen Prozessen die Gewinner sind, profitieren dann gleich doppelt. Bei ihnen landen sowohl der gesamte durch grenzüberschreitende Arbeitsteilung induzierte Zuwachs als auch all das, was bei den 80 Prozent weniger ankommt als zuvor. Kein Wunder, dass die Gewinner diese Form der Globalisierung meistens befürworten.

Und da sie in der Regel ohnehin dort sind, wo die Macht ist, können sie ihre Sicht der Dinge auch dezidiert in den politischen Prozessen und vor allem in den Medien vertreten und durchsetzen. Es hat deshalb lange gedauert, bis sich renommierte Vertreter der Wirtschaftswissenschaften – in jüngster Zeit insbesondere die Nobelpreisträger Samuelsen[14] und Stiglitz[15] – im Sinne einer differenzierten Interpretation des Ricardo-Themas und einer besser organisierten Globalisierung geäußert haben.

Die europäischen Staaten haben mit der beschriebenen Entwicklung ein besonderes Problem, denn sie lebten lange Zeit in einer Welt der Schachvereine. Die Tradition dieser Länder schreibt einen hohen sozialen Ausgleich vor, außerdem hat die Förderung der Vielfalt der Kulturen einen großen Stellenwert, und eine intakte Umwelt gilt als hohes Gut. Die entwickelten asiatischen Nationen und Kanada verfügen über ähnliche Gesellschaftsverträge, auch wenn die Umsetzung teilweise anders aussieht. Nur die USA fallen schon etwas aus dem Rahmen – dort neigte man schon immer stärker zum Poker. Die Frage ist: Wie bringt man Menschen Poker bei, die ihr Leben lang Schach gespielt haben?

Eine menschliche, allzu menschliche Methode ist das »Sich-durchwursteln«. Der Schachklub tritt gezwungenermaßen in die Pokerliga ein. Allerdings zu Hause, am Küchentisch wird weiter Schach gespielt. Die Regierungen der europäischen Staaten sprechen dabei von »intelligenter Modernisierung«, infolge zurückgehender Steuereinnahmen spart man hier ein wenig und dort ein wenig, verschuldet sich noch etwas mehr, und das geht erst mal eine Weile gut.

Die international operierenden Konzerne müssen aber unter den heutigen weltökonomischen Rahmenbedingungen sehr deutlich entlastet werden, sonst sind sie auf dem globalen Parkett nicht konkurrenzfähig. Dort nämlich gibt es Unternehmen, die die Globalisierung nutzen, um sich legal der Besteuerung zu entziehen. Der lokal operierende Mittelstand, der ohnehin schon am stärksten belastet ist und trotzdem die meisten Arbeitsplätze schafft, wird dabei immer mehr gefordert.[16] Wer nicht weglaufen kann, wird herangezogen. Die immer stärkere Belastung lokaler Akteure ist desaströs, sie kommt einer Todesspirale nach unten gleich. Die Bevölkerung und auch die Gewerkschaften drängen auf Schutzmaßnahmen, um sozial gefährdete Gruppen zu stabilisieren, selbst wenn das die Arbeitslosigkeit insgesamt erhöht. Viele dieser Maßnahmen werden von außen als Protektionismus wahrgenommen. Man schließt preisgünstige Bauunternehmer aus der Ukraine aus und versucht, Partnern teure Standards aufzuzwingen, um damit indirekt die eigenen Mitarbeiter zu schützen.

Der Versuch, in einer falsch organisierten Welt dennoch das Richtige zu tun, führt zu völlig verdrehten Ergebnissen und Debatten. Dort wird nicht mehr über den sozialen Ausgleich geredet. Die Verantwortung wird dann bei der Bürokratie, der fehlenden Flexibilität, den hohen Steuern, der vermeintlichen »Servicewüste Deutschland« oder dem Protektionismus gesucht. Nicht, dass man die Effizienz im Bereich Service oder die Leistungsfähigkeit der Bürokratie nicht noch verbessern könnte, aber das ist nicht der Punkt. Der Punkt ist, die Ehrlichkeit aufzubringen und zu sagen, dass sich das Spiel geändert hat. Auf Dauer können wir nicht weiter heimlich Schach spielen, wir müssen mitpokern, und zwar richtig gut. Wir müssen das Pokerspiel in unserem Sinne nutzen, denn schließlich sind wir ein ehemaliger Schachverein. Auch wenn man uns nun die Regeln diktiert: Wir bleiben dabei, dass wir Schach besser finden als Poker. Aber zur Not tun wir das, was jetzt gefordert ist, um zu überleben, und sei es Pokern. Gleichzeitig arbeiten wir an einem Globus, auf dem statt Poker überall Schach gespielt wird. Wir wollen etwas anderes als die aktuellen Verhältnisse – und das sagen wir auch!

In der mathematischen Spieltheorie werden Konstellationen, bei denen die Beteiligten derart verstrickt sind und sich gegenseitig blockieren, unter dem Begriff des Gefangenendilemmas diskutiert. Dies wurde oben bereits erörtert. Das Leben ist voller derartig schwieriger Situationen. In harten Auseinandersetzungen muss man manchmal, um zu überleben, bereit sein, genau das Gegenteil von dem zu tun, was man eigentlich will. In der Wirtschaft und in der Politik spricht man dann oft von Sanierung. Nur wer überlebensfähig ist, erhält sich eine Chance, zukünftig mit anderen zusammen einen adäquaten Kompromiss zu erwirken, um die Regeln verändern und dann im eigenen Sinne das Richtige wieder tun zu können. Denn nur Sieger können Regeln verändern, Verlierer haben ihren Einfluss meist verwirkt und sind wenig glaubwürdig. Also muss man auch in falsch organisierten Systemen gut sein, um irgendwann vielleicht das Richtige durchsetzen zu können.

Ein spieltheoretisch vernünftiger Umgang sähe so aus: Die Spielregeln erzwingen das Falsche, also muss man das Falsche tun. Es sollte aber auch so benannt werden – und nicht als »intelligente Modernisierung« mit positivem Touch verkauft werden. Wesentlich ist, zusätzlich die Frage geeigneter neuer Spielregeln zu thematisieren, unter denen dann wieder die Vernunft einkehrt.

Wir reden über eine Doppelstrategie, wie sie zum Beispiel beim NATO-Doppelbeschluss erfolgreich eingesetzt wurde. Auf die Drohung der Sowjetunion, große SS-20-Raketen zu bauen und zu installieren, hat der Westen überzeugend zu verstehen gegeben, dass er selbst keine einzige neue Rakete zu konstruieren beabsichtigt. Für den Fall, dass der Osten das tun sollte, würde er allerdings für jede derartige Rakete zwei eigene aufstellen. Diese Position hat die gewünschte Wirkung gezeigt.

Das Prinzip der Doppelstrategie kann man übertragen. Sie erlaubt es nämlich, die Steuern in Zeiten öffentlicher Armut und privaten Reichtums zu senken, um für die international operierende Wirtschaft gegenüber konkurrierenden Ländern attraktiv zu bleiben – obwohl angesichts der heutigen Gegebenheiten eigentlich weltweit eine Steuererhöhung angesagt wäre. Diese Steuersenkung muss intelligent erfolgen. Zugleich ist zu betonen, dass die Steuersenkung in Wahrheit falsch ist und sozial Schwache treffen wird, die keine Schuld besitzen. Gleichzeitig gilt es deshalb, eine Strategie aufzuzeigen, mit deren Hilfe man über bessere Weltordnungsbedingungen dahin kommt, wieder das Richtige tun zu können.

Wir müssen schon allein deswegen die Green Card in Europa einführen, damit die Vereinigten Staaten nicht zum Nulltarif und alleine die besten Potenziale aus Drittweltländern abwerben können. Die Doppelstrategie besteht darin, dass wir uns als Europäer vorab zu einem Weltgesellschaftsvertrag bereit erklären sollten, in dessen Rahmen sich die reichen Länder verpflichten, Investitionen für Ausbildung an die Heimatländer der Green-Card-Besitzer zurückzubezahlen – vorausgesetzt, die USA sind dazu ebenfalls bereit.

Doppelstrategische Ansätze sind auch in der deutschen Politik möglich, vor allem mit Blick auf die großen Herausforderungen in Sachen Arbeit, Renten- und Pensionssysteme. So scheint ein Schlüssel zur Zukunft der Arbeit in einem gewissen Rückbau des öffentlichen Sektors zu liegen, was durchaus mit vielen Nachteilen verbunden sein wird, aber unter dem weltweiten Konkurrenzdruck unvermeidlich ist. Die frei werdenden Gelder sollen dann in die Förderung anderer Formen von Arbeit fließen, und zwar in Kombination mit Mitteln der Sozial- und Arbeitslosenversicherung. Also Ansätze, die heute unter den Stichworten »Kombilohn« oder »negative Einkommenssteuer« diskutiert werden. Große Chancen gibt es auch im Bereich der gemeinnützigen Stiftungen, die auf diese Weise kofinanziert werden könnten. In diesem Bereich bleiben heute viele wichtige Aufgaben unerledigt.[17] Als weiterer Bezug seien Ausgleichskomponenten wie ein »bedingungsloses Grundeinkommen« erwähnt, die in jüngerer Zeit verstärktes Interesse finden.[18]

Im Rahmen eines intelligenten doppelstrategischen Ansatzes könnte Europa endlich aus der Rolle des Getriebenen herausfinden und selber offensiv werden. Es würde sich dann als Akteur für eine zukunftsweisende Lösung für die weitere weltweite Entwicklung präsentieren, für kluge und ausgewogene Ansätze, und klarmachen, welchen Zwängen das sozial ausbalancierte europäische Modell unter den gegebenen Rahmenbedingungen ausgesetzt ist. Dies würde deutlich machen, dass die Probleme, denen wir uns in Europa gegenüber sehen, nicht primär daraus resultieren, dass das ökosoziale Modell falsch oder unterlegen wäre. Sie ergeben sich vielmehr daraus, dass dieses Modell dann mit Problemen konfrontiert ist, wenn die Weltökonomie anders organisiert ist. Gelänge es, die Weltökonomie ökosozial zu organisieren, wäre das für die Menschen auf diesem Globus und für das Erreichen der unterschiedlichen weltethischen Ziele die weitaus bessere Lösung. Unter solchen weltweiten Rahmenbedingungen hätte Europa nicht die Probleme, die es heute hat. Probleme hätten dann andere, etwa die USA und viele Offshore-Bankplätze und Steuerparadiese.

Was heißt das nun praktisch? Das belgische Parlament hat jüngst in einem cleveren Schachzug beschlossen, eine Steuer auf Finanztransaktionen einzuführen. Allerdings wird diese gemäß der Gesetzesformulierung nur unter der Voraussetzung in Kraft treten, dass alle anderen EU-Staaten das Gleiche tun. Damit kann man der belgischen Politik keine Naivität vorwerfen, schließlich unternimmt sie diesen Schritt in der EU nicht alleine. Im österreichischen Parlament haben sich im Jahr 2005 alle Fraktionen auf eine ähnliche Position geeignet, nämlich die EU aufzufordern, die Einführung einer europaweiten Devisentransaktionssteuer und einer Kerosinsteuer zu prüfen, um damit einerseits EU-Aufgaben und andererseits weltweite Entwicklungsanliegen zu finanzieren. Der neue österreichische Bundeskanzler Alfred Gusenbauer hat kürzlich Ähnliches gefordert.

Deutschland sollte diesen Ball aufgreifen, der Bundestag könnte dem Beispiel durchaus folgen. Wenn sich viele europäische Länder dem anschließen sollten, würde es für die verbleibenden Staaten immer schwieriger werden zu argumentieren, dies sei zu riskant. Riskant ist es nur, wenn es die anderen nicht tun. Aber weil von allen anderen bereits die Zustimmung vorliegt, kann sich dem zum Schluss kaum einer mehr entziehen.

Doppelstrategische Lösungen erfordern systemische Intelligenz. Es geht darum, das Ganze zu verstehen, die Regelwerke und wie sie zusammenhängen, auch die Zwänge, die sich daraus ergeben. Schließlich gilt es, die Stellschrauben zu identifizieren und strategische Ansätze zu finden, wie man Veränderungen innerhalb des Systems ermöglichen und ihm einen neuen Kurs verleihen kann.

Globale Ökosoziale Marktwirtschaft

Szenario 1: »Kollaps«

Auf jedem internationalen Flughafen bietet sich dasselbe Bild: Die Reisenden tragen die gleichen Hosen, die gleichen Schuhe, und aus ihren MP3-Playern kommt die gleiche Musik. Es sind Jugendliche aus aller Herren Länder. Unabhängig von Hautfarbe oder Herkunft haben es alle irgendwie geschafft, den Code zu verinnerlichen. Bei den Erwachsenen ist die Variationsbreite größer: Businessleute in Anzügen, Touristen und immer wieder Menschen in traditioneller Kleidung, egal, ob aus arabischen, asiatischen oder afrikanischen Ländern. An Bord trinken alle die gleichen Softdrinks, blättern in denselben, meist englischsprachigen Magazinen, sehen die gleichen Filme, im Zweifelsfalle irgendetwas aus Hollywood. Ob Jugendliche, Kinder oder Erwachsene – auf den internationalen Flughäfen bietet sich ein Blick auf das gesamte Panorama der globalen Mittelschicht.[1]

Heute sind es deutlich mehr als eine Milliarde, die es dorthin geschafft haben. Bis zum Jahr 2050 werden es mindestens doppelt so viele sein, die meisten dann aus Schwellen- und Entwicklungsländern. Gleichzeitig wächst die Weltbevölkerung – von derzeit 6,5 in Richtung zehn Milliarden Menschen.

Eine Forschungsgruppe hat in einem von der Europäischen Union geförderten Projekt[2] die Folgen dieser Entwicklungen mehreren Szenarien durchgerechnet. Diese Untersuchungen sind eine wichtige Basis des vorliegenden Buches. Das erste Szenario heißt »Kollaps«.

Wir denken uns die Entwicklung der globalen Mittelschicht und der Weltbevölkerung unter den Bedingungen des heutigen WTO-Regimes, dessen oberstes Prinzip der Freihandel ist. Es operiert konsensual, hält die Freiheitsrechte als Zielvorstellung hoch, weist zugleich im sozialen und kulturellen Bereich große Defizite auf und hat bisher die Grenzen des Ressourcenverbrauchs und der Verschmutzung der Umwelt auf Weltordnungsebene nicht verankern können. Die Forscher haben diesem Szenario ein Zahlengerüst gegeben. Danach werden auf der Nordhalbkugel im Jahr 2050 rund 1,6 Milliarden und im Süden 8,4 Milliarden Menschen leben. Aufgrund der deutlich gestiegenen Größe der Weltbevölkerung und der gewachsenen Ansprüche der globalen Mittelschicht steigt das Weltbruttosozialprodukt bis zum Jahr 2050 um das Vierzehnfache. Die technische Entwicklung, Produkte und Dienstleistungen verbrauchen weniger Ressourcen als heute. Eine Dematerialisierung um den Faktor 7 ist bereits Realität.

Das ist durchaus ambitioniert, deutlich mehr als ein *Faktor vier*[3], wie er von Ernst Ulrich von Weizsäcker vom Club of Rome in dem gleichnamigen Buch vorgeschlagen wird. Aber selbst ein Faktor 7 bringt keine Entlastung des ökologischen Trägersystems, denn der absolute Ressourcenverbrauch und die Verschmutzung der Umwelt nehmen weiter zu, und zwar auf das Doppelte. Textilien, Schuhe, überhaupt alle möglichen Güter niedriger Wertschöpfung, werden weiterhin in Billiglohnländern produziert, wodurch die globalen Warenströme weiter anschwellen, und eine dringend benötigte Regionalisierung der Produktion von Gütern niedriger Wertschöpfung findet nicht statt. Man nutzt zwar Bildtelefone und Videokonferenzen, aber sie dienen nicht dazu, Geschäftsreisen überflüssig zu machen, ganz im Gegenteil: Unterwegs organisiert man schon wieder die nächste Reise. Unter gleichbleibenden ökonomischen Rahmenbedingungen ist der Bumerangeffekt nicht zu vermeiden.

Alles in allem bräuchte die Menschheit in diesem Szenario nicht 1,2 Planeten, wie heute, sondern 2,4. Das wäre ein gewaltiger, auf Dauer nicht durchzuhaltender Raubbau an der Natur. Der WTO-Logik folgend setzt sich die Spaltung in Arm und Reich weiter fort, auch Europa bewegt sich hier nun auf das vergleichsweise niedrige US-Niveau von sozialem Ausgleich zu. Im Jahr 2050 wird es demnach eine deutlich größere globale Mittelschicht geben, aber auch viele Slums in den entwickelten Ländern.[4]

Das zentrale Ergebnis des *business as usual*-Szenarios lautet: So kann es nicht weitergehen, die Dinge werden sich ändern müssen. Neben den sozialen und kulturellen Spannungen, die aus den extrem ungleichen Bedingungen resultieren, ergibt sich die größte Gefahr aus dem Zusammenbruch der ökologischen Systeme. Bereits heute übersteigt der ökologische Fußabdruck der Menschheit die Regenerationsfähigkeit des Planeten um mehr als 20 Prozent. Man kann diesen Weg der Übernutzung zwar noch eine Zeit lang weitergehen, aber das geschieht immer nur zulasten der ökologischen Substanz und der folgenden Generationen. Schon deshalb sind die Wachstumszahlen des Szenarios eher hypothetischer Natur, unter diesen Umständen gibt das Biotop so viel gar nicht her.

Irgendwann ist der Bogen überspannt, und von einem bestimmten Punkt an eskalieren Ressourcenknappheit und Umweltzerstörung. Wasserknappheit wird Massenmigrationen auslösen, wie sie die Geschichte noch nicht erlebt hat. Um Fleisch und Milchprodukte für die globale Mittelschicht zu erzeugen, wird Getreide durch Rinder, Schweine und Zuchtlachse »geschleust«. Der Verbrauch von Biomasse ist dabei um den Faktor 5 bis 15 höher, als wenn Menschen sich direkt von Getreideprodukten ernähren. Diese Veredelung geht damit zulasten der ärmsten Milliarde Menschen auf dem Planeten, und massive Verteilungskonflikte sind die Folge.

Das Wort Ökologie hat für viele Menschen heute noch einen harmlosen Klang – in Zukunft aber steht es für knallharte Einschränkungen, für ökonomisches und physisches Überleben. Ob Klima, Fischbestände oder Photosynthesekapazität – alle ökologischen Systeme der Erde sind mit Zeitbomben versehen[5], deren Zünder auf weniger als 50 Jahre eingestellt sind. Im Laufe der nächsten Jahrzehnte müssen sie entschärft werden.

Die Wahrscheinlichkeit eines Krieges um Ressourcen zwischen den USA und China ist hoch, aber auch zwischen der EU und den USA tun sich Gräben auf. Denkbar ist eine besondere Partnerschaft zwischen der EU und Russland. Russland gehört, neben Brasilien übrigens, zu den großen ökologischen Gläubigern dieser Welt. Während industrialisierte Länder in aller Regel weiter ökologische Schulden aufbauen, also mehr Natur verbrauchen, als sie selber reproduzieren, und folglich auf Importe angewiesen sind, verfügt Russland über große, noch nicht genutzte produktive Flächen und erhebliche Bodenschätze. Den ökologischen und Ressourcenkapazitäten der Staaten folgend sind ihre geopolitischen Gewichte bereits in Bewegung. Zwischen 2030 und 2050, so kalkulieren die Verfasser der EU-Studie für das *business as usual*-Szenario, gerät die Entwicklung außer Kontrolle und geht in einen gefährlichen und chaotischen Zustand über, der hier mit dem Begriff Kollaps gekennzeichnet wird.

Das Szenario »Kollaps« beschwört einen Kampf ums Überleben und Konflikte bis zu Mord und Totschlag herauf. Bereits heute ist zu beobachten, wie die enormen materiellen Ungleichheiten zwischen Nord und Süd in Hass, Kampf und Terror münden. Dieses Szenario führt in den globalen Kollaps und ist offensichtlich nicht zukunftsfähig.

Die Szenarien folgen zwei Fragen, die hier auch unter weltethischen Anliegen aufgeworfen werden.

Erstens: Wird es gelingen, die Grenzen des Ressourcenverbrauchs und der Umweltbelastungen in die internationalen Rechts- und Wirtschaftsordnungen zu implementieren? Das müsste über Gebote und Verbote, Auflagen und Vorgaben, Anreiz- und Preissysteme erfolgen. Für das Szenario »Kollaps« lautet die Antwort »Nein«. In einer bestimmten Ausprägung gelingt es zwar, die allgemeine Ordnung durch verstärkte Sicherheitsanstrengungen aufrechtzuerhalten, aber der Zusammenbruch wird so nur hinausgeschoben.

Zweitens: Wenn es gelingen sollte, den Kollaps der ökologischen Trägersysteme zu vermeiden, wenn die erste Frage also mit »Ja« beantwortet werden würde, wie sähe das aus? Hier gibt es wiederum zwei Möglichkeiten: Entweder im Sinne eines Ausgleichs, dann würde man sich verständigen, und die bürgerlichen Freiheitsrechte blieben weiter in Kraft. Oder aber die materielle, ökologische und kulturelle Spaltung würde noch tiefer werden, und die bürgerlichen Freiheitsrechte wären außer Kraft gesetzt. Dann handelt es sich nicht mehr um ein demokratisch legitimiertes System, sondern um eine ökodiktatorische Lösung und eine Brasilianisierung, wie sie in diesem Buch thematisiert wird.

Diese Szenarien sind keine Fantasieprodukte, sie treten mit dem Anspruch auf, Grundtypen der Entwicklung zu beschreiben. Mathematisch gesprochen sind sie wie Vertiefungen in einer Ebene, in der sich zirkulierende Kugeln sammeln, so genannte Attraktoren. Eines der Szenarien wird für uns Wirklichkeit werden.

In dieser logischen Struktur scheint auch die doppelte Zurückhaltung auf. Die erste Zurückhaltung bezieht sich auf die Menschheit als Ganze, die ihr Biotop in Ordnung halten muss. Die zweite zielt auf den Norden, der dem Süden Raum gibt, damit er aufholen und sich entfalten kann. Gesetzt den Fall, der Superorganismus Menschheit brächte die Klugheit auf, sich einen Weltvertrag zu geben und ein entsprechendes Programm zu realisieren, angenommen, er fände zu einer intelligenten Art und Weise, mit Grenzen umzugehen, dann wäre ein Ökosoziales Weltwirtschaftswunder durchaus machbar.

Im *business as usual*-Szenario katapultiert die Menschheit den Globus ökologisch ins Aus, und deshalb ist es eher unwahrscheinlich. Dabei ist die Herausforderung klar: Entweder die Menschen finden eine Lösung, oder die Natur findet sie selber. In dieser Situation werden die Eliten aufs Äußerste gefordert sein.

Wir können nur vermuten, wie die Menschen reagieren werden, aber aus der Geschichte wissen wir, dass das Zeitfenster, in dem man überhaupt noch friedlich agieren kann, immer kleiner wird, je länger man wartet. Unter dem Druck kurzfristiger Ereignisse und Katastrophen dürfte man eher dazu tendieren, die eigene Haut zu retten, sich abzuschirmen und einzubunkern. Das heißt, wenn man zu lange wartet, bleiben nur noch brutale Lösungen.

Szenario 2: »Ökodiktatur/Brasilianisierung«

Vielleicht sind es zuerst die Fischgründe, die kollabieren, dann könnten von heute auf morgen ganze Industriezweige ausfallen und wichtige Proteinlieferanten versiegen. Vielleicht ist es ein abrupter Klimawechsel, gefolgt von Nahrungsmittelknappheit und Trinkwassermangel, der dazu führt, dass Europa und Asien von Migrantenströmen überlaufen werden, während die USA sich, möglicherweise im Verbund mit Kanada, hinter ihren Küstenlinien verschanzen und ihr Territorium zu einer Festung ausbauen. So wird es zumindest in einem Szenario durchdekliniert, das Forscher der Rand Corporation im Auftrag der amerikanischen Sicherheitsbehörden analysiert haben.[6]

Vielleicht löst aber auch das Öl die erste Katastrophe aus, sobald der Förderhöhepunkt erreicht ist. Für die Weltwirtschaft wäre dies ein Schock. Die Bundesanstalt für Geowissenschaften und Rohstoffe (BGR)[7] sieht den weltweiten Förderhöhepunkt in zehn bis 20 Jahren kommen, dann wird die Hälfte des leicht förderbaren Öls verbraucht sein.[8] Dabei laufen Ölvorkommen nicht einfach leer wie ein Tank, vielmehr folgen sie einem typischen Lebenszyklus: Zunächst steigt die Förderung an, dann verharrt sie eine gewisse Zeit lang auf einem bestimmten Niveau, um anschließend kontinuierlich zu sinken. Die USA, einst größter Ölproduzent der Welt, haben diese Erfahrung bereits hinter sich, denn der Höhepunkt ihrer nationalen Förderung war 1970. Nun läuft die Welt als Ganzes unerbittlich auf das Fördermaximum für konventionelles Erdöl zu. Ist der Zenit erreicht, wird die Nachfrage das Angebot für das wichtigste Schmiermittel der Weltwirtschaft endgültig übersteigen. Die entscheidende Frage ist also nicht, wie lange das Öl noch reicht, denn es geht nicht um den »letzten Tropfen«. Vielmehr geht es darum, wie viel man jährlich mit vernünftigem oder erhöhtem Aufwand fördern kann, wann der Aufwand zu hoch wird und wann die Preise bei weiter wachsender Nachfrage dramatisch ansteigen.

Leicht förderbares Öl wird in absehbarer Zeit knapp. Die Umstellung auf Gas oder Kohle, geschweige denn auf solare Energiequellen kostet viel Zeit und Geld. Nach einem halben Jahrhundert hoher Investitionen trägt die Atomkraft nur ungefähr sieben Prozent zur weltweiten Primärenergieerzeugung bei. Wollte man diesen Anteil spürbar erhöhen, würde die Welt mit Atomkraftwerken zugebaut – ein Weg, der aus politischen, sicherheitstechnischen und ressourcentechnischen Gründen nur schwer denkbar ist. Auch die Hoffnung auf Fusionsreaktoren, die das Geschehen in der Sonne nachbilden und auf diesem Wege Energie freisetzen sollen, hat sich bislang nicht erfüllt. Wenn überhaupt, wird diese Technik erst in der zweiten Hälfte des 21. Jahrhunderts zur Verfügung stehen.

Wie ist es um die nichtkonventionellen Ölvorkommen bestellt? Das Alberta-Becken im westlichen Kanada birgt ungeheure Mengen an Ölmuttergestein oder Ölsanden. Daraus könnte man diesen Rohstoff in großem Stil gewinnen, in geringem Umfang geschieht das bereits, aber zu viel höheren Preisen als beim konventionellen Öl. Der Prozess ist schmutzig und kompliziert, denn pro Barrel Öl muss tonnenweise Sand mit heißem Wasser gereinigt und das so gewonnene Gemisch mit einem Erdölprodukt verdünnt werden. Zurück bleiben vollends zerstörte Landschaften. Eine echte Energiegewinnung findet dabei kaum statt, und der Prozess ist so aufwändig, dass sich die Bilanz aus eingesetzter und gewonnener Energie nahezu als Nullsummenspiel darstellt.[9]

Der Förderhöhepunkt von Erdöl wird also einen gewaltigen Preisschub auslösen, und zwar entlang der gesamten Wertschöpfungskette. Er wird Fahrzeuge und Gebäude genauso betreffen wie Konsumgüter aller Art. Auch regenerative Quellen, zum Beispiel die Windenergie, basieren insofern auf heute noch billigem Öl, als es gebraucht wird, um Windräder, Transport- und Servicefahrzeuge herzustellen oder zu betreiben. Besonders die amerikanische Bevölkerung wird noch stärker zu spüren bekommen, dass die dezentralen Siedlungsstrukturen mit ihren langen Fahrzeiten zwischen Städten und Vororten mit dem Zwang zu niedrigen Benzinpreisen erkauft sind. Auch die industrialisierte, hochproduktive Landwirtschaft ist ausgesprochen energieintensiv. Lebensmittel und Wasser werden teurer werden, eine drastische Inflation ist unvermeidbar. Was dann?

Dann werden sich nur noch die Reichen in den reichen Ländern Öl leisten können, und arme Länder werden weiter zurückfallen. Alle wichtigen Mächte – USA, Europa, Russland und die Aufsteiger China und Indien – geben ihrer Ressourcensicherheit mittlerweile politische Priorität und stecken ihre Claims ab. Nur Russland kann sich derzeit noch selber mit Energie versorgen, alle anderen müssen um ihren Zugang zu Ressourcen kämpfen. Es handelt sich um eine typische Gefangenendilemma-Situation: Man konkurriert um die letzten Lagerstätten, man bekämpft und bekriegt sich, obwohl eine faire und friedliche Lösung nur gemeinsam zu finden ist. In der Zwischenzeit sollte insbesondere forciert nach sinnvollen Alternativen gesucht werden.

Das Szenario »Ökodiktatur/Brasilianisierung« beinhaltet, dass die unvermeidbaren, aus Naturgesetzen resultierenden Begrenzungen beim Ressourcenverbrauch und bei der Umweltverschmutzung auf brutale Weise ins weltökonomische System einbezogen werden, nur wenige profitieren davon. Ein Kollaps des Trägersystems Erde wird zwar vermieden, allerdings nicht auf friedliche Weise, auch nicht im Sinne der Menschenrechte und der Menschenwürde, sondern über Macht und Druck und zulasten der sozialen Balance. Also etwa durch entsprechende Preissysteme bei völlig asymmetrischer Ausgangssituation, massiven Einsatz von Sicherheitsstrukturen und durch militärische Kontrollen auf den Ölfeldern.

Für dieses Szenario wurde ein Wachstum des Weltbruttosozialprodukts bis zum Jahr 2050 um den Faktor 6 errechnet, also deutlich geringer als im Szenario »Kollaps«. Außerdem wandern erhebliche Teile der Wertschöpfung in Rüstung und Militär. Die Ressourcenproduktivität steigt ebenfalls um den Faktor 6. Allerdings bleibt die Verteilung der Wertschöpfung zwischen Nord und Süd extrem ungleich, noch drastischer als im *business as usual*-Szenario, und letztlich inakzeptabel. Der Prozess geht mit einem massiven *brain drain* und der Instrumentalisierung von intellektuellen Eigentumsrechten einher. Die Bevölkerungsentwicklung wird kaum gebremst. Für 2050 prognostiziert das Szenario »Ökodiktatur/Brasilianisierung« im Norden 1,4 Milliarden Menschen, also deutlich weniger als im Szenario »Kollaps«. Das hat seine Ursache darin, dass die Migration in die entwickelten Länder in zunehmendem Maße unterbunden wird. Im Süden werden sich dagegen 8,6 Milliarden Menschen ballen, denn erfahrungsgemäß führen Armut und soziale Ungleichheiten zu hohen Geburtenraten. Brasilianisierung ist für die Betroffenen ein harter Prozess, man arbeitet viel und erhält dafür wenig Brot. Das Thema ist daher eng mit der Frage nach der Zukunft der Arbeit verknüpft. Wenn Arbeit werthaltig ist, erlaubt sie ein würdevolles Leben und eine gesicherte Zukunft, das andere Extrem ist eine Marginalisierung der meisten Arbeitnehmer. Angesichts der Verlagerung von Arbeit aus den Industrieländern und immer weitergehender Möglichkeiten der Automatisierung wird dieser Aspekt immer wichtiger. Eine Erörterung dieser Thematik findet sich im Bericht der Club of Rome-Mitglieder Orio Giarini und Patrick M. Liedtke unter dem Titel »Wie wir arbeiten werden«[10].

Vermutlich wird der Widerstand weiter Teile der Bevölkerung gegenüber dem extrem asymmetrischen Entwicklungsmuster der Brasilianisierung sehr hoch sein. Unterschiedliche Formen von Widerstand bis hin zu Bürgerkrieg und Terror sind zu erwarten. Neben Flugzeugen ist hier auch an schwere Lastwagen und Schiffe als Trägermedien für Terroranschläge zu denken. Ziele können Brücken, Tunnel, große Öl- und Gastanks, Kernkraftwerke, Dämme, U-Bahnen, Züge, große Sportarenen und ganz besonders weitflächige Trinkwasserreservoirs sein. So gesehen wären die schmerzlichen Ereignisse vom 11. September 2001 nur Anschläge mittlerer Größe.

Sicherheits- und Informationstechnik spielen deshalb im ressourcendiktatorischen Szenario und im Kontext der Brasilianisierung eine zentrale Rolle. Orwells *1984* ist nichts gegen die Möglichkeiten, die moderne Informations- und Kommunikationstechnik heute schon bieten. Die Situation verändert sich noch einmal gravierend, wenn in vielleicht 20 Jahren viele Kleidungsstücke mit Chips bestückt sein werden oder alle Menschen bei der Geburt einen Chip eingepflanzt bekommen. Dann wäre die lückenlose Kontrolle perfekt. Begründet würde sie vermutlich mit dem Hinweis, dass anders die Sicherheit in einer Welt mit »dunklen Mächten« nicht zu gewährleisten sei. Wobei die Frage im Raum steht, wer hier eigentlich die »dunklen Mächte« sind.

Die Informations- und Kommunikationstechnik ist das mächtigste Werkzeug, über das wir derzeit verfügen. Unter öko- beziehungsweise ressourcendiktatorischen Vorzeichen oder in einer Welt einer nicht akzeptierten Brasilianisierung wird es zum Instrument der totalen Kontrolle. Unter ökosozialen Bedingungen könnte dieselbe Technik weltweite Sozialsysteme unterstützen, für ein Monitoring der globalen Ökosysteme sorgen oder die Tele-Ausbildung an die entlegenste Stelle der Welt und bis in das am weitesten entfernte afrikanische Dorf tragen. Unter vernünftigen Rahmenbedingungen könnte sie zugleich zum Schlüssel einer gewaltigen Dematerialisierung werden.

Das Szenario »Ökodiktatur/Brasilianisierung« führt zwar zu einer Stabilisierung im Ressourcen- und Umweltbereich, aber nur zulasten des sozialen Ausgleichs und der Balance zwischen den Kulturen. Auf längere Sicht ist aber die Wahrscheinlichkeit hoch, dass die Situation nicht zu kontrollieren ist und – trotz aller Überwachungsmaßnahmen – in Revolten und Terror und damit einer anderen Form von Kollaps als dem ökologischen mündet.

Szenario 3: »Globale Ökosoziale Marktwirtschaft«

Wenn es gelingt, die Begrenzungen bei den Ressourcen- und Umweltfragen in die globalen Rechts- und Wirtschaftsordnungen zu integrieren – und wenn dies auch noch friedlich und im weltweiten Konsens unter Wahrung bürgerlicher Freiheitsrechte geschieht –, gelangt man zum Szenario der globalen Ökosozialen Marktwirtschaft. Es ist das einzige absehbare, mit Nachhaltigkeit kompatible Zukunftsszenario. Eine Welt, die diesem Prinzip folgt, hätte sicher ihre eigenen Probleme, wäre von ihrer Struktur her aber gut darauf vorbereitet, sie zu bewältigen. Nach diesem Szenario würde die Welt im Jahr 2050 ein Niveau sozialen Ausgleichs erreichen, wie wir es derzeit in den USA vorfinden. Das wäre zwar spürbar schlechter als in den relativ ausgeglichenen Ländern Nord- und Mitteleuropas, aber gemessen am durchschnittlichen Zustand der heutigen Welt würde es dennoch einen großen Fortschritt bedeuten. Der soziale Ausgleich beinhaltet den Schutz ökonomisch schwächerer Kulturen wie Religionsgemeinschaften oder Stämme. Es wäre eine Welt, die das Prinzip der Generationengerechtigkeit ernst nimmt und Weltbürgertum und Weltdemokratie hervorbringen würde. Eine Welt, in der technische und kulturelle Innovationen deutlich langsamer und reibungsloser erfolgen würden als das heute der Fall ist. Sie könnte auch ihr Bevölkerungsproblem lösen: Im Norden werden um das Jahr 2050 herum 1,4 Milliarden Menschen leben, im Süden 7,6 Milliarden. Etwa 2100 wird der Zenit der Weltbevölkerungsgröße erreicht sein, dann trägt die Erde rund zehn Milliarden Menschen, im weiteren Verlauf der Geschichte dürfte die Zahl dann stagnieren beziehungsweise sogar über längere Zeit sinken. Im Rahmen des Szenarios »Globale Ökosoziale Marktwirtschaft« kommt es zu einem doppelten Faktor 10. Die Wirtschaft wäre danach in der Lage, bei einem vergleichbaren Ressourcenverbrauch wie heute zehnmal so viele Produkte und Dienstleistungen zur Verfügung zu stellen, weil sie zehnmal sauberer und umweltschonender arbeitet. Eine Welt also, die, verglichen mit dem Szenario »Ökodiktatur/Brasilianisierung«, deutlich reicher ist.

Internationale Transporte sind heute fast frei von Steuern. Dabei geht es um gewaltige Volumina. Die indirekte Subventionierung von Kerosin und Schiffsdiesel fördert die globalen Transportketten und schädigt die regionalen Strukturen. Wir haben uns daran gewöhnt, dass Blumen um den halben Globus geflogen werden und dass wir Kartoffeln aus Ägypten und Äpfel aus Neuseeland kaufen können. All dies geht massiv zulasten der Umwelt, der Bauern in den reichen Ländern und der wenig Qualifizierten hierzulande. Ein vernünftiges ökosoziales Design der Regelwerke würde dem ein Ende setzen und eine Re-Regionalisierung der Landwirtschaft nach sich ziehen. Insgesamt ginge der Transport von Gütern geringer Wertschöpfung rund um den Globus erheblich zurück, und die Handelsstrukturen würden sich langsam und nachhaltig verschieben.

Unter diesen Rahmenbedingungen könnte sich auch ein neues Energiesystem, das die Welt so dringend benötigt, entwickeln. Energie ist ein Schlüsselthema, das zeigt sich über die gesamte Geschichte der Menschheit. Ausreichende Energie trägt dazu bei, Menschen mit sauberem Trinkwasser zu versorgen und Wüsten urbar zu machen. Mit dem Ausklingen des fossilen Energiezeitalters wird Energie zwangsläufig teurer, sofern nicht völlig neue Lösungen gefunden werden. Ein Beispiel dafür sind Aufwindkraftwerke, die bevorzugt in Wüsten gebaut werden sollten und aus vielen Gründen besonders attraktiv für sich entwickelnde Länder sind. Ein anderes Beispiel mit hohem Potenzial ist die so genannte SuperGeoPower, die Gewinnung von Geothermie in 15 Kilometern Tiefe. Was die aktuelle Situation verschärft, ist die Tatsache, dass Atomenergie für viele ein zweischneidiges Schwert ist.

In einer Ökosozialen Marktwirtschaft würde der Transformationsprozess in ein anderes Energiesystem durch entsprechende Abgaben, aber auch durch Kofinanzierung sinnvoll moderiert und gesteuert. Weil die Renditen auf Eigenkapital unter diesen Bedingungen deutlich niedriger sein werden, als das heute der Fall ist, kann auch wieder besser langfristig geforscht und investiert werden. Dann käme zur Entfaltung, was seit Jahrzehnten an Lösungsvorschlägen erarbeitet worden ist, sich bisher aber nur mühsam durchsetzt: Energiespartechnik, Wasserstofftechnik im Verbund mit regenerativ erzeugter Energie, Aufwindkraftwerke in der Wüste und strategische Partnerschaften zwischen sonnenreichen und sonnenarmen Ländern. Oder eben eine neue Hoffnung: SuperGeoPower.

Die Ökosoziale Marktwirtschaft ist ein konstruktives Gegenmodell zu den marktfundamentalistischen Prinzipien der freien Selbstregulierung in so genannten freien Märkten. Genauso klar abgegrenzt ist sie von sozialistisch-planwirtschaftlichen Ideen und von einer verordneten Gleichheit. Die Ökosoziale Marktwirtschaft ist keine neue Erfindung, sie wurzelt in europäischen Erfahrungen des rheinischen Kapitalismus, im niederländischen Polder-Modell und in asiatischen Traditionen des Ausgleichs. Zu denken ist hier vor allem an Familiennetzwerke, in denen das Einkommen, zum Beispiel des Familienoberhaupts, breit verteilt wird. Die gleiche Wirkung erzeugen Entlohnungssysteme, die relativ homogen sind und keine großen Ausschläge nach oben oder unten aufweisen, wie das etwa in Japan der Fall ist. Beide Organisationsformen können Ähnliches bewirken wie öffentlich organisierte Sozialsysteme europäischer Tradition. Entscheidend ist dabei nicht die Methode, sondern das Ergebnis, der Ausgleich.

Die ökosoziale Idee ist der Schlüssel zu einer stabilen Welt der Zukunft. Ein besonders wichtiger Vertreter dieses Modells ist der frühere österreichische Vizekanzler Josef Riegler, der diesen Begriff in den politischen Prozess eingebracht hat, schon seit zwanzig Jahren dafür wirbt und ihre Architektur wie folgt charakterisiert: »Fundament der Ökosozialen Marktwirtschaft ist eine leistungsfähige, innovative Wirtschaft, welche auf der Dynamik eines freien, aber in geeigneter Weise regulierten Marktes, auf Eigentum, Leistung und Eigenverantwortung basiert. Darauf ruhen zwei starke Säulen. Die eine bedeutet sozialen

Ausgleich, das heißt faire Verteilung der erwirtschafteten Güter, um einen dauerhaften Konsens innerhalb der Gesellschaft zu erreichen. Die andere Säule bedeutet Schutz der Umwelt. Sie ist schlechthin die Voraussetzung für das Überleben der Gesellschaft. Von diesem Fundament und den beiden Säulen können alle übrigen Errungenschaften und Leistungen einer hoch entwickelten Gesellschaft gut abgesichert und getragen werden.«[11]

Das zentrale Prinzip der Ökosozialen Marktwirtschaft ist die Balance zwischen leistungsorientierter Wirtschaft, Solidarität und dem Schutz der Umwelt. Entscheidend dafür sind die Rahmenbedingungen der Märkte, die sicherstellen müssen, dass gut verdienende Personen und Unternehmen angemessene Steuern zahlen und in genügender Zahl Arbeitnehmer beschäftigen, die das ihrerseits tun. Unternehmen und Arbeitnehmer gemeinsam müssen dann zusätzlich direkt oder indirekt einen wesentlichen Teil der Finanzierung des Sozialsystems leisten. Selbstverständlich benötigen Unternehmen und Privatpersonen genügend Mittel, um Investitionen vorzufinanzieren, Risiken zu tragen, Leistung zu belohnen und Motivation zu erzeugen. Des Weiteren stellen adäquate Rahmenbedingungen sicher, dass nur der gut verdient, der die Umwelt schützt, nicht der, der sie plündert.

In diesem Kräftefeld zwischen Motivation und Ausgleich, zwischen Individualität und Gruppe, zwischen Leistungsspitze und Durchschnittlichkeit die richtige Balance zu finden liegt die vielleicht größte Herausforderung, vor der Gesellschaften stehen, wenn sie ein funktionierendes Wirtschaftssystem etablieren wollen. In reichen Ländern, die in der Regel Demokratien sind, ist ein permanentes Austarieren dieser Balance die wohl wichtigste Aufgabe und Herausforderung im politischen Prozess.

Wenn man die Ökonomie so organisiert, dass alle genannten Ziele gleichzeitig in Balance gehalten werden, dann werden das erfolgreiche Unternehmen und der erfolgreiche private Nutzenmaximierer, indem sie ihre eigenen Interessen verfolgen, gleichzeitig substanziell zur Entfaltung der Anliegen der Allgemeinheit beitragen.

Wenn die Rahmenbedingungen der Märkte das leisten, wenn ein strikter Umweltschutz durchgesetzt wird und wenn vernünftig besteuert wird, dann – und nur dann – ist zu erwarten, dass der Markt die Voraussetzungen für leistungsfähige Gemeinschaftssysteme schafft, die langfristig in Frieden mit ihrer Umwelt leben und gleichzeitig die Geldmittel für ein gerechtes Gemeinwesen haben.

Die Ökosoziale Marktwirtschaft leistet all dies in gleichem Maße. Sie hilft, Länder und Regionen richtig zu organisieren, und trägt zu ihrem nachhaltigen Reichtum bei. Gesellschaftlicher Reichtum ist systemischer Natur. Hier geht es um die grundsätzliche Frage, was ein Land reich macht.[12] Die wichtigsten acht Punkte sind:

1. ein gut funktionierendes, leistungsfähiges Governance-System,
2. gut ausgebildete, orientierte und motivierte Menschen,
3. hervorragende Infrastrukturen auf internationalem Niveau,
4. ein exzellenter Kapitalstock,
5. Zugriff auf benötigte Ressourcen,
6. eine leistungsfähige Forschung und international konkurrenzfähige Innovationsprozesse,
7. ein leistungsfähiges Finanzsystem,
8. eine enge Einbettung der Unternehmen und Menschen in weltweite Wertschöpfungsnetzwerke.

Nicht ohne Grund steht Governance, also im weitesten Sinne die adäquate Regelung der gesellschaftlichen Verhältnisse, im Vordergrund. Ein vernünftiges System von Eigentumsstrukturen, Rechtssicherheit sowie allgemeiner Sicherheit ist die wohl wichtigste Voraussetzung für Reichtum, noch wichtiger als leistungsstarke Unternehmer und Unternehmen. Gibt es solche Rahmenbedingungen nicht, sondern *warlords*, korrupte Menschen und Wegelagerer, ist breit entwickelter Reichtum nicht möglich. Governance schließt auch Punkte wie eine Grundversorgung unter staatlicher Verantwortung mit ein. Und sie beinhaltet die Übernahme bestimmter Tätigkeiten im Rahmen staatlicher Verantwortung, zum Beispiel Rechtsprechung, innere Sicherheit, Ausbildung etc., also ohne primäre Nutzung von Marktmechanismen. Diese Thematik tangiert die heute so gerne verbreitete Privatisierungseuphorie.[13]

Ebenso wichtig sind auf Weltniveau ausgebildete Köpfe, eine erstklassige maschinelle Ausstattung und Infrastruktur. Und natürlich braucht man den Zugriff auf benötigte Ressourcen wie Wasser, Nahrung und Energie. Sobald dies nicht mehr gesichert ist, gerät jegliche wirtschaftliche Aktivität ins Stocken.

Die Qualität der Innovationssysteme und des Geld- und Finanzsystems sowie die Einbettung in internationale leistungsfähige Wertschöpfungsnetzwerke kommen als weitere Voraussetzungen für die Schaffung von Reichtum hinzu. Die neuen deutschen Bundesländer haben nach dem Zusammenbruch des Rats für gegenseitige Wirtschaftshilfe (RGW, COMECON) schmerzhaft erfahren müssen, was es bedeutet, wenn die Wertschöpfungsnetzwerke, in die man verankert ist, kollabieren. Denn die, die drinnen sind, zum Beispiel im Bereich Maschinenbau, Automobile, Ernährung, Medizintechnik, Modebranche etc., verteidigen – aus nachvollziehbaren Gründen – ihre

Position mit aller Macht, setzen auf Wachstum und können ihre Produktion meistens noch erheblich steigern.

Die Ökosoziale Marktwirtschaft ist Teil des Programms der europäischen Parteien[14], auch auf europäischer Ebene sind die zentralen Gedanken verankert.[15] Sie beinhaltet den Standpunkt, dass das Ökonomische kein Ziel an sich ist, dass aber ohne Ökonomie alles nichts ist. Der Markt hat eher eine dienende Funktion, ist Mittel zum Zweck. Für die meisten Menschen ist er auch nicht die letzte Quelle des Glücks, so wenig wie das Anhäufen von Gütern oder Vermögen. Letztlich geht es den Menschen meist um Anliegen und Ziele[16] wie Glück, Familie, Freundschaft, Demokratie, Freiheit, Wohlstand, Sicherheit, Überwindung der Armut, Gerechtigkeit, Frieden, Menschenrechte und Nachhaltigkeit. Aber: Wenn es der Ökonomie nicht gelingt, benötigte Güter oder Dienstleistungen für die Menschen zu produzieren, um damit zum Beispiel Gesundheit oder Demokratie zu befördern, was dann?

Die Ökosoziale Marktwirtschaft steht für Reichtum, der sich im Einklang mit der Ökologie und in einer sozial-kulturellen Balance befindet. Die Frage nach dem Lebensstil ist eine individuelle Entscheidung. Wenn ein Mensch zu dem Schluss kommt, dass weniger mehr ist, dass sein eigenes Leben ohne Zweitauto, mit nur fünf statt 50 Paar Schuhen besser ist, dann ist das seine Sache, das kann man nicht vorschreiben. Ein verordneter Lebensstil wird gesellschaftlich keinen Konsens finden, weil er sich gegen das Prinzip der Freiheit richtet.

Andere Lebensstile ergeben sich allerdings aufgrund anderer Notwendigkeiten. Energie wird, wenn wir nicht grundsätzlich neue Quellen erschließen können, erheblich teurer werden, das heißt, Mobilität und Reisen werden teurer. Das ist vielleicht nicht immer angenehm, aber der Vorteil teurer Energie besteht darin, dass in der beschriebenen Situation eine Welt mit teurer Energie zukunftsfähig ist, während wir das heute nicht sind. Und eine Verteuerung der Energie ist unter den beschriebenen Bedingungen zukunftsfähig und logisch geboten und daher letztlich auch akzeptabel. Bei derartigen Preisstrukturen trifft der Mensch dann, wie heute auch, Entscheidungen, die möglichst weitgehend zu einem für ihn befriedigenden Lebensstil führen. Vielleicht nicht, weil er das, was er entscheidet, eigentlich will, und auch nicht, weil ihm dies jemand aus politisch-philosophischen Gründen aufzwingt, sondern weil die Verhältnisse in der Welt so sind, wie sie sind. Und weil es vernünftige Vertragsbedingungen gibt, die den Globus intakt halten und mit der Würde aller Menschen kompatibel sind. Mehr ist für den Einzelnen dann nicht drin. Selbst nicht unter Bedingungen eines doppelten Faktors 10, also eines zehnfach größeren Weltbruttosozialprodukts, bei zehnfach schonenderem Umgang mit der Natur pro erzeugter Wertschöpfungseinheit innerhalb eines angenommenen Zeitraums bis 2050 oder 2100. Kurz: Andere Preisstrukturen führen zu einem anderen Verhalten und zu anderen Lebensstilen, ohne dass sich der Mensch an sich ändern muss. Was sich ändert, sind die Bedingungen, unter denen der Mensch zu Entscheidungen gelangt – zu anderen nämlich.

Nicht nur Mobilität wird teuer, sondern auch Fleisch und Fisch. In anderen Bereichen könnte es dafür Angebote geben, die wir uns heute nicht erlauben können. Etwa im kulturellen Bereich oder beim persönlichen Coaching: der Privatlehrer für Spracherwerb, für ein gesundes Leben, für Persönlichkeitsentfaltung; manche Menschen suchen auch nur jemanden, um einfach nicht alleine zu sein. Finanziell gesehen führt das zu Wachstum, aber eines, das deutlich weniger Ressourcen verbraucht. Die Lebensstile werden sich verändern, dematerialisieren. Das

»Wünschen« hört damit natürlich nicht auf, aber beim Stand der Technik, der Anzahl der Menschen sowie unter Beachtung der Menschenwürde aller und der nicht veränderbaren Begrenzungen bezüglich der Umwelt und den Ressourcen ist genug dann eben genug.

Überspitzt formuliert basierte das Überleben der Menschheit schon immer auf einem »Deal« mit der Umwelt und auf der Sicherung der Kooperation unter den Menschen. Konkurrenz ist zwar wichtig, aber Kooperation ist ungleich wichtiger. Dosierte Konkurrenz in Form eines Wettbewerbs in Märkten unter vernünftigen Rahmenbedingungen ist eine sinnvolle Methode, um Kooperation zu fördern. Marktwirtschaften in Demokratien dürfen niemanden ausschließen und müssen umgekehrt alle an das System binden. Gelingt das nicht, sind Apathie, Armut, Hass, Krieg und unter Umständen Umweltkrisen die Folge.

Weisheit besteht darin, das Notwendige früh zu tun, denn dann sind die mit der Transformation zwangsläufig verbundenen Schmerzen noch vergleichsweise gering. Im wohlverstandenen Eigeninteresse wäre es klug, die Spielregeln dahin gehend zu verändern, dass sich die Entwicklungspotenziale des Einzelnen wie auch der Menschheit insgesamt entfalten können, übrigens getreu dem Motto von AIESEC, der größten Studentenorganisation weltweit.[17] Das ist heute nicht der Fall.

Wie arm ist eine Welt, in der Millionen von Menschen keine Arbeit finden, alimentiert und ruhiggestellt werden? Wie arm ist eine afrikanische Frau, wenn sie drei Stunden täglich zum Brunnen und wieder zurück laufen muss, nur um ein paar Liter Wasser zu holen? Und wieso lassen wir dies zu, obwohl eine Überwindung dieser Verhältnisse möglich wäre?

Globalisierung gestalten

Die aktuelle Lage ist ausgesprochen labil. In den aktuellen weltpolitischen Prozessen gibt es von allen betrachteten Zukunftsszenarien etwas: (1) den Raubbau an Umwelt und Ressourcen und in der Folge die Gefahr des Kollaps und (2) den massiven sozialen Rückbau in den entwickelten Ländern und damit Prozesse, die in Richtung Brasilianisierung/Ressourcendiktatur weisen. Auf der anderen Seite treten (3) auch ökosoziale Elemente zutage, etwa in der Politik der Europäischen Union. Wir befinden uns im Sinne der Chaostheorie in der Nähe eines Verzweigungspunktes[18]. In der momentanen Situation können Ereignisse in der Politik, in der Wirtschaft, im militärischen Bereich, auch Terrorakte etc. kaskadenhafte Folgeeffekte nach sich ziehen (*tipping point*-Situation[19]).

Die Globalisierungsprozesse weisen so, wie sie heute organisiert sind, in die verkehrte Richtung. Was für die Mehrheit der Menschen und für die Umwelt genau das Falsche ist, ist unter den gegebenen Spielregeln für die Gewinner dieser zerstörerischen Prozesse gerade das Attraktive – auch wenn sie in der Regel nicht zugeben würden, dass sie die Negativkonsequenzen ihrer Handlungen befürworten. Schnell ist die Schuld bei finsteren Potentaten oder Sozialschmarotzern gefunden, die dazu beitragen, dass auf diesem Globus am Ende immer das Gegenteil von dem herauskommt, was angeblich alle wollen. In Wirklichkeit sind aber die systemischen Bedingungen die Wurzel des Übels, die ihrerseits auch noch finstere Potentaten und Sozialschmarotzer hervorbringen.

Die gewaltige Herausforderung der Ökosozialen Marktwirtschaft liegt darin, dass sie nicht mehr in abgeschotteten Räumen zu haben ist, Europa wird keine Insel der Seligen in einem

marktradikalen Umfeld bleiben können. Die Ökosoziale Marktwirtschaft kommt entweder global, oder sie kommt gar nicht.

Ihre Ziele sind:

1. Weltweit verbindliche soziale und ökologische Standards im
Interesse aller Menschen und im Interesse des gemeinsamen
Lebensraums. Die schrittweise Entwicklung solcher Standards
in ärmeren Ländern bedarf einer fairen Kofinanzierung, die
über die Förderung der UN-Millenniumsentwicklungsziele und
deren Umsetzung hinausgehen muss. Im Sinne einer möglichst
praktikablen Global Governance erscheint es sinnvoll, die bestehenden internationalen Institutionen in den Dienst dieser
Vorhaben zu stellen. Das erfordert selbstverständlich Beschlüsse
der jeweiligen Mitglieder über geänderte Spielregeln und Auf-
gabenstellungen von WTO, Weltbank und anderer Organisationen.

2. Ein neues Bretton-Woods-Abkommen im Sinne eines neuen
und durchsetzbaren Ordnungsrahmens für die globalen Finanzmärkte, um einseitigen Bereicherungsprozessen und um dem
Gefahrenpotenzial der Spekulation begegnen zu können und
um einen Kollaps der Weltfinanzmärkte vielleicht gerade noch
rechtzeitig zu verhindern. Die Bedrohung resultiert unter anderem aus der dramatischen Überschuldungssituation der USA
sowie aus einer gigantischen, nicht gedeckten Geldschöpfung
im Weltfinanzsystem, vor allem im Bereich der Kreditgenerie-
rung, was in der Folge von Basel II verstärkt wurde. Diese Geld-
wertschöpfung richtet sich zurzeit noch auf die so genannten
Asset-Märkte, zum Beispiel Immobilien oder unterschiedliche
Formen von Verbriefungen, und taucht insofern (noch) nicht
als Inflationsrate in den normalen Konsummärkten auf.

3. Ein entscheidender Eckpunkt für eine weltweite Ökosoziale Marktwirtschaft ist die Entwicklung weltweit verbindlicher steuerpolitischer Grundsätze. Dazu zählen unter anderem die vergleichbare Besteuerung von nationalen und transnationalen Unternehmen und die Beseitigung von Steueroasen. Eine immer extremere Lastenverteilung soll dadurch korrigiert, der »Steuerwettlauf nach unten« überwunden und die Finanzierung der Erfordernisse des Gemeinwohls gewährleistet werden.[20]

4. Das mittelfristige Ziel einer weltweiten Ökosozialen Marktwirtschaft wäre die Entwicklung einer Art globalen Finanzausgleichs, um die Lebensqualität aller Menschen auf dem Globus zu sichern. Es geht darum, ein weltweites Prinzip zu etablieren, das Zusammenhalt stiftet: Wohlstand für alle, aber weltweit und stets im Rahmen ökologischer Nachhaltigkeit.

5. In diesem Sinne ist die weltweite Durchsetzung des Verursacherprinzips und der ökologischen Kostenwahrheit ein Kernelement weltweiter Ökosozialer Marktwirtschaft.

All das ist im Rahmen der gegebenen Freihandelslogik nicht möglich. Wollte man das Modell einer Ökosozialen Marktwirtschaft auf den Welthandel übertragen, wäre ein neues Design der Regelwerke erforderlich: der WTO-Standards, die den Handel fördern, dazu IWF- und Weltbank-Standards, die den Geldbereich betreffen, sowie den Standards der International Labour Organization (ILO), die sich mit Arbeitnehmer- und mit Menschenrechten, insbesondere dem Verbot (brutaler Formen) der Kinderarbeit, befassen, schließlich UNEP- und UNESCO-Standards, die den Umweltschutz und die Förderung der kulturellen Vielfalt zum Gegenstand haben. Alle diese globalen Systeme müssten auf internationaler Ebene vernünftig miteinander verschränkt und zur Wirkung gebracht werden.

Noch duldet der über die WTO-Regeln geförderte Freihandel die Kinderarbeit, die von der ILO verboten wird, von anderen Menschenrechtsfragen ganz zu schweigen. Die globalen Regelwerke sind nicht nur inkohärent, sie haben auch eine gewaltige Schlagseite. Soziale, kulturelle und ökologische Fragen stehen in der zweiten Reihe und können in der Regel international nicht durchgesetzt werden. Ganz anders sieht das bei den Handels- und Geldsystemen aus. Nur sie sind mit der Macht ausgestattet, ihre Prinzipien mit Hilfe von Schiedsgerichten, durch Geldentzug, Strafzölle, Polizeimaßnahmen bis hin zu Militärinterventionen durchzusetzen. Die dort angewandten Prinzipien hinsichtlich der Frage, welche Waren gehandelt werden dürfen beziehungsweise müssen, beinhalten eben auch, dass man sich nicht an die anderen Prinzipien, zum Beispiel der ILO bezüglich eines Verbots der Kinderarbeit, halten muss, um am Handel oder am internationalen Kreditgeschehen teilnehmen zu können. Ganz im Gegenteil, man wird verklagt und bestraft, wenn man versucht, den Handel entsprechender Güter zu unterbinden. So werden dann letztlich Umwelt-, Sozial- und Kulturstandards in ärmeren Ländern über IWF- und Weltbankaktivitäten ausgehebelt.

Europa als Erfolgsmodell

Die Europäische Union ist heute das erfolgreichste Modell der Globalisierung. Der Kontinent hat es geschafft, Länder zu echter Zusammenarbeit zu bringen, die im Laufe ihrer Geschichte immer wieder miteinander in Kriege verwickelt waren. Diese

Länder haben freiwillig einen Teil ihrer Souveränität auf eine höhere, supranationale Ebene delegiert, wobei aus gutem Grund kleinere Länder überproportional viel Einfluss relativ zu ihrer Bevölkerungsgröße erhalten, wie zum Beispiel auch in der kantonalen Struktur der Schweiz. Dies ist das genaue Gegenteil einer Weltgovernance, wie sie von Seiten der USA verfolgt wird.

Der europäische Ansatz ist erfolgreich. Dabei ist ein relativ reicher, sozial ausgewogener Raum entstanden, der sich nicht als Festung nach außen abschottet, sondern eine aktive Erweiterung betreibt und zu einem Magneten für seine Nachbarn geworden ist. Die Art und Weise, wie Europa seine Erweiterungsprozesse organisiert, ist eine nicht zu unterschätzende historische Leistung.[21]

Diese Erfahrung könnte geradezu ein Modell für eine bessere Globalisierungsgestaltung darstellen und auch dafür, wie man Aufholprozesse konstruktiv organisiert. Das entscheidende Prinzip ist ein fairer Vertrag zwischen entwickelten und weniger entwickelten Ländern. In diesem Rahmen verzichten die Beitrittsländer auf einen Teil ihrer Wettbewerbsvorteile wie niedrige Umweltstandards, Billiglöhne bis hin zur Kinderarbeit, also das, was wir gerne als »Dumping« umschreiben. Möglich wird die Akzeptanz der Standards nur durch eine Kofinanzierung der neuen Partner. Im Falle der EU-Erweiterungen sind es in der Regel 0,3 Prozent des Bruttosozialprodukts, die umgeschichtet werden. Mit vergleichsweise geringen Mitteln kann man auf diese Weise über Hebeleffekte enorme Entwicklungen anstoßen. So gewinnen die Geberländer neue, potente Handelspartner, und ihre Investitionen in Kofinanzierung werden dadurch mehr als ausgeglichen. Der »Exportweltmeister« Deutschland ist dafür das beste Beispiel.

In diesem Sinne gilt es, eine gerechtere Globalisierung zu

organisieren und überall auf der Welt Mittel für gezielte Entwicklungsprozesse, für bessere Ernährung und Ausbildung, Frauenförderung und für Gesundheits- und Rentensysteme zu generieren. So wird ein Weltwirtschaftswunder möglich, das sich aus humanen, sozialen und ethischen Qualitäten speist.

Den Unterschied zwischen der Globalisierung nach europäischer und nach marktradikaler Logik kann man an der Grenze zwischen den USA und Mexiko, innerhalb der nordamerikanischen Freihandelszone NAFTA, beobachten. Dort werden Zäune und Mauern gebaut wie einst in Berlin, während die Grenzen innerhalb der EU immer durchlässiger werden. »Mauern« sind dabei teils physisch, teils virtuell. Statt Beton und Hundelaufanlagen kommen auch Bodensensoren, Infrarotkameras und unbemannte Aufklärungsflugzeuge zum Einsatz. Auch das ist (technischer) Fortschritt.

Europa, ein vergleichsweise reicher und sozial ausgeglichener Kontinent, könnte im Prozess einer besseren Gestaltung der Globalisierung eine besondere Rolle spielen. Wir Europäer sollten uns überlegen, wie wir uns international noch stärker ökosozial positionieren und zugleich die Entwicklungen auf diesem Globus in diese Richtung bewegen. Wichtig wären Aktionsfelder, bei denen wir möglichst nicht die Kooperation der USA benötigen, denn die stärkste Nation will zurzeit offenbar keine fairen Verträge. Sie will den vertraglosen Zustand, weil sie dann als stärkste Macht ihre Interessen kurzfristig und maximal durchsetzen kann. Spieltheoretisch kämen wir in eine Gefangenendilemma-Situation, wenn wir immer auf die Zustimmung der USA warten würden.

Diese Situation lässt sich nur mit intelligent angelegten Bündnissen überwinden. Zusammen mit Wirtschaft und Zivilgesellschaft sollte es gelingen, den Primat der Politik wieder durchzusetzen. Denn glücklicherweise ist es so, dass Europa wenigstens in einigen Bereichen wettbewerbsneutral vorgehen kann. Beispielsweise können wir problemlos eine Kerosinsteuer innerhalb der EU einführen. Ganz besonders wichtig sind auch der Klimaschutz und das Kyoto-Protokoll. Hier braucht es neue Ansätze und Strategien, um aus der Sackgasse zu kommen. Es gibt durchaus Chancen, Grenzausgleichsabgaben WTO-konform gegen solche Industriestaaten einzuführen, die sich ihrer Pflicht zum Klimaschutz entziehen. In Europa könnte man ebenfalls mit einer geringfügigen Besteuerung von Finanztransaktionen beginnen oder mit einer Zusatzbelastung bei der Kreditgewährung an bestbewertete nichtstaatliche Kreditnehmer. Letztere zahlen nämlich deutlich weniger Zinsen als alle anderen.

Eine Studie des früheren Bundesministeriums für Wirtschaft und Arbeit[22] weist aus, dass man innerhalb der großen separaten Zeitzonen auf diesem Globus in der Frage der Besteuerung von Finanztransaktionen eigenständig operieren kann. Europa, inklusive der Schweiz, bildet eine solche Zeitzone. Diese Konstellation erlaubt uns Europäern, alleine mit der Abgabe auf Finanztransaktionen zu beginnen, so wie wir dies mit einer Abgabe auf Kerosin im Flugverkehr und auf Treibstoff im Schiffsverkehr tun können. Für die internationale Positionierung ist dabei wichtig, dass die entsprechenden Einnahmen primär für die Finanzierung globaler Entwicklungsprozesse eingesetzt werden, nicht aber für die Erhöhung nationaler Etats.

Europa muss sich in all diesen Themen und in Abgrenzung zum Marktfundamentalismus und zur Freihandelslogik deutlicher zu seiner Wurzel, der Ökosozialen Marktwirtschaft, artikulieren und bekennen. Dazu braucht es freilich einen klaren und erklärten politischen Willen. Würde man so verfahren, entstünde in der Bevölkerung ein positiveres Bild von Europa und der europäischen Verfassung. Europa darf den Marktfundamentalisten nicht die Hoheit in der Debatte überlassen, sondern muss ihnen auf wissenschaftlicher und intellektueller Basis die Stirn bieten. Europa muss den Mut haben, für den eigenen Weg einzutreten, so, wie zumindest einige europäische Staaten im Irakkrieg eindeutig Position gegen das völkerrechtswidrige Vorgehen der USA bezogen haben.[23]

Wie schafft man einen Weltvertrag?

Die Zukunft des Kyoto-Vertrags sähe im besten Fall so aus, dass sich die Welt insgesamt auf eine Obergrenze von Kohlendioxidemissionen mit fallender Tendenz verständigt. Jeder Mensch auf dem Globus hätte die gleichen Verschmutzungsrechte, es würde Klimagerechtigkeit herrschen, so, wie sie oben bereits diskutiert wurde. Zugleich wären die Rechte handelbar, und zwar, wie es auf EU-Ebene bereits heute der Fall ist. Der Norden könnte und müsste im Rahmen dieses Designs entsprechende Rechte zukaufen, dem Süden würden dadurch Mittel zufließen, die er dafür einsetzen könnte, sich weiterzuentwickeln. Das wäre eine der denkbaren Formen von Kofinanzierung. Dabei müsste der Norden sogar im großen Maßstab Verschmutzungsrechte erwerben. Der Effekt käme einer globalen Ökosteuer gleich, die sich auf Dauer nach oben justiert und den Vorteil hat, wettbewerbsneutral zu wirken.

Auf den ersten Blick ist ersichtlich, wie gewaltig die Herausforderungen sind, um eine solche Lösung weltweit zu etablieren. Die größte Hürde dabei ist, dass sich die wichtigsten »Spieler« einigen müssen. Es geht um Grenzen, deren Einhaltung, auch um neue Lebensstile, die sich indirekt aus den Rahmenbedingungen ableiten würden.

Mit einem optimierten Kyoto-Vertrag ist es aber nicht getan. Letztlich geht es um einen Weltvertrag[24] mit einem Grand Design, das unterschiedliche Dimensionen ins Gleichgewicht bringt, ökonomische und ökologische ebenso wie soziale und kulturelle.

Ob dieses Ziel jemals erreicht wird, ist ungewiss. Technik und institutionelles Design bilden eine Chance, nicht mehr und nicht weniger. Die entscheidenden Hindernisse liegen in der schwierigen Verhandlungssituation. Gespräche brauchen Zeit, und wenn es nicht gelingt, frühzeitig zu zielführenden Entscheidungen zu kommen, wächst der Druck, kurzfristig zu handeln. Der Weg besteht dann nicht mehr aus Geduld, Verständnis und Verträgen, sondern aus Schuldzuweisungen, aus Abgrenzung und massiven Eingriffen. Wenn überhaupt, kann das Ringen um einen Weltvertrag nur in enger Wechselwirkung zwischen den Regierungen, den international operierenden Konzernen und der Weltzivilgesellschaft Erfolg haben. Eine große Rolle spielen dabei auch die Wissenschaft, die Medien, die Religionsgemeinschaften und die Rechtssysteme.

Wir kennen die Zukunft nicht. Die Wissenschaft hilft, die systemischen Zusammenhänge zu begreifen, die Dynamik, die Zwänge und die Gefahren zu beschreiben. Sie kann Stellschrauben und strategische Ansätze benennen, wie die Systeme sinnvoll zu bewegen sind. Nach Kapitza[25] wird die Bevölkerungsentwicklung um das Jahr 2030 herum einen Phasenübergang erleben, damit endet eine Epoche in der Entwicklung der Zivilisation, die gemäß dem quadratischen Gesetz durch ein dauerndes Wachstum der Weltbevölkerung geprägt war und ist. Die Geschichte tritt in eine neue Phase ein. Der Superorganismus

Menschheit bewegt sich in dieser neuen Zeit entlang neuer Muster. Es wird anders – wie es aber genau sein wird, wissen wir nicht.

Ein ausgewogener Weltvertrag ist eine notwendige Bedingung für ein friedliches Zusammenleben auf dem Planeten Erde. Wird es gelingen, eine Verständigung über Kulturgrenzen hinweg zu erreichen, um mit den Gesprächen beginnen zu können? Die Protagonisten der Marktradikalen werden ihre Ordnung, ihre Interessen und Trümpfe mit allen Mitteln verteidigen, aber welche Kräfte werden sie dabei entfalten? Wo sind die propagandistisch, politisch und militärisch entscheidenden Punkte?[26] Analysiert man die gegenwärtigen Trends, dann weisen die Zeichen stärker in Richtung ökologischer Kollaps und auf Ressourcendiktatur / Brasilianisierung als auf eine weltweite Ökosoziale Marktwirtschaft. Die Gründe liegen vor allem in der nach nationalen Souveränitäten geordneten Organisation des Globus. Noch sind die globalen Strukturen für Kooperationen relativ schwach ausgeprägt. Die Wahrscheinlichkeit, dass die Menschheit sich in einen Zustand begeben wird, in dem die Menschenwürde aller Menschen geachtet wird, der ökologisch verträglich und langfristig stabil sein könnte, liegt zwischen 30 und 50 Prozent. Die Wahrscheinlichkeit von Kollaps und Brasilianisierung ist dementsprechend größer. Und doch gibt es eine reale Chance und damit Hoffnung – und einen Plan, wie die nächsten Schritte aussehen könnten: den Global Marshall Plan.[27]

Der Global Marshall Plan

Eine Investition in die Zukunft

Nach dem Zweiten Weltkrieg war Europa schwer angeschlagen, die Infrastruktur in weiten Teilen zerstört und das Vertrauen in die Zukunft gering. Landwirtschaft und Kohlebergbau lagen danieder, weite Teile der Bevölkerung litten Hunger. Der Kontinent selbst verfügte nicht über genügend Kapital, Werkzeug und Maschinen, um die eigene Wirtschaft rasch wieder in Schwung zu bringen. Im Juni 1947 erklärte der amerikanische Außenminister George Marshall, dass die USA bereit wären, in erheblichem Umfang notwendige finanzielle Unterstützung zu leisten, sofern Europa ein gemeinsames langfristiges Wiederaufbauprogramm vorlegt.

Noch in demselben Jahr lief der Plan an, und im Schnitt flossen 1,3 Prozent des US-amerikanischen Bruttosozialprodukts in Form von Krediten, Rohstoffen, Lebensmitteln und Waren in die westeuropäischen Länder. Als das Programm nach vier Jahren auslief, war die Wirtschaftskraft aller Teilnehmerstaaten, mit der Ausnahme von Deutschland, bereits wieder größer als vor dem Krieg, und im Laufe der folgenden zwei Jahrzehnte kam es in Westeuropa zu einem nie da gewesenen Wachstum und Wohlstand. Die US-Amerikaner hatten die Herzen der Menschen gewonnen und die Basis für eine lange und stabile Freundschaft gelegt. Der Wiederaufbau Westeuropas mit Hilfe des Marshallplans war sicherlich kein reiner Akt der Humanität, denn Wirtschaftshilfe und Interessenpolitik gingen Hand in Hand. Zeitgleich mit dem Start des Hilfsprogrammes verkündete der damalige US-Präsident Harry S. Truman die nach ihm benannte Doktrin, in der sich die USA verpflichteten, alle »freien Völker« im Kampf gegen totalitäre Regierungsformen zu unterstützen. Westeuropa, namentlich Westdeutschland, wurde im beginnenden Kalten Krieg als Puffer gegen die expansionistische Politik der Sowjetunion ausgebaut. Außerdem floss ein Großteil der gewährten Mittel über den Kauf amerikanischer Güter wieder in die USA zurück, so dass unter dem Strich der politische und wirtschaftliche Gewinn die getätigte Investition bei weitem überstieg. Für den schwer geschundenen Kontinent Europa, zumindest für seinen westlichen Teil, brachte der Marshallplan dennoch die entscheidende Wende.[1]

Die Lage Europas nach dem Zweiten Weltkrieg ist natürlich in keiner Weise mit der schwierigen Situation der ärmeren Länder im Verhältnis zur reichen Welt heute zu vergleichen. In Europa waren die Voraussetzungen um Größenordnungen besser. Wenn der Global Marshall Plan mit seinem Namen dennoch an den historischen Marshallplan erinnert, dann deshalb, weil er ähnlichen Prinzipien folgt: Kofinanzierung als Anschubfinanzierung und Investition in die Zukunft, die an die Einhaltung bestimmter Prinzipien gekoppelt ist. Vergleichbar ist übrigens auch die relative Größenordnung der eingesetzten und einzusetzenden Mittel. Nicht zuletzt ist das damalige und heutige Programm interessengeleitet. Selbstverständlich bewegen wir uns in verschiedenen historischen Kontexten und in einer anderen Dimension, denn heute geht es um den Globus als Ganzes.

Ziel des Global Marshall Plan ist eine globale Ordnungs-struktur, die die Umwelt schützt, die Welt insgesamt reicher macht und zugleich die Einkommensverteilung weltweit auf das Niveau der entwickelten Länder hebt, also in den ärmeren Ländern deutlich höhere Wachstumsraten bewirkt, als in den reichen überhaupt möglich wären. Dies wäre eine Governance-Struktur vom Charakter einer Weltinnenpolitik, die auf die ge-meinsam wahrgenommene Verantwortung für die Umwelt und auf die Bürger- und Menschenrechte aller zielt.

Damit ist der Global Marshall Plan offensichtlich im Interes-se von fast allen Menschen der sich entwickelnden Welt und im Interesse von mindestens 80 Prozent – vermutlich sogar weit mehr – der Menschen in den heute reichen Ländern. Es geht gar nicht darum, dass die Menschen im Norden mit anderen teilen müssen (im Sinne von abgeben), sondern darum, dass andere eine Chance bekommen aufzuholen und befähigt werden, sich selber zu helfen. Die meisten Menschen haben langfristig be-trachtet dasselbe Interesse. Bei einem Ressourcen- und Um-weltkrieg wären ohnehin die meisten Menschen, ob im Norden oder Süden, Verlierer, von einem weltweiten Kollaps gar nicht zu reden.

Der Ansatz des Global Marshall Plan ist systemisch. Wir brauchen nicht den besseren Menschen, sondern weltweit bes-sere Ordnungsbedingungen. Es geht um die eigentlichen Gestal-tungsfragen der Globalisierung. Zwei weitgehend unabhängige Regelwerke gilt es auf globaler Ebene zu »verheiraten«: einer-seits die Welt der Vereinten Nationen mit ihren heute 192 Mit-gliedsstaaten und ihrem Prinzip »eine Stimme pro Staat«[2]. Zum anderen geht es um so wichtige Bereiche wie den Internationa-len Währungsfonds und die Weltbank als Bretton-Woods-Insti-tutionen und die Welthandelsorganisation (WTO) mit ihren ganz spezifischen Machtmechanismen und Vertragsgrundlagen. Bei der WTO haben sich heute 149 Staaten in einer parallelen Organisation zu den Vereinten Nationen zusammengefunden. Diese beiden Welten funktionieren nach einer jeweils unterschiedlichen Logik.

Die Stimmenverteilung in der UN und die ökonomisch-finanzielle sowie die militärische Macht fallen weit auseinander. Der Global Marshall Plan will mit der überfälligen Zusammenführung beider Bereiche Fragen der Wirtschaftsordnung, des globalen institutionellen Designs und Eigentumsgarantien für den Globus als Ganzes regeln.

»Welchen Ordnungsrahmen braucht unsere veränderte Welt?«, fragte auch Bundeskanzlerin Angela Merkel auf dem Weltwirtschaftsforum in Davos.[3] Ganz im Sinne der Empfehlungen der Global Marshall Plan Initiative fuhr sie fort: »Wir brauchen eine Verzahnung von Umweltschutz und Sozialmaßnahmen mit der Welthandelsorganisation, mit dem Internationalen Währungsfonds und mit der Weltbank. Die Dinge müssen aufeinander abgestimmt sein. So wie im Rahmen der sozialen Marktwirtschaft – dies ist jedenfalls unsere Erfahrung – der soziale und der ökologische Ausgleich auch immer Teil einer lebenswerten Gesellschaft waren, muss dies, glaube ich, auch im Ordnungsrahmen einer zukünftigen Welt stattfinden.«

Mit anderen Worten: Wir brauchen einen vernünftigen Gesellschaftsvertrag für den Globus.[4] Wir müssen weg von der Vorstellung: Wir hier – ihr da. Das Gleiche gilt für die Idee, die Souveränität von Nationalstaaten sei den globalen Problemen angemessen. Ebenso müssen wir uns von der Vorstellung verabschieden, dass es in der Zusammenarbeit zwischen Nord und Süd um so etwas wie Entwicklungshilfe geht. In Wirklichkeit heißt das Thema Weltinnenpolitik.[5]

Der hier entscheidende Mechanismus »Kofinanzierung gegen Standards« sei noch einmal am Beispiel der Erweiterungsprozesse der Europäischen Union während der vergangenen Jahrzehnte erläutert[6]: Griechenland, Portugal, Spanien oder Irland, Länder, die vor 30 Jahren weit hinter den klassischen Industrienationen wie England, Frankreich oder Deutschland lagen, haben dank ihrer EU-Mitgliedschaft enorm aufgeholt.

Es ist schlichtweg falsch zu meinen, dies wäre zulasten der »Lokomotiven«, der Nettobeitragszahler der Europäischen Union, gegangen. Wäre Deutschland reicher, wenn es weniger in die EU einzahlen würde? Wäre ein Unternehmen reicher, wenn es aufhören würde, Geld in Neuentwicklungen und in die Erschließung neuer Märkte zu investieren? Wäre ein Land wohlhabender, wenn es weniger Geld in Bildung auch der Kinder seiner ärmeren Bürger stecken würde? Die Antwort lautet in jedem dieser Fälle »Nein«, schließlich wird über die EU-Förderungsprogramme in erheblichem Umfang auch der Handel zwischen den Ländern gesteigert, wovon insbesondere auch die Kernländer profitieren. Die Neumitglieder erhöhen spürbar ihre Schlagzahl, der Wohlstand wächst wegen der klaren Perspektive und zunehmender Investition von außerhalb, womit sie sich immer stärker dem Wohlstandsniveau und den hohen gesellschaftlichen Standards der Union angleichen. Dies geschieht im gemeinsamen Interesse an einer offenen und dynamischen Gesellschaft.

Der Global Marshall Plan beabsichtigt also, das Entwicklungsmodell der EU-Erweiterungsprozesse auf den gesamten Globus zu erweitern. Auch hier gilt, dass es auf das Prinzip ankommt. Die Umstände und die Ausgestaltung sind jeweils andere, und die gesamte Aufgabe – eine faire Globalisierung – ist ungleich anspruchsvoller. Während die Mittel für die Kofinanzierung der EU-Erweiterungsprozesse primär aus den Etats der Staaten kommen, setzt der Global Marshall Plan auch auf völlig neue Finanzierungsinstrumente.

Der Plan hängt nicht in der Luft, dahinter steht eine breite Allianz positiv ausgerichteter Kräfte aus Politik, Wirtschaft, Wissenschaft und Zivilgesellschaft. Sie alle bilden eine integrative Plattform für eine Welt in Balance: die Global Marshall Plan Initiative[7]. Sie setzt auf *bottom-up*- und auf *top-down*-Ansätze (Bewusstseinsbildung und Lobbyarbeit) und entfaltet mittlerweile vor allem in Österreich[8] und Deutschland eine große Wirkung[9], auch im politischen Bereich.[10]

Um es deutlich zu sagen: Am europäischen Wesen soll nicht die Welt genesen. Europa mit seiner kolonialen Vergangenheit genießt nicht überall Sympathien; die meisten Länder würden sogar die Idee zurückweisen, ein von Europa inspiriertes Modell zu übernehmen. Das ist auch nicht erforderlich, da man die wesentlichen Prinzipien des Global Marshall Plan ohnehin in der Binnenstruktur jedes gut funktionierenden Staates findet. Europa beweist also nur, dass diese Prinzipien auch erfolgreich auf supranationale Strukturen erweitert werden können. Viele, die noch nie etwas vom historischen Marshallplan und seinen Erfolgen gehört haben, mögen Vorbehalte gegen die Bezeichnung Global Marshall Plan haben – wegen der angespannten weltpolitischen Lage und der Rolle, die die USA in diesem Zusammenhang spielen. Außerhalb Europas wird deshalb von der Global Marshall Plan Initiative der Begriff eines Weltvertrags, eines *planetary contract*, verwendet.

Der Verweis auf die Erweiterungsprozesse der EU beinhaltet übrigens auch keine unreflektiert positive Sicht auf die Europäische Gemeinschaft und ihre Form der Ökosozialen Marktwirtschaft, obwohl dies weltweit wohl das beste realisierte supranationale Marktmodell ist. Entscheidend ist das abstrakte Prinzip »Kofinanzierung gegen Standards«, mit dem Europa unschätzbare Erfahrungen gesammelt hat. Es handelt sich um einen funktionierenden und friedlichen historischen Prozess, der mit der Abgabe von Souveränität der Nationalstaaten an eine europäische Governance-Struktur einhergeht und Frieden in einen Teil der Welt gebracht hat, der durch eine lange Folge von Kriegen gekennzeichnet war.

Der Global Marshall Plan ist ein Konzept für eine Welt in Balance. Und zwar auf Basis einer wissenschaftlich abgesicherten globalen Nachhaltigkeitsstrategie in Verbindung mit einem vielschichtigen praktischen Erfahrungsschatz. Zugleich basiert der Global Marshall Plan auf ethischen Prinzipien, wie sie von den Weltreligionen in Form eines Weltethos und der interkulturellen philosophischen Bewegung geteilt werden. Der Global Marshall Plan favorisiert Prinzipien der Gerechtigkeit und insbesondere die goldene Regel »Was du nicht willst, was man dir tut, das füg auch keinem anderen zu«. Mit Blick auf die heute lebenden wie auch die zukünftigen Generationen erwächst daraus eine Verantwortung der Menschheit für den Planeten Erde und die natürlichen Lebensgrundlagen. Hinzu kommt eine Würdigung des Eigenwertes der Natur und des Lebens an sich. Aus der ethischen Fundierung ergibt sich zugleich eine Verantwortung für die Würde aller Menschen und ihre Entwicklungschancen. Dies schließt eine Veränderung im Denken und in der Wahrnehmung ein, und zwar in allen Ländern. Der Norden ist nicht einfach das Modell, dem es zu folgen gilt, denn die dort umgesetzten Lebensstile sind nicht auf den ganzen Globus übertragbar. Nord und Süd können und müssen voneinander lernen, um gemeinsam einen von Nachhaltigkeit geprägten Weg in die Zukunft zu finden. Es ist ein kollektiver Lernprozess, ein

Multi-Stakeholder-Prozess[11], der in einen fairen Weltvertrag mündet.

Wir sprechen von einer Vision. Aber zugleich von einem konkreten Weg: von klar umrissenen Zielen, von einem benennbaren Finanzierungsbudget, von Strategien, wie die Mittel aufzubringen sind, und, nicht zuletzt, von konkreten Investitionen, wie diese Volumina sinnvoll und effektiv eingesetzt werden können. Der Vorschlag der Global Marshall Plan Initiative besteht aus fünf fest miteinander verknüpften strategischen Eckpfeilern:

Ziel 1: Millenniumsentwicklungsziele verwirklichen

»Wir brauchen keine weiteren Versprechen. Wir müssen anfangen, die Versprechen einzuhalten, die wir bereits abgegeben haben«[12], sagte der damalige UN-Generalsekretär Kofi Annan im Jahre 2004. Die Weltgemeinschaft hat mit den Millenniumsentwicklungszielen der Vereinten Nationen[13] eine klare Vorstellung davon entwickelt, wie weit sie bis zum Jahr 2015 auf dem Weg der Überwindung von Armut und Not kommen will. Staatschefs von 189 Ländern haben die Millenniumsentwicklungsziele unterzeichnet. Sie sind allgemein akzeptiert und ambitioniert. Kofi Annan hat darauf hingewiesen, dass Tag für Tag für 150 000 Menschen ein Zugang zu sauberem Trinkwasser geschaffen werden müsste, damit das Ziel, 500 Millionen Menschen zusätzlich mit einem Zugang zu sauberem Wasser auszustatten, bis 2015 erreicht wird. Von einem solchen Fortschritt sind wir derzeit noch weit entfernt, aber für einen Global Marshall Plan sind die Millenniumsentwicklungsziele eine Art Prüfraster, die ein vernünftiges und seit langem überfälliges Entwicklungsprogramm darstellen. Die Ziele in Kurzfassung:

1. Extreme Armut und Hunger beseitigen
2. Grundschulausbildung für alle Kinder gewährleisten
3. Gleichstellung der Frauen fördern
4. Kindersterblichkeit senken
5. Gesundheit der Mütter verbessern
6. HIV/Aids, Malaria und andere Krankheiten bekämpfen
7. Ökologische Nachhaltigkeit gewährleisten
8. Eine globale Partnerschaft für Entwicklung realisieren

Als besonders wichtig für Entwicklung und Chancengleichheit erscheint Ziel 2, eine Grundschulausbildung für alle Kinder, Jungen wie Mädchen. Die Ziele 3, 4 und 5 betreffen die Lage der Frauen, die überall die größte Last tragen und oft benachteiligt sind. Ziel 4 und 5 sind ein Versuch, sich dem extrem wichtigen Thema der Familienplanung und der reproduktiven Gesundheit anzunehmen. Mit der amerikanischen Regierung war eine offene Thematisierung dieses Menschenrechts beim Millenniumsgipfel leider nicht möglich.[14]

Die rasche Verwirklichung der Millenniumsentwicklungsziele ist ein Zwischenschritt zu einer gerechten Weltordnung, zu einer globalen Ökosozialen Marktwirtschaft und zu nachhaltiger Entwicklung.

Ziel 2: Pro Jahr zusätzlich 100 Milliarden US-Dollar aufbringen

Die Frage »Wie groß muss das Budget sein, um die Millenniumsentwicklungsziele realisieren zu können?« lässt sich recht genau beantworten. Die Vereinten Nationen haben dazu eine internationale Arbeitsgruppe aus Top-Finanzfachleuten eingesetzt. Unter der Leitung des früheren mexikanischen Präsidenten Ernesto Zedillo hat das Gremium 2001 weitreichende Ergebnisse vorgelegt.[15] Der Zedillo-Report zeichnet ein klares Bild des Finanzierungsbedarfs für einen Global Marshall Plan, und seine Ergebnisse decken sich mit den Vorstellungen des britischen Schatzkanzlers Gordon Brown in seinem Weißbuch[16] anlässlich der Weltkonferenz Rio + 10 in Johannesburg 2002. Dieselbe Größenordnung findet sich auch bei George Soros in seinen Überlegungen zur weltweiten Etablierung einer offenen Gesellschaft.[17] Die Welt weiß mit den Millenniumsentwicklungszielen also nicht nur, was sie will, sondern in auch welchen finanziellen Größenordnungen sich die Realisierung bewegt: Pro Jahr werden, zusätzlich zu den bisher zugesagten Mitteln für Entwicklungszusammenarbeit, durchschnittlich 100 Milliarden US-Dollar benötigt, und zwar für den Zeitraum von 2008 bis 2015.

Um eine Vorstellung von der Größenordnung zu bekommen: 100 Milliarden US-Dollar, das ist weniger als die Summe, die die USA nur im Jahr 2006 in den Irakkrieg gesteckt haben. Eine andere Relation: Seit den Anschlägen vom 11. September 2001 geben die Staaten der Welt 100 Milliarden US-Dollar pro Jahr zusätzlich für Heimatsicherheit aus. Vielleicht noch interessanter: Das Vermögen der 700 reichsten Familien auf diesem Globus ist in den Jahren 2003 und 2004 um 800 Milliarden US-Dollar gewachsen[18], insbesondere zulasten des weltweiten Mittelstandes. Dieser Zuwachs bei 700 Familien würde für die Finanzierung des gesamten Global Marshall Plan bis zum Jahr 2015 reichen. Der Unternehmer Huschmand Sabet, der 1997 den Planetary Consciousness Prize für sein Konzept der Terra-Tax, einer Welthandelsabgabe, erhalten hat, argumentiert daher für eine einmalige freiwillige Nullrunde im Vermögenszuwachs bei dieser Gruppe. Insgesamt sind somit erhebliche, aber machbare Volumina erforderlich, um die Millenniumsentwicklungsziele zu realisieren. Kofi Annan formuliert es so: »Die Verwirklichung dieser Ziele würde nur einen Bruchteil von dem kosten, was die Welt für Kriegswaffen ausgibt. Doch sie würde Milliarden Menschen Hoffnung bringen und uns allen größere Sicherheit verschaffen.«[19]

Ziel 3: Faire Mechanismen zur Bereitstellung der Mittel

Woher kommen die Beträge?[20] Noch sind die reichen Länder von dem angestrebten Finanzierungsniveau von 0,7 Prozent für Entwicklungszusammenarbeit auf Basis nationaler Budgets weit entfernt. Tatsächlich erbringt die EU mit etwa 0,35 Prozent des EU-Bruttoinlandsproduktes fast 65 Prozent der weltweiten Hilfe insgesamt, da sich die USA mit 0,12 Prozent praktisch nicht beteiligen.

Der Global Marshall Plan unterstützt das Ziel von 0,7 Prozent. In diesem Rahmen könnten die Millenniumsentwicklungsziele, globale Umsetzung vorausgesetzt, finanziert werden. Die Global Marshall Plan Initiative begrüßt, dass die EU erklärt hat, dieses Ziel bis zum Jahr 2015 erreichen zu wollen. Aber selbst unter optimistischen Annahmen werden diese nationalen Mittel nicht ausreichen, in den kommenden Jahren werden erhebliche zusätzliche Volumina benötigt, um die Millenniumsentwicklungsziele zu verwirklichen. Selbst wenn es parallel gelänge, eine partnerschaftliche statt asymmetrische Zusammenarbeit zwischen Nord und Süd im Agrarsektor zu verwirklichen, selbst wenn – etwa über ein ausgewogenes Insolvenzrecht für Staaten – tragfähige Formen der Entschuldung armer und ärmster Länder geschaffen würden, bräuchte man immer noch weitere Quellen der Finanzierung.

Nicht zuletzt aus ordnungspolitischen Gründen soll ein wesentlicher Teil der benötigten Mittel über Abgaben auf globale Transaktionen und den Verbrauch von Weltgemeingütern wie die Atmosphäre, Ozeane oder Wälder aufgebracht werden, ohne dass es dabei zu Wettbewerbsverzerrungen kommt. Das hilft dann gleich mehrfach: durch teilweise höhere Belastung umweltschädigender Transaktionen, durch eine größere Steuergerechtigkeit, vor allem aber dadurch, dass die Mittel überhaupt aufgebracht werden. Mögliche, exemplarische Finanzierungsmechanismen sind:

– Sonderziehungsrechte beim Internationalen Währungsfonds (IWF),
– eine Abgabe in Verbindung mit Kreditvergaben an nichtstaatliche Kreditnehmer mit bestem Rating als (Teil-)Kompensation für einen privilegierten Zugriff auf Kredit- und Geldneuschöpfung,
– eine Abgabe auf Welt-Finanztransaktionen (Tobin-Abgabe),
– eine Terra-Abgabe auf den Welthandel,
– der Handel mit pro Kopf gleichen Kohlendioxid-Emissionsrechten nach Ablauf eines Übergangszeitraums sowie
– eine Kerosinsteuer.

Sonderziehungsrechte können letztlich als ein versteckter Teil der direkten Neuschöpfung von Geld und dessen Ausleihen verstanden werden.[21] Das Bankensystem betreibt eine derartige Neuschöpfung beständig, etwa zur finanziellen »Spiegelung« des Wirtschaftswachstums. Dieser Vorgang spielt sich im Rahmen der internationalen Finanzarchitektur ebenso wie auf nationaler Ebene ab. Auch die europäische Zentralbank organisiert die Neuschöpfung und den Verleih von Geld über das Bankensystem. Ein politischer Vorteil, wenn man zur Finanzierung der Millenniumsentwicklungsziele auf dieses Instrument zurückgreifen würde, bestünde darin, dass die Beträge nicht umverteilt werden müssen. Schließlich ist es zunächst »neues« Geld.

Im Grunde sind Sonderziehungsrechte im Rahmen des Internationalen Währungsfonds Kredite, die einem Land gewährt werden, und zwar im Verhältnis zu der von ihm in den IWF-Fonds eingezahlten Quote. Ein »Trick« der Nutzung der Sonderziehungsrechte, um die Millenniumsentwicklungsziele zu finanzieren, besteht darin, dass Entwicklungsländer Teile der Quote in ihren eigenen, vergleichsweise weniger harten Währungen einzahlen, Auszahlungen aber in harten Devisen aus dem Währungskorb der Sonderziehungsrechte erhalten.

Der große Charme dieses Vorschlags liegt vor allem in der Person seines Erfinders. George Soros[22] ist einer der erfolgreichsten Spekulanten auf dem internationalen Parkett und ein exzellenter Kenner der internationalen Finanzmärkte. Soros regt an, solche Sonderziehungsrechte in Zukunft jährlich zu generieren und zusätzlich die Anteile der entwickelten Länder und damit den Großteil der Mittel ebenfalls für Entwicklungsanliegen einzusetzen. Sein Vorschlag kann sofort umgesetzt werden, sobald eine Mehrheit von 85 Prozent der Stimmrechte beim Internationalen Währungsfonds vorliegt. Das ist eine Marke, die für eine erste Tranche fast erreicht ist; es fehlt »nur« noch, allerdings schon seit einigen Jahren, die Zustimmung des US-Kongresses. Durch Sonderziehungsrechte des IWF sollte es gelingen, ein jährliches Volumen von 30 bis 40 Milliarden US-Dollar bereitzustellen, das für den Transfer von Nord nach Süd wirksam werden könnte.

Parallel zur Idee der Nutzung von Sondernutzungsrechten ist eine Abgabe in Verbindung mit Kreditvergaben an nichtstaatliche Kreditnehmer mit bestem Rating (orientiert an den Zinszahlungen) zu sehen, und zwar bei Krediten wie bei emittierten Schuldverschreibungen. Diese Akteure haben einen privilegierten Zugriff auf neu geschaffenes Geld beziehungsweise Geldsurrogate und zahlen substanziell weniger Zinsen als andere. Sie profitieren im besonderen Maße von neuen Möglichkeiten der Weltfinanzmärkte und der Globalisierung und sollten deshalb auch gezielt zur Überwindung globaler Entwicklungsrückstände beitragen. Und zwar am besten so, dass die Kreditgeber oder die Kreditnehmer in diesem Fall eine entsprechende Abgabe zahlen, die dann indirekt das neu geschöpfte Geld entsprechend belastet. Zur Größenordnung sei Folgendes bemerkt: Ließen sich die Zinszahlungen dieser Gruppe auch nur um eine Abgabe von 0,1 Prozent erhöhen, kämen pro Jahr mehr als 30 Milliarden US-Dollar zusammen. Und die Zinsquoten der Betroffenen wären immer noch signifikant günstiger als diejenigen für normale Mittelständler oder Privatkunden.[23]

Die dritte Idee zur Finanzierung globaler Entwicklungsziele wird bereits seit einigen Jahren heftig diskutiert: die Tobin-Abgabe auf internationale Finanztransaktionen. Der hier unterbreitete Vorschlag ist in seiner Ausgestaltung – prozentual gesehen – bewusst sehr gering angesetzt. Das Instrument geht zurück auf den Wirtschaftswissenschaftler James Tobin[24] und war dazu gedacht, spekulative Transaktionen einzudämmen.

Vor 20 Jahren gab es nur einen sehr geringen grenzüberschreitenden Handel an den Börsen, heutzutage sind es Hunderte von Milliarden US-Dollar, die täglich in Form von Anleihen und Stammaktien um den Globus geschossen werden, im sekundären Handel sind es gar Billionen von US-Dollar. Die Tobin-

Abgabe ist eine Hauptforderung von Attac, einem Bündnis von Globalisierungsgestaltern, das viel zur Bewusstseinsbildung über Fehlentwicklungen in den heutigen globalen Prozessen beiträgt. Gegen dieses Instrument gibt es massiven Widerstand, insbesondere aus dem Finanzsektor und aus der Wirtschaft – ein gewaltiges Akzeptanzproblem. Es zeigt, dass man sich einem neuralgischen Punkt der heutigen Macht-, Eigentums- und Zugriffsstrukturen nähert. Für sämtliche marktfundamentalistischen Glaubensgrundsätze stellt das gleichsam einen »heiligen Gral« dar. Alles, was daran zu rühren versucht, wird mit reflexartigen Abwehrmechanismen beantwortet, die von extrem mächtigen Akteuren über die Medien und andere gesellschaftliche Transformationsprozesse durchgesetzt werden.[25] Die Botschaft heißt dann: Belastungen finanzieller Transaktionen würden die kollektive Intelligenz der Weltfinanzmärkte bedrohen. George Soros fragt angesichts der chaotischen Prozesse an den Finanzmärkten zu Recht, wo dort kollektive Intelligenz zur Geltung komme. Das internationale Bankensystem schämt sich im Übrigen nicht, einem Afrikaner, der in einem Notfall schnell 200 Euro von Deutschland in sein Heimatland zu transferieren versucht, 50 Euro und mehr als Gebühren abzuverlangen. Wir erinnern uns auch alle gut daran, wie teuer Überweisungen ins EU-Ausland waren, bevor die EU mit großem Druck eine andere Lösung durchsetzte. Das alles hat der Markt immer verkraftet. Warum dann nicht auch minimalste Belastungen (in obigem Beispiel von 200 Euro auf der Cent-Ebene) in den Weltfinanzmärkten? So betrachtet wird klar, worum es wirklich geht: Cui bono? Wer hat den Vorteil? Hier gilt es zu bohren und für Transparenz zu sorgen. Und langsam gibt es Fortschritte.

Immerhin wurde die Idee der Tobin-Abgabe am Rande des Weltwirtschaftsforums 2005 in Davos in einer Aktion vom französischen Präsidenten Jacques Chirac öffentlich unterstützt, flankiert vom britischen Premier Tony Blair und vom deutschen Bundeskanzler Gerhard Schröder. Auch ausgewiesene Finanzmarktkenner, darunter wieder George Soros, unterstützen den Vorschlag.

Im Rahmen eines Globalen Marshall Plan besteht das vordringliche Ziel der Tobin-Abgabe übrigens *nicht* darin, spekulative Transaktionen einzudämmen, vielmehr geht es darum, investive Mittel für eine weltweite Entwicklung zu generieren.

Um die Größenordnung zu verdeutlichen: Das Weltbruttosozialprodukt liegt heute bei annähernd 40 Billionen US-Dollar jährlich, der Welthandel bei über 10 Billionen US-Dollar, die internationalen Finanztransaktionen bewegen sich noch auf einem ganz anderen Niveau, nämlich jährlich mehreren Billiarden US-Dollar. Bei einer Belastung von zum Beispiel 0,01 Prozent würde man also nur einen Teil der Gesamtvolumina belasten müssen, um eine Summe von 30 Milliarden US-Dollar pro Jahr zu erzielen. Möglicherweise gehen infolge der Steuer die gehandelten Finanzmarkt-Volumina auch zurück; selbst dann wäre die Marke von 30 Milliarden US-Dollar leicht erreichbar. Im Übrigen dürften Erfassung und Abbuchung der Tobin-Abgabe kein ernsthaftes Problem darstellen, schließlich werden die weltweiten grenzüberschreitenden Finanztransfers längst elektronisch vollzogen; der bürokratische Aufwand wäre entsprechend gering.

Mit den genannten drei Vorschlägen könnten also bereits 60 bis 80 Milliarden US-Dollar pro Jahr für einen Global Marshall Plan bereitgestellt werden. Ein weiterer Vorschlag, die so genannte Terra-Abgabe auf den weltweiten Handel, würde weitere rund 40 Milliarden US-Dollar jährlich erbringen.

Die Terra-Abgabe ist bezogen auf alle internationalen Warentransfers, konkret auf die jeweiligen Importkosten.[26] Dieselbe Grundidee liegt auch dem so genannten fairen Handel[27] von Kaffee, Kakao oder Bananen, wie er von NGOs und kirchlichen Organisationen ins Leben gerufen wurde, zugrunde; in diesem Fall akzeptiert der Kunde freiwillig einen kleinen Aufschlag. Dieses Prinzip gilt es zu verallgemeinern, es soll verpflichtend für alle global gehandelten Waren gelten. Eine Abgabe in Höhe von 0,5 Prozent auf die jeweiligen Importkosten aller international gehandelten Güter würde zurzeit jährlich etwa 44 Milliarden US-Dollar für weltweite Entwicklung generieren.

Diese Abgabe wäre kaum spürbar, weil der Importkostenanteil an den meisten Produkten selbst weit unter 50 Prozent, in der Mehrzahl der Fälle sogar unter 20 Prozent des Verkaufspreises im Inland liegt. Beim Benzin würde die Terra-Abgabe etwa 0,1 Cent pro Liter betragen. Ein anderes Beispiel: Bananen. Man müsste 35 Stück kaufen, damit an der Kasse ein Cent mehr anfiele, erst bei 3500 Bananen würde der Preis um 1 Euro steigen. Und wer immer noch meint, das sei zu viel, sollte die 0,1 Prozent auf den Endpreis mit den jüngsten Kostensteigerungen bei Benzin oder mit der jüngsten Mehrwertsteuererhöhung um 3 Prozentpunkte in Deutschland vergleichen – das 30-Fache.

Warum sich dieser kleine Aufschlag dennoch zu Milliardenwerten addiert? Weil das Volumen des Welthandels so immens ist. Auch hier gilt, dass die Terra-Abgabe nahezu vollautomatisch erhoben und abgeführt werden könnte, denn die Handelsregister der Staaten werden wegen der Zollbestimmungen und der Mehrwertsteuerausgleichsabgaben an den Grenzen detailliert geführt. Eine allgemeine Terra-Abgabe wäre außerdem wettbewerbsneutral, weil sie in gleicher Weise auf sämtliche Welthandelsgüter Anwendung fände.

Diese vier Instrumente allein – Sonderziehungsrechte, Zins-belastungen nichtstaatlicher Aktien mit bestem Rating, Tobin-sowie Terra-Abgabe – hätten in geeigneter Zusammensetzung das Potenzial, die benötigten 100 Milliarden US-Dollar pro Jahr zu generieren. Tatsächlich ist auch ein deutlich höheres Volumen als angegeben erreichbar. Der weltweite Handel mit fair zugeteilten Kohlendioxid-Emissionsrechten[28] und eine Kerosinsteuer[29] sind dabei noch nicht berücksichtigt.

Ziel 4: Ein Grand Design für die globale Ökosoziale Marktwirtschaft

Gäbe es die Welthandelsorganisation (WTO) nicht bereits, dann müsste sie wohl noch erfunden werden. Sie zählt heute zu den wichtigsten internationalen Organisationen und bildet für die Weltökonomie das entscheidende institutionelle Fundament. Mit 149 Mitgliedsstaaten hat sie mittlerweile fast die Reichweite einer »parallelen« UN. Vor allem ihre Schiedsgerichtsbarkeit und die massiven Sanktionsmöglichkeiten – besonders wir-kungsvoll sind die von ihr verhängten Strafzölle – verleihen der WTO ein außerordentlich starkes Gewicht. Was die Einfluss-möglichkeiten der ärmeren Länder angeht, ist sie im Gegensatz zu IWF und Weltbank auch deutlich weltdemokratischer. Dazu trägt vor allem das für die WTO konstitutive Konsensprinzip bei. Anders als im Weltsicherheitsrat der Vereinten Nationen haben bei der WTO nicht nur einige privilegierte Nationen ein Vetorecht, sondern alle Mitgliedsländer. Die ärmeren Natio-nen haben dieses jedoch lange nicht genutzt oder nicht nutzen können[30], denn während der 90er Jahre entstanden WTO-Ver-einbarungen vielfach durch geschickte Lobbyarbeit von Global

Playern. Kleinere und schwächere Nationen wurden dabei regelrecht ausgetrickst, auch deshalb, weil ihnen die intellektuellen Kapazitäten fehlten, um ihre eigene Position in das juristische Tauziehen angemessen einbringen zu können. Tatsächlich wurden die Vertreter armer Länder teilweise sogar davon abgehalten, an den entscheidenden Sitzungen auch nur teilzunehmen. Der Bann wurde endgültig gebrochen, als beim WTO-Treffen in Cancún 2003 Brasilien im Verbund mit einigen anderen Ländern des Südens von seinem Vetorecht gegen weitere einseitige Liberalisierungsvorschläge Gebrauch machte. Ausgerechnet die vielfach kritisierte WTO hat damit das Potenzial, bei entsprechendem Konsens in einem Prozess des Gebens und Nehmens Standards für eine Ökosoziale Marktwirtschaft zu formulieren, miteinander zu verschränken und global durchzusetzen.

Sinnvoll wäre es zum Beispiel, innerhalb der WTO zu vereinbaren, dass globaler Handel zwischen Mitgliedsstaaten künftig mit einer Terra-Abgabe versehen wird. Diese sollte zweckgebunden zur Finanzierung von Investitionen für Entwicklung, für eine bessere Balance zwischen den Kulturen und für die Förderung von Umwelt- oder Nachhaltigkeitszielen erhoben werden, was mit den Millenniumsentwicklungszielen vereinbar wäre. Der Ansatz macht auch aus Sicht der Wirtschaft Sinn, und viele Unternehmen und einige Wirtschaftsverbände haben sich bereits in diesem Sinne geäußert. Als besonders vorbildlich erwähnt sei an dieser Stelle der Bundesverband für Wirtschaftsförderung und Außenwirtschaft (BWA), zu dessen programmatischen Eckpfeilern eine weltweite Ökosoziale Marktwirtschaft und ein Global Marshall Plan gehören. Gezielte Investitionsprogramme in wichtigen Infrastrukturbereichen wie Energie, Telekommunikation oder Wasserversorgung finden sehr viel Zuspruch. Auch hier wäre eine Terra-Abgabe sinnvoll.

Allein im Bereich internationale Telekommunikation könnte eine Abgabe von 0,5 Prozent 4,5 Milliarden US-Dollar pro Jahr generieren. Diese Mittel könnten zielgenau für ein Programm zur Überwindung der bisher noch weiter fortschreitenden digitalen Spaltung zwischen Industrie- und Entwicklungsländern verwendet werden. Der Anteil einer Welthandelsabgabe, der auf den Austausch von Energieträgern entfallen würde – mehr als drei Milliarden US-Dollar –, könnte etwa zum Aufbau weltweiter Energiesysteme und insbesondere zur Förderung alternativer Energien dienen. Im Agrarbereich ginge es um 2,9 Milliarden US-Dollar, die auf der Südhälfte des Globus dringend für den Ausbau der Landwirtschaft gebraucht werden. Eine Terra-Abgabe würde schließlich auch auf Militärausgaben erhoben. Dabei kämen Mittel in Höhe von etwa 180 Millionen US-Dollar zusammen. Das Geld könnte weltweit für den Wiederaufbau nach kriegerischen Handlungen, für die Unterstützung von Kriegswaisen und Minenopfern, die Beseitigung von Minen und für die Friedensforschung eingesetzt werden.

Gut denkbar, dass die Mitgliedsstaaten der WTO beschließen, die Mittel nur an solche Staaten zu vergeben, die Umwelt- und Sozialstandards schrittweise einführen, Kinderarbeit verbieten oder den Raubbau von Ressourcen zurückfahren. Auch hier sollte wieder das Prinzip »Kofinanzierung gegen Standards« verfolgt werden. Eine WTO, die sich forciert den vorgeschlagenen Aufgaben zuwenden würde, müsste allerdings personell erheblich verstärkt werden.[31]

Eine andere WTO ist möglich, allerdings nur im Rahmen eines Grand Design besserer Ordnungsbedingungen der Weltwirtschaft. Dazu gehören Reformen und eine Verknüpfung bestehender internationaler Regelwerke und Institutionen für Wirtschaft, Umwelt, Soziales und Kultur, also ein übergreifendes Design zur Verwirklichung der globalen Regelungen, auf die sich die Staaten dieser Welt verständigt haben. Natürlich würden diese Reformen nicht mit einem Schlag eingeführt werden können, sondern nur schrittweise. Von der heutigen WTO bliebe vor allem die Organisationsstruktur, insbesondere eine Gerichtsbarkeit mit Sanktionsmöglichkeiten. Gänzlich neue Institutionen für eine bessere Globalisierung im Sinne eines alternativen Vorgehens zu schaffen wäre eine Herkulesaufgabe, die in absehbarer Zeit nach allen historischen Erfahrungen gar nicht geleistet werden kann.

Man stelle sich einen Staat vor, dessen Wirtschafts- und Umweltministerium, Ministerium für Arbeit und Soziales sowie weitere Ministerien ihre eigenen Gesetze und Verordnungen so erlassen würden, dass sie untereinander nicht abgestimmt sind oder sich teilweise widersprechen. Das Ergebnis wäre ein großes Durcheinander, und in Schlüsselfragen würden ihre Regelwerke sogar kollidieren. Nur zwei von ihnen, nämlich das Wirtschafts- und das Finanzministerium, wären mit einer Gerichtsbarkeit und den entsprechenden Sanktionsmöglichkeiten ausgestattet – hier wäre die Macht konzentriert. Alle anderen Ministerien wären auf den *good will* der Bürger und Firmen angewiesen, damit sie sich regelkonform verhalten. Dieses Bild mag etwas absurd klingen, aber so ähnlich sind die Institutionen heutzutage auf globaler Ebene organisiert!

Der neue Gravitationspunkt der globalen Institutionen ist ein Weltvertrag, der die Vereinten Nationen (UN), die Welthandelsorganisation (WTO) und den Internationalen Währungsfonds (IWF) sowie die Weltbank (WB) stärker aneinander bindet und koordiniert. Darin wäre der zentrale Mechanismus »Kofinanzierung gegen Standards« zu verankern. Wie dies in geeigneter Weise geschehen kann, wer daran beteiligt und dafür

verantwortlich ist, wie die Mittel erhoben und verteilt werden –
all diese Fragen sind Gegenstand des Weltvertrags, der von der
Global Marshall Plan Initiative gefordert wird, die dafür entsprechende Empfehlungen erarbeitet hat.

Ziel 5: Selbstgesteuerte Entwicklung ermöglichen

Dies ist vielleicht der schwierigste Teil des Konzepts für eine
Welt in Balance. Beim Global Marshall Plan geht es nicht allein
um die Frage, woher das Geld kommt. Eine genauso große Herausforderung ist es, die finanziellen Mittel in der richtigen Art
und Weise einzusetzen.[32] Dabei geht es um eine faire, partnerschaftliche Zusammenarbeit zwischen Nord und Süd sowie um
eine adäquate Art und Weise, die Mittel zu verwenden. Das gilt
ebenso für groß angelegte Infrastrukturprojekte wie die Wasserversorgung in Megacities, wie für basisorientierte Entwicklung,
etwa in Form von Mikrokrediten, wodurch eine Vielzahl kleiner
Unternehmen entsteht. Das Ziel ist dabei stets, selbstbestimmte
Entwicklung zu ermöglichen.[33]

Der Global Marshall Plan wird dabei für einen geschundenen Kontinent wie Afrika anders konzipiert sein müssen als für
ein Schwellenland wie China oder Indien. In Afrika besteht die
Herausforderung darin, schwere Not, Hunger oder Krankheiten
unter den Bedingungen teilweise unzureichender staatlicher
Strukturen zu lindern und zu überwinden.

»Hilfe zur Selbsthilfe«, *self-reliance* und *empowerment* sind
wichtige Orientierungspunkte in diesem Prozess. Nach dem
Verständnis der Weltbank liegt die Armutsgrenze heute bei
einem US-Dollar pro Tag, bis 2015 soll ein Teil dieser Armut
überwunden werden. Die Initiatoren des Global Marshall Plan

wollen aber mittelfristig viel mehr erreichen. Die Armutsgrenze soll als Minimum auf vier bis fünf US-Dollar pro Tag heraufgesetzt werden, um graduell der Logik der europäischen Armutsdefinition, extrapoliert auf den Globus, näherzukommen. Das langfristige Ziel heißt: *Make poverty history!* Eine Überwindung der Armut ist möglich, so wie die Menschheit in einem anderen Jahrhundert auch die Sklaverei überwunden hat! Darüber hinaus sind strukturelle Benachteiligungen zu entschärfen und zu beseitigen. Positiv formuliert geht es um faire Entwicklungspotenziale und Zugangsmöglichkeiten.

Ein erster Schritt besteht darin, aus Erfolgen zu lernen. Die Global Marshall Plan Initiative arbeitet eng mit dem Friedensnobelpreisträger Muhammad Yunus zusammen, dem Erfinder der Kleinkreditbewegung. Die Bereitstellung kleiner Kredite für die Ärmsten hat sich als das wirkungsvollste Entwicklungsinstrument überhaupt erwiesen.[34] Vielleicht wäre die Verleihung des Nobelpreises für Wirtschaftswissenschaften an Muhammad Yunus noch passender gewesen. Weil er nämlich die Bedeutung von Details in der Frage des ökonomischen Designs deutlich gemacht hat, die von der klassischen Ökonomie gerne völlig ausgeblendet werden. Seine Idee wird inzwischen weltweit kopiert und hat bis heute einige hundert Millionen Menschen aus der Armutsfalle befreit.

Der zweite Schritt auf diesem Weg heißt, aus den Fehlern der Vergangenheit zu lernen. Sehen wir uns einmal Mosambik an[35], eines der ärmsten Länder der Welt: Im Jahr 2003 gab es dort 562 Projekte der Entwicklungshilfezusammenarbeit, 381 davon getragen von Mitgliedsstaaten der Europäischen Union. Der Minister für Soziales in Mosambik hat viel zu tun, wenn er sich mit den Projektleitern aus Schweden, Deutschland und Österreich auseinandersetzen muss, der bürokratische Aufwand ist enorm. Was könnte man dagegen alles bewirken, wenn die Projekte besser koordiniert wären!

Für Schwellenländer wie China oder Indien bedeutet ein Global Marshall Plan vor allem faire Entwicklungschancen. China wird vom Westen oft als Problem oder sogar als Paria dargestellt. So gesehen ist es ein Land, das mit seinem explosiven Wachstum nicht nur Arbeitsplätze aus den reichen Ländern abzieht und durch enorme Währungsreserven das Weltfinanzsystem potenziell destabilisieren könnte, sondern auch eines, das durch enormen Ressourcenverbrauch die globale Umweltsituation gefährdet und die Preise für Rohstoffe in die Höhe treibt. Hinzu kommt, dass China weiter aufrüstet und in großem Umfang Waffensysteme in Russland kauft.

Wenn man eine weltethische Position einnimmt, bei der jedem Menschen dasselbe Recht, etwa bei der Nutzung von Ressourcen, zugestanden wird, ergibt sich ein völlig anderes Bild. Danach hat der Westen lange Zeit einen *windfall profit* nur deswegen für sich nutzen können, weil die anderen arm waren. Jetzt, wo sie reicher werden und Ähnliches tun wie wir, entsteht ein Problem. Nun muss sich China, so gut es geht, gegen den Zugriff des Westens wappnen, und es wird verständlich, warum es – zulasten seiner Menschen und seiner Natur – ein aggressives Programm zur Steigerung der Industrieproduktion fährt.

Das US-Militärbudget ist um den Faktor 10 größer als das chinesische[36], obwohl China mehr als die vierfache Zahl an Menschen umfasst. China ist immer noch ein armes Land, in dem 900 Millionen Menschen als Bauern auf dem Land leben. Es ist eine gewaltige Aufgabe, dieses Land in eine moderne Ökonomie zu überführen und die größte Armut zu überwinden.

Die kommunistische Grundorientierung und die daraus folgende Entwicklungspolitik weisen in die richtige Richtung.

Insofern gibt es keinen ernsthaften Grund, warum es nicht gelingen sollte, China für die Idee eines Global Marshall Plan zu gewinnen. Wenn die ökologischen Standards, unter anderem bei den Kohlendioxidemissionen, durch einen fairen Kyoto-Plus-Vertrag Teil der Weltökonomie würden, könnte China immer noch davon profitieren, während Japan, Europa und noch mehr die USA zu Recht in erheblichem Umfang finanziell belastet würden. Auch die Standards, die derzeit im Raum stehen, sei es bei der ILO oder bei der Biodiversitätsverordnung, liegen schon lange auf chinesischer und übrigens auch auf der indischen Linie.

In einer dem Global Marshall Plan folgenden Welt könnte China als Land mit seinen zukünftig 1,5 Milliarden Menschen reich werden, vielleicht sogar zur stärksten Ökonomie der Welt aufsteigen; Indien könnte die Nummer zwei werden, möglicherweise zieht es sogar mit China gleich. Ähnlich leistungsfähig wie eine dieser großen Ökonomien könnte Europa, zusammen mit Russland und den früheren Staaten der Sowjetunion sowie mit der Türkei, werden. Die USA würden ökonomisch wegen der vergleichsweise kleinen Bevölkerung bestenfalls noch halb so stark sein wie einer der genannten drei Blöcke – es sei denn, sie öffnen die Grenze nach Mexiko. Verglichen mit der sich verschärfenden Konkurrenzsituation gegenüber den USA heute ist eine solche multipolare Welt für China sicher eine angenehme Perspektive.

Weil das indische Bruttoinlandsprodukt heute nur halb so groß ist wie das chinesische, wäre ein Global Marshall Plan für Indien noch viel sinnvoller als für China. Aus Sicht der ärmeren Länder ist der Global Marshall Plan ohnehin ein Gewinn. Insgesamt ist damit zu rechnen, dass die genannten Länder ein Abkommen wie den Global Marshall Plan heute akzeptieren würden. Wie lange das noch gilt, ist eine andere Frage – auch deshalb sollte man voranschreiten.

Ein Thema, das in der Entwicklungshilfezusammenarbeit jahrzehntelang nicht nur geduldet, sondern strikt tabuisiert wurde, ist die Korruption.[37] Aus Sicht der industrialisierten Länder galt sie als unappetitlich, aber unvermeidbar, wenn es darum ging, Aufträge an Land zu ziehen. Das betraf sowohl die Entwicklungszusammenarbeit als auch die Wirtschaft generell. Jedes Geber- und jedes Nehmerland argumentierte, wenn es etwas gegen Korruption unternähme, würde es in der Konkurrenz gegenüber anderen Ländern ins Hintertreffen geraten. Der Grundsatz der Nichteinmischung war bei Lichte besehen nichts anderes als ein Förderprogramm für kriminelle Machenschaften auf internationalem Feld.

Erst als die Nichtregierungsorganisation Transparency International[38] begann, Listen mit Firmen, die der Korruption überführt worden waren, ins Internet zu stellen, setzte ein Umdenken ein, und es dämmerte, dass Korruption immensen Schaden anrichtet. Die Definition von Transparency International lautet: »Korruption ist der Missbrauch von Macht zum privaten Nutzen.«

Wo korrupte Strukturen vorliegen – sollte man dort besser nicht helfen? Nein, es gilt dann, besonders klug vorzugehen, also sicherzustellen, dass zumindest substanzielle Teile des Geldes die Richtigen erreichen. Das ist durchaus möglich. Zugleich gilt es, auch bei uns über Korruption nachzudenken und darüber, wer genau im Norden Interesse an Korruption im Süden hat.

Wenn man die Welt aus Sicht der Eliten ärmerer Länder betrachtet, dann möchten diese, was durchaus nachvollziehbar ist, so leben wie gut betuchte Menschen in der reichen Welt. Denn sie sind ja die »Eliten«. Sie wollen für ihre Kinder entsprechende

Schulen und Entwicklungsperspektiven, im Krankheitsfall leistungsfähige Krankenhäuser und für die ganze Familie auch die Möglichkeit, überallhin in Urlaub fahren zu können. Und wenn sie auf Staatsbesuch sind, wollen sie *first class* fliegen, mit Tross und in repräsentativen Hotels wohnen, nicht anders als die Eliten der reichen Welt. Sollte ihnen das nicht geboten werden, haben sie stets die Möglichkeit auszuwandern. Eliten haben Alternativen, ob Green Cards, Verbindungen oder Ressourcen.

Nun tritt ein praktisches Problem auf. Ein armes Land kann die von seinen Eliten beanspruchten finanziellen Mittel unter relativ ausgeglichenen Verteilungsbedingungen, wie sie für reiche Länder typisch sind, nicht aufbringen. Wenn also entsprechende Volumina bereitgestellt werden, führt das mathematisch unvermeidbar zu einer enormen Ungleichheit innerhalb dieser Gesellschaften, was wiederum ihre Entwicklung blockiert.

Wie bekommen Eliten ihr Geld? Entweder offen über Machtstrukturen, wie in Brasilien, oder eher verdeckt über *relationship management* und Korruption, wie zum Beispiel in vielen Ländern Afrikas und Asiens. Besonders einfach geht es, wenn ein Land über Rohstoffe oder andere Reichtümer verfügt. Dann werden alle involvierten ausländischen Firmen verpflichtet, einen Verantwortlichen des Landes in ihre Führungsstrukturen zu integrieren, etwa in der Geschäftsführung oder im Aufsichtsrat. Oder die Firma muss ohnehin zu mehr als 50 Prozent im Besitz von Eigentümern aus dem jeweiligen Land sein, dann fließt das Geld fast von selbst. Dadurch wird wiederum die hohe Ungleichheit gefördert, und die entsprechenden öffentlichen Einnahmen für Ausbildung und Infrastruktur fehlen in der Breite.

Will man diesen Zustand überwinden, braucht man entweder eine streng asketische Führung, oder man muss über Kofinanzierung aus der reichen Welt eine vernünftige Ausstattung der Eliten vor Ort gewährleisten, die nicht zulasten der Lebenssituation der dortigen Bevölkerung geht. Das ist nicht viel anders, als wenn man in Deutschland über Länderfinanzausgleich und Gemeindefinanzierung dafür sorgt, dass auch weit draußen in der Peripherie Lehrer angemessen bezahlt werden.

Wollte man *bad governance* und damit Korruption verhindern, muss Geld aus dem Zentrum eines Systems fließen, auch zu den Eliten in den ärmeren Regionen. Über eine geeignete Form der Kofinanzierung könnte das Problem überwunden und ein ökologisch vertretbarer Wachstumsprozess in Gang gesetzt werden, was derzeit freilich nicht geschieht. Vielleicht auch, weil das von den entscheidenden Machtpromotoren in Nord und Süd gar nicht gewollt wird.

Das Problem besteht darin, dass viele Eliten im Norden gut daran verdienen, wenn sie mit den Eliten des Südens ihre *deals* zulasten der dortigen Bevölkerung machen. So kommen vor allem die reichen Länder billig an Ressourcen, die sie benötigen. Aus diesem Grunde wollen einige erfolgreiche Akteure im Norden auch nicht, dass die üblen Eliten des Südens verschwinden, was sie aber öffentlich nie so deutlich sagen würden. Indem sie korrupte Eliten, mit denen sie eng zusammenarbeiten, als Begründung dafür vorschieben, dass man ein Land nicht mit Entwicklungshilfe unterstützen soll, sorgen sie dafür, dass genau diese Eliten an der Macht bleiben und die *deals* weiterlaufen.

Der Global Marshall Plan hält dagegen, dass man trotz korrupter Eliten helfen muss. Praktisch kann man sehr wohl dafür sorgen, dass ein Großteil der Hilfe, insbesondere im Ausbildungssektor, ankommt. Damit verändern sich die Bedingungen, Wissen wird auf mehr Köpfe verteilt, die sich anschließend vielleicht gegen ihre Eliten organisieren können. Die schiefe

Bahn zeigt dann nicht mehr nach unten, sondern nach oben. So haben die Länder im Süden mittelfristig eine Chance, sich ihrer korrupten Eliten zu entledigen oder diese in ihrem Charakter grundlegend zu verändern.

Der Global Marshall Plan bildet einen Ansatz, den weltweiten Nöten in systemischer Art und Weise zu begegnen. Er ist vielfach modifizierbar und gibt damit der Politik Raum für Aushandelprozesse. Zugleich ist er spezialisierbar. Aus direkter Betroffenheit, aus historischer Verantwortung und wegen der prinzipiellen Möglichkeiten und Interessenabsicherung besteht ein hohes Potenzial für einen allein von Europa getragenen »Marshall Plan für Afrika«, für den sich seit langem auch der deutsche Bundespräsident Horst Köhler einsetzt. Ein konkreter Vorschlag dieses Typs, der auf Peter Hesse, Estelle L. A. Herlyn und Franz Josef Radermacher zurückgeht und interessante Gestaltungselemente umfasst, liegt vor.[39]

Insgesamt wird deutlich: Der Global Marshall Plan ist so aufgebaut, dass die industrialisierten Länder im Norden ihre Zukunft während der kommenden Jahre sichern und ausbauen können. Gleichzeitig eröffnen sich sehr individuelle Entwicklungspfade für die ärmeren und die Schwellenländer. Die Elemente des Global Marshall Plan sind dabei nicht neu. Sie finden sich in vielen anderen Initiativen und Plattformen. Neu ist nur die Verknüpfung verschiedener Elemente in einem aus spieltheoretischer Sicht systemisch durchdachten Design. Dieses ist geeignet, die Gefangenendilemma-Situationen, wie sie auf vielen Politikfeldern Realität sind, aufzulösen und einen konstruktiven Kurs für die überwiegende Mehrheit der Menschen einzuschlagen – eine Win-win-Lösung für den Globus als Ganzen. Der Global Marshall Plan belastet dabei die Bürger der entwickelten Länder und ihre Staatshaushalte nur in einem eng begrenzten Umfang. Gemessen an den Chancen, die sich dabei auftun, ist die anstehende Investition in die Zukunft überschaubar und lohnend. Drohende weltweite Eskalationen können so vermieden werden.

Epilog

Ökosozial statt marktradikal. Wettbewerb sorgt für eine hohe Effizienz der wirtschaftlichen Prozesse. Aber um welche Ziele geht es dabei eigentlich? Entscheidend sind die Rahmenbedingungen, unter denen der Wettbewerb stattfindet, sie bestimmen, welche Ziele die Wirtschaft verwirklicht. Bei falschen Rahmenbedingungen optimiert der Markt genauso effizient das Falsche wie unter richtigen Bedingungen das Richtige. Die Folgen der heutigen marktradikalen Wirtschaftsstrukturen sind, dass große Teile der Bevölkerung im Norden eine Verschlechterung ihrer wirtschaftlichen Lage erleben, während im Süden der soziale Graben noch tiefer wird. Parallel hierzu verschärft sich der Konflikt innerhalb und zwischen den Kulturen. Die ökologischen Systeme des Globus geraten immer mehr unter Stress, bis sie im schlimmsten Fall sogar kollabieren. Die Ökosoziale Marktwirtschaft hält dagegen: Nur gesellschaftlich ausgeglichene Länder sind reiche Länder, nur sie verfügen über eine exzellente und breit ausgebildete Bevölkerung, und die ökologischen Leitplanken sind fester Bestandteil ihrer Ökonomie. In diesem Sinne gilt es, die Märkte zu organisieren, der Wettbewerb als Suchmechanismus sorgt dann für die besten Lösungen. Auf Dauer bringt die Ökosoziale Marktwirtschaft sogar das höhere Wachstum. Jetzt gilt es, sie weltweit zu etablieren, sonst ist sie in Zukunft auch national nicht mehr zu halten. Ein Zwischenschritt auf dem Weg zu einer weltweiten Ökosozialen Marktwirtschaft ist der Global Marshall Plan.

Eine bessere Globalisierung ist möglich. Die Globalisierung wird angetrieben durch technische Innovationen, vor allem aus den Bereichen Information und Kommunikation sowie Verkehrstechnik und Logistik und damit korrespondierenden Liberalisierungen der Ökonomie. Hinzu kommen die immer problematischeren Regulierungen im Bereich des Weltfinanzsystems, wie etwa bei Basel II, den aktuellen Vorschriften zu Kreditvergaben von Banken in Abhängigkeit von einer Bonitätseinschätzung der Kreditnehmer. Das Geldsystem ist in seinen Wirkungen schon lange nicht mehr so neutral, wie von der ökonomischen Standardtheorie immer behauptet wird, sondern wird immer mehr zu einem beherrschenden Faktor. Dies ist an sich schon problematisch, wird aber in seiner Brisanz dadurch verschärft, dass sich das Weltfinanzsystem mittlerweile fast völlig einer wirkungsvollen staatlichen Regulierung entzieht und zudem eine Inflationierung der Geldmenge in Gang gesetzt hat. Dies bezieht sich zunächst auf die Märkte für Eigentum (Asset-Märkte), bedroht aber langfristig auch die »normale« Ökonomie, die ihren Ausdruck in der »normalen« Inflationsrate findet. Die Globalisierung lässt sich nicht aufhalten, aber man kann und muss sie aktiv gestalten. Heute läuft sie in eine falsche Richtung und ist in ihren Auswirkungen extrem asymmetrisch, weil sie sehr viele Verlierer hervorbringt und große Zukunftsrisiken erzeugt. Die Verhältnisse zwischen Arm und Reich sind unakzeptabel, die Beziehungen zwischen den verschiedenen Kulturen unausgewogen, Spannungen nehmen zu, Hass und Terror eskalieren. Gesteuert wird die Globalisierung vor allem durch das Regelwerk der Welthandelsorganisation (WTO) und die Mechanismen der Weltfinanzmärkte. Will man die Regeln verändern, muss man an den entscheidenden Stellschrauben drehen und zum Beispiel die WTO-Regelwerke um die Pflicht zur

Beachtung bestimmter sozialer, kultureller und ökologischer Standards erweitern. Wir haben nur diesen einen Planeten. Die Schicksalsfrage der Menschheit ist eine bessere Gestaltung der Globalisierung.

Technik ist eine Chance. Fortschrittliche Technik trägt dazu bei, mit weniger Naturverbrauch mehr Produkte und Dienstleistungen zu generieren. Dann gibt es potenziell mehr Wohlstand für alle. Das ist eine wichtige Voraussetzung für eine friedliche zukünftige Entwicklung auf dem Globus. Der Bumerangeffekt aber macht die Dinge kompliziert: Immer effizientere Technik beansprucht unter ungenügenden Rahmenbedingungen in der Summe immer mehr Ressourcen, weil der Verbrauch immer noch schneller wächst, als die Technik die Umweltbelastungen pro Einheit senkt. Auch deshalb ist die rechtlich bindende, weltweite Begrenzung des Naturverbrauchs eine ökologische Notwendigkeit. Ökologische Grenzen müssen über Regulierung und Preise und damit über Governance-Strukturen fest in den Rahmen der Weltökonomie verankert werden. Entscheidend ist nicht allein oder in erster Linie der technische Fortschritt, sondern wie und in welchem Rahmen er genutzt wird.

Für ein Ökosoziales Weltwirtschaftswunder. Die Menschheit muss ihr Biotop, die Erde, in Ordnung halten, zusätzlich muss der Norden dem Süden die Chance geben aufzuholen; das erfordert in der reichen Welt eine doppelte Zurückhaltung, nämlich zugunsten der Umwelt und zugunsten des Südens. Alles andere führt zur Zerstörung der Umwelt und/oder zu noch mehr Armut, Ungerechtigkeit, Brasilianisierung und eventuell Terror. Wenn man allerdings intelligent mit Grenzen des ökologisch Möglichen umgeht, wird ein neuer Aufbruch möglich. Effiziente Technik erlaubt über 50 bis 100 Jahre hinweg eine Verzehnfachung des Weltbruttosozialprodukts in einer mit dem Schutz der Umwelt verträglichen Art und Weise. Bedingung ist, dass die Umweltanliegen vernünftig in den Preisstrukturen des Weltmarkts zum Tragen kommen. Dann gibt es Raum für Entwicklung. Reiche Länder können so weiterhin jährliche reale Wachstumsraten von vielleicht 1,5 bis zwei Prozent pro Kopf erreichen, ärmere Länder, je nach Entwicklungsstand, um sechs bis sieben Prozent. Die soziale Balance zwischen Nord und Süd verbessert sich dabei um ein Vielfaches, während beide Seiten reicher werden und sich dieser Reichtum immer stärker dematerialisiert. Dazu braucht es veränderte Lebensstile: weg vom Ressourcenverbrauch, hin zu einer stärkeren Nutzung von Kreativität und Services. Der Schlüssel zu dieser Entwicklung liegt in einer ehrlichen Preisstruktur der Weltökonomie und einer intelligenten Kofinanzierung des Südens durch den Norden. In diesem Zusammenhang gilt es auch, vernünftig regulierte gemeinsame Märkte zu entwickeln sowie den Verbrauch bestimmter Ressourcen und die Erzeugung kritischer Umweltbelastungen wirksam zu begrenzen. Das funktioniert jedoch nur, wenn der Süden seinerseits weltweit bindende Regeln akzeptiert, um das Beste in sozialen wie in Umweltfragen zu erreichen. Dies wiederum setzt die Bereitschaft der reichen Welt zur Kofinanzierung voraus, da der Süden einen wichtigen Wettbewerbsvorteil aufgeben soll, nämlich die Möglichkeit der Unterlaufung der Standards der reichen Welt. Gelingt hier ein Übereinkommen, hat die Menschheit eine neue Perspektive. Ein langer Boom zum Wohle aller wäre das Ergebnis.

Zukunft braucht Werte. Erstens ist es notwendig, die Umwelt für kommende Generationen intakt zu halten, zweitens die

Würde jedes einzelnen Menschen zu achten. Das sind die beiden zentralen weltethischen Prinzipien. Die großen Weltreligionen stimmen darin ebenso überein wie die interkulturelle philosophische Bewegung. Dem Projekt Weltethos ist es gelungen, in diesem Sinne eine übergeordnete globale Werte-Plattform zu bilden. Religiöse und nichtreligiöse Menschen gleichermaßen können sich darauf verständigen. Die Welt ist sich – auf der Ebene der Worte – in den wesentlichen Zielen durchaus einig und weiß, was sie will. Allerdings klaffen Worte und Taten beziehungsweise Worte und Systembedingungen derzeit weit auseinander.

Aufklärung in Zeiten der Globalisierung. Wenn sich das Falsche rechnet, man aber das Richtige tut, ist man der »Dumme«. Ökonomisch betrachtet ist man der Verlierer und scheitert. Infolge der Globalisierung gibt es heute nur noch einen einzigen Weltmarkt. Das macht es europäischen Ländern, aber auch Japan und Kanada so schwer. Sozialer Ausgleich, der Schutz der Umwelt und die Förderung kultureller Vielfalt sind feste Bestandteile ihrer Tradition und sind sinnvoll, aber die Globalisierung nimmt darauf wenig Rücksicht. Die Doppelstrategie bietet eine systemisch angemessene und aufgeklärte Reaktion: zur Not auch das Falsche tun, weil es sich rechnet, um zu überleben; zugleich aber deutlich und immer wieder sagen, dass es falsch ist, und sich offensiv für eine richtige Gesamtlösung einsetzen. Innerhalb derer kommt dann nämlich das Richtige zum Zuge. Dann rechnet es sich auch für niemanden mehr, das Falsche zu tun, zum Beispiel die Umwelt zu plündern oder das eigene Vermögen zulasten der Lebensbedingungen und der Würde der Ärmsten exzessiv weiter zu vergrößern.

Der Global Marshall Plan ist ein Investitionsprogramm für die Welt als Ganzes: also für Entwicklungsländer ebenso wie für Schwellenländer und industrialisierte Staaten. Es geht um Bildung für alle, medizinische Versorgung, Ausbau von Infrastrukturen, Investitionen in Governance – gemäß den von 189 Staaten vereinbarten Millenniumsentwicklungszielen der Vereinten Nationen und darüber hinaus. Insgesamt ein anschlussfähiges Konzept für eine Welt in Balance – mit benennbarem Finanzbudget, fairen Mechanismen, wie die Mittel aufzubringen wären (zum Beispiel eine Abgabe auf Weltfinanztransaktionen und eine Terra-Abgabe auf den Welthandel), sowie konkreten Vorstellungen, wie diese Volumina sinnvoll und effektiv eingesetzt werden sollen. Die Welt könnte viel reicher sein, als sie derzeit ist, und zwar in materieller wie in immaterieller Hinsicht. Entscheidend dafür sind adäquate globale Ordnungsbedingungen als Rahmen für weltweites Wirtschaften. Dazu ist eine Verknüpfung von heute noch separat gehandhabten Regelbereichen vonnöten: einerseits die Welt der Vereinten Nationen mit ihren sozialen, kulturellen und ökologischen Vereinbarungen in Bezug auf die allgemeinen Menschenrechte und der Schutz der Biosphäre, andererseits wirtschaftliche Regelwerke und die Ausgestaltung der Weltfinanzmärkte – etwa in der Welthandelsorganisation, beim Internationalen Währungsfonds, in der Weltbank und bei der Bank für Internationalen Zahlungsausgleich. All das ist in einem Grand Design globaler Institutionen zusammenzuführen und dabei in konsistenter und ausgewogener Weise abzustimmen. Eine schwierige Aufgabe. Aber die Welt braucht endlich einen vernünftigen Gesellschaftsvertrag für diesen Globus, einen Weltvertrag und damit die Basis für eine Weltinnenpolitik. Viel Zeit bleibt nicht mehr, um diesen wichtigen Schritt zu tun. Deshalb gilt es zu handeln, und zwar sofort!

Anmerkungen

Vorwort

1. Dieren van, Wouter: Mit der Natur rechnen. Basel 1995
2. Weizsäcker von, Ernst Ulrich, A. B. Lovins, L. H. Lovins: Faktor 4: doppelter Wohlstand, halbierter Naturverbrauch. München, 1995
3. Weizsäcker von, Ernst Ulrich, Oran R. Young und Matthias Finger (Hrsg.): Grenzen der Privatisierung. Wann ist des Guten zu viel? Bericht an den Club of Rome. Stuttgart 2006
4. Giarini, Orio und Patrick M. Liedtke: Wie wir arbeiten werden. Bericht an den Club of Rome. Hamburg 1998
5. Meadows, Dennis, Meadows Donella, Randers, Jorgen: The Limits to Growth: The 30-year Update, White River Junction, Vermont 2004
6. Kapitza, S. P.: Population Blow-up and after. Report to the Club of Rome and the Global Marshall Plan Initiative, Hamburg 2005
7. Eines der grundlegenden Werke von Eduard Pestel und Mike Mesarovic ist ihr Bericht an den Club of Rome »Mankind at the turning point«. New York 1974
8. Vgl. hierzu z. B. Mesarovic, M., R. Pestel, F. J. Radermacher: Which Future? Manuscript of the EU Project TERRA 2000, FAW, 2003
9. Vgl. hierzu das sehr interessante Buch von Lakoff, G.: Don't Think of an Elephant! Know Your Values and Frame the Debate. The Essential Guide for Progressives. White River Junction, Vermont, USA, 2004

Superorganismus Menschheit

1. Kapitza, Sergey P.: Global Population Blow-Up and After. The Demographic Revolution and Information Society. Report to the Club of Rome and the Global Marshall Plan Initiative. Global Marshall Plan Initiative, Hamburg 2006
2. Brown, Lester R.: Outgrowing the Earth. The Food Security Challenge in an Age of Falling Water Tables and Rising Temperatures. New York 2005. Die folgenden Zahlen stützen sich wesentlich auf dieses Werk.
3. Lozán, José L., Graßl, Hartmut u.a.: Warnsignal Wasser. Genügend Wasser für alle? 2005
4. Andere Quellen sehen den globalen Förderhöhepunkt für Erdöl deutlich vor 2010. The Association for the Study of Peak Oil and Gas. www.peakoil. net

5. Latif, Mojib, Wiegandt, Klaus (Hrsg.): Bringen wir das Klima aus dem Takt? Hintergründe und Prognosen. Frankfurt a. M. 2007

6. Meadows, Donella, Meadows, Denis, Randers, Jorgen: The Limits to Growth: The 30-Year Update. White River Junction 2004

7. Luhmann, Niklas: Soziologische Aufklärung. Bd. 3. Soziales System, Gesellschaft, Organisation, Wiesbaden 2005
Luhmann, Niklas: Die Gesellschaft der Gesellschaft. Frankfurt a. M. 1997

8. Kapitza, Sergey P.: Global Population Blow-Up and After. The Demographic Revolution and Information Society. Report to the Club of Rome and the Global Marshall Plan Initiative. Global Marshall Plan Initiative, Hamburg 2006.

9. Mehr zur mikrobiologischen Seite der Eroberung der Welt, speziell der Expansion der Europäer, findet sich in dem spannenden Text »Ecological Imperialism – The Biological Expansion of Europe, 900 – 1900« von Alfred W. Crosby, Cambridge 1986.

10. Neirynck, Jacques: Der göttliche Ingenieur. Die Evolution der Technik. Renningen-Malmsheim 1998. Das folgende Kapitel stützt sich wesentlich auf die Darstellung des genannten Buches.

11. Mittelstraß, Jürgen: Leonardo-Welt. Über Wissenschaft, Forschung und Verantwortung. Frankfurt a. M. 1992

12. Maturana, H. R., und F. J. Varela: Der Baum der Erkenntnis – Die biologischen Wurzeln des menschlichen Erkennens. Bern 1987

13. Radermacher, F. J.: Cognition in Systems. Cybernetics and Systems 27, No. 1, S. 1– 41, 1996

14. Braitenberg, V., und F. J. Radermacher (Hrsg.): Interdisciplinary Approaches to a New Understanding of Cognition and Consciousness. FAW/n Ulm 2007

15. Schlegel, Ernst: Zur Zivilisationsgeschichte. Ein Grundmodell der Gesellschaftsentwicklung. Dokumentation, Arbeitskreis Informationsgesellschaft der Humboldt-Universität zu Berlin, 1997, und Schlegel, E., Transformationsforschung und Selbsttransformation der Wissenschaften – Versuch, sich einer allgemeinen Theorie der Eigenschaften und Verhaltensweisen sozialer Systeme zu nähern. BISS public 20, S. 105–118, Berlin 1996
Ernst Schlegel sieht die Historie des technischen Fortschritts als eine Abfolge, die durch Begriffe wie Gestalttransformation, Stofftransformation, Energietransformation und Informationstransformation gekennzeichnet werden kann. Bezüglich der Informationstransformation liegen entscheidende Herausforderungen noch vor uns. In den Worten Schlegels formiert sich ein vierschichtiges System »Zivilisationsgesellschaft«, das in seiner Grundstruktur dem in Jahrmilliarden entstandenen »Öko-System« Biosphäre ähnelt. Heute sind wir (noch immer etwas sehschwache) Zeu-

gen eines Evolutionsprozesses, in dem ein bisher nicht ausreichend mo-
delliertes technikgestütztes Informationsverarbeitungssystem als speziel-
le Produktionssphäre der menschlichen Gesellschaft entsteht, das einmal
die systemgerechte Entwicklung einer optimal proportionierten Spezies
Homo sapiens vollenden kann. Diese Transitionsphase von einer ener-
giezeitlich dominierten in eine zukünftige Informationsgesellschaft ist
äußerst problemreich und erreicht die erforderliche Dynamik nicht durch
quasichaotische Spontaneität und »Selbstregulierung«. Sie erfordert
einen Grad kollektiver Bewusstheit, der bisher leider nicht erreicht ist.

Das Integrationspotenzial, das nötig wäre, um an die Stelle schwer inte-
grierbarer individueller Gedanken- und Sprachspiele eine technikge-
stützte kollektive Informationsverarbeitung zu setzen, mit der die nötigen
diagnostisch-prognostischen Informationsmodelle für individuelle und
kollektive Verhaltensentscheidungen produziert werden können, ist noch
nicht herangereift. Es ist noch viel zu tun, um die zukünftigen internen
Reaktionsmöglichkeiten und -geschwindigkeiten des in manchen Merk-
malen defizitären Systems Menschheit dramatisch zu verbessern.

16. Laszlo, Ervin: Zu Hause im Universum – Die neue Vision der Wirklichkeit, Berlin 2005

Der Mythos vom freien Markt

1. Diamond, Jared: Kollaps. Warum Gesellschaften überleben oder untergehen. Frankfurt a. M. 2005
2. Wackernagel, Mathis, Rees, William: Unser ökologischer Fußabdruck.
Wie der Mensch Einfluß auf die Umwelt nimmt. Basel 1997, www.
footprintnetwork.org
3. Diamond, Jared: Kollaps. Warum Gesellschaften überleben oder untergehen. Frankfurt a. M. 2005, S. 605
4. Behrens, Arno, Giljum, Stefan: Erste Zeichen einer Entkoppelung, in:
Ökologisches Wirtschaften 1/2005
5. Intergovernmental Panel on Climate Change (IPCC): Climate Change
2007: The Physical Science Basis. Genf 2007, http://ipcc-wg1.ucar.edu/
wg1/docs/WG1AR4_SPM_PlenaryApproved.pdf
6. Schumann, H.: Festival der Heuchelei. Der Spiegel 21, 1992, S. 224–246,
Radermacher, F. J.: Balance oder Zerstörung: Ökosoziale Marktwirtschaft
als Schlüssel zu einer weltweiten nachhaltigen Entwicklung. Ökosoziales
Forum Europa (Hrsg.), Wien, August 2002
Wicke, L., Spiegel, P., Wicke-Thüs, I.: Kyoto Plus, München, August 2006
7. Baden-Württemberg, Umweltministerium: Klimaschutz 2010 – Konzept
für Baden-Württemberg. Stuttgart 2006
8. Deutscher Bundestag, Entschließung 16/3293 zur grundlegenden Über-
prüfung und Weiterentwicklung des Kyoto-Protokolls, 9. 11. 2006

9. Ergebnisse der Tagung des Europäischen Rats am 22./23. März 2005 Quelle: Schlussfolgerungen des Vorsitzes. Dokument Nr. 7619/05 http://ue.eu.int/ueDocs/cms_Data/docs/pressData/de/ec/84347.pdf

10. Ein Anliegen beim Einfrieren auf die Bevölkerungssituation im Jahr 2000 ist es, dass Bevölkerungswachstum in einem Land nicht durch wachsende Kohlendioxid-Emissionsrechte belohnt werden soll. Aber ist das gerecht? Kann ein Kind dafür, wenn es in einem vergleichsweise armen Land geboren wird, in dem die Wachstumsrate der Bevölkerung üblicherweise hoch ist? Zudem gilt es, den demographischen Effekt, wie er jetzt in Deutschland beobachtet werden kann, zu bedenken. Setzt erst einmal ein Schrumpfungsprozess ein, bleibt er zunächst auch wirksam, selbst wenn die Reproduktionsrate anschließend wieder steigt. Andererseits wächst die Bevölkerung eines armen Landes noch lange weiter, auch wenn die Reproduktionsrate deutlich sinkt, wie seit Jahren in China zu beobachten. Eine Fixierung auf die Bevölkerungszahl von 2000 bedeutet konkret, dass man im Jahr 2050 Menschen reicher Länder im Schnitt mehr als 50 Prozent mehr an Emissionsrechten zuteilen wird als Menschen in sich entwickelnden Ländern – das ist weltethisch kaum vertretbar.

11. Die Idee der Bestimmung eines weltweiten Gleichgewichtspreises für knappe Güter als Basisgröße für pro Kopf gleiche Rechtezuteilung (als Geldwert) ist unter anderem motiviert über die Idee einer gerechten Zuteilung von Ressourcen/Gemeingütern (zum Beispiel Boden, Luft, Wasser, Öl etc.) über gleiche Zugriffsrechte aller Menschen und globale Auktionssysteme, teilweise auch aus großem Misstrauen gegenüber staatlicher Politik. Übersehen wird dabei aber Folgendes: Wählt man bei der Preisfestsetzung für Zertifikate einen klassischen Gleichgewichtsprozess aus Angebot und Nachfrage, kann es passieren, dass ärmere Länder sich mit diesem Verfahren schlechter stellen als ohne *Cap and Trade*-Verfahren. Denn die reiche Welt erhält so den Großteil der Volumina vergleichsweise preiswert, während die technisch sehr viel weniger effizienten Industrien ärmerer Länder (die pro Wertschöpfungseinheit im Schnitt deutlich mehr Energie verbrauchen und deutlich mehr Kohlendioxidemissionen erzeugen) die entsprechenden Kosten teilweise nicht aufbringen können und deshalb als Nachfrager ausfallen.
Bei dem in diesem Buch gemachten Vorschlag gehen die Rechte deshalb an die Staaten. Sie sind Träger einer länderspezifischen Nutzungslogik vorhandener Emissionsrechte, und zwar in Wechselwirkung mit ihrem Entwicklungsstand, ihrem Steuersystem, ihrer Industrieförderpolitik etc. Ihren nicht ganz so effizienten Unternehmen werden sie bevorzugt benötigte Volumina an Emissionsrechten zugestehen, gleichzeitig Modernisierung und Effizienzsteigerung in Gang setzen – aber das dauert seine Zeit. Interessanterweise kann es dabei sein, dass die Einnahmen aus dem

Verkauf nur eines Teils der Emissionsrechte der ärmeren Länder absolut mehr für diese Länder an Einnahmen in Marktprozessen bringt als die Verfügbarmachung der gesamten Menge, und zwar abhängig von der entsprechenden Nachfrage-Elastizitätskurve in den reichen Nehmerländern. Dies zeigt umgekehrt, dass man der Art der Preisfestsetzung in den Märkten für Kohlendioxid-Emissionsrechte besondere Aufmerksamkeit widmen muss. Neben klassischen Gleichgewichtspreisfestsetzungen könnten auch »Windhundverfahren« in Versteigerungsprozessen Sinn machen, in denen Rechtebündel nacheinander meistbietend versteigert werden.

12. Warum ist eine Emissionsrechtezuteilung gemäß Wirtschaftsleistung für sich entwickelnde Länder in der Regel ungünstiger als eine großvaterartige Zuteilung? Werden bei Letzterer die Rechte jährlich verteilt, erhalten die sich entwickelnden Länder ständig mehr Rechte (relativ), da ihre Wirtschaft in der Regel schneller wächst als die der reichen Welt; in der Folge werden dann auch anteilig mehr Emissionen erzeugt. Die Orientierung an der Gesamtwirtschaftsleistung im Alternativvorschlag erschwert die Situation für die ärmeren Länder, denn die Ökoeffizienz des Kapitalstocks in diesen Ländern ist bekanntlich erheblich schlechter als in der entwickelten Welt. Die Emissionen pro Wertschöpfungseinheit liegen über alles gerechnet um 100 Prozent höher und mehr. Dies ist der Grund, warum bei Klimagerechtigkeit im Sinne dieses Buches große Investitionen im Süden in Effizienzverbesserung und Wiederaufforstung erwartet werden – hier ist für wenig Geld viel Einsparung möglich. Werden nun aber die Zertifikate gemäß Wirtschaftsleistung vergeben, liegen die Zuteilungen bei den ärmeren Ländern weit unter dem Status-quo-Niveau bei großvaterartiger Zuteilung, weil der Anteil dieser Länder an der weltweiten Wirtschaftsleistung deutlich niedriger ist als ihr Anteil an den Kohlendioxidemissionen. Manche dieser Länder werden sogar Rechte zukaufen müssen, anstatt sie verkaufen zu können, und rasch wachsende Kosten für benötigte Ressourcen aufbringen müssen – eine völlig unbefriedigende Situation.

13. Lamy, Pascal: Trade can be a friend, and not a foe, of conversation, 2005, www.wto.org/English/news_e/sppl_e/sppl07_e.htm

14. www.hm-treasury.gov.uk/independent_reviews/stern_review_economics_climate_change/stern_review_report.cfm

15. Intergovernmental Panel on Climate Change (IPCC): Climate Change 2007: The Physical Science Basis. Genf 2007. http://ipcc-wg1.ucar.edu/wg1/docs/WG1AR4_SPM_PlenaryApproved.pdf

16. www.theclimategroup.org/assets/CDPU_2005_v2.pdf

17. www.gatesfoundation.org

18. www.forbes.com

19. Martin, H.-P., und H. Schumann: Die Globalisierungsfalle. Der Angriff auf Demokratie und Wohlstand. Reinbek 1996
20. Zinn, Karl Georg: Wie Reichtum Armut schafft. Verschwendung, Arbeitslosigkeit und Mangel. Köln 2006
21. Sabet, H.: Globale Maßlosigkeit – Der (un)aufhaltbare Zusammenbruch des weltweiten Mittelstands, Ein Report an die Global Marshall Plan Initiative, Düsseldorf 2005
22. Ziegler, Jean: Das Imperium der Schande. Der Kampf gegen Armut und Unterdrückung. München 2005, S. 11
23. Ausgaben für Arbeitslosengeld II im Jahr 2006: 26,4 Mrd. Euro. Deutsches Bruttoinlandsprodukt 2006: 2302,7 Mrd. Euro. Quellen: Statistisches Bundesamt Deutschland.
    www.destatis.de/presse/deutsch/pk/2007/ bip2006i.pdf
    Landeszentrale für politische Bildung Baden-Württemberg, www.lpb. bwue.de/aktuell/hartz_iv.php3
24. Maurer, Hermann: Das Paranetz. Zusammenbruch des Internets. Linz 2004
25. Popper, Karl R.: Die offene Gesellschaft und ihre Feinde. Stuttgart 1992
26. Interessante und neuartige Überlegungen zu diesen für unsere Gesellschaft besonders wichtigen Themen finden sich in Mersch, P.: Die Familienmanagerin. Kindererziehung und Bevölkerungspolitik in Wissengesellschaften. Norderstedt 2006
27. De Waal, F.: Der Affe in uns – Warum wir sind, wie wir sind, München/ Wien 2005
28. Lakoff, George: Don't think of an elephant! White River Junction, Vermont 2004

Aufklärung in Zeiten der Globalisierung

1. Sassen, Saskia: Metropolen des Weltmarkts. Die neue Rolle der Global Cities. Frankfurt/ New York 1996
2. Zum Thema Netzwerkstruktur und »Fat Hubs« siehe: Albert, R., Jeong, H. and Barabasi, A.-L.: Diameter of the world-wide web, Nature 401, 130 – 131, 1999; Barabási, A.-L.: Linked: the new science of networks. Perseus Publishing, Cambridge, Mass., 2002; Buchanan, M.: Nexus. Small worlds and the groundbreaking science of networks. W. W. Norton & Company, New York, London, 2002
3. Das Bild und die Informationen stammen von Lester Brown, dem Leiter des Earth Policy Instituts: www.earth-policy.org
4. Schmidt-Bleek, Friedrich: Das MIPS-Konzept. Weniger Naturverbrauch – mehr Lebensqualität durch Faktor 10. München 1998 / Weizsäcker, Ernst Ulrich von, A. B. Lovins, L. H. Lovins: Faktor Vier: doppelter Wohlstand, halbierter Naturverbrauch. München 1995
5. Diese Formulierung stammt von Ernst Ulrich von Weizsäcker.

6. Das Bild der Welt als Dorf hat Donella Meadows Anfang der 90er Jahre entworfen. Diese Skizze hier ist mit den aktuellen Zahlen versehen; es geht nicht um die Details, sondern um eine Veranschaulichung der Größenordnungen.
7. Radermacher, F. J.: Die neue Zukunftsformel. bild der wissenschaft, Heft 4/2002, S. 78–86
8. Radermacher, F. J.: Balance oder Zerstörung: Ökosoziale Marktwirtschaft als Schlüssel zu einer weltweiten nachhaltigen Entwicklung. Ökosoziales Forum Europa (Hrsg.), Wien, August 2002
9. van Dieren, Wouter: Mit der Natur rechnen, Basel 1995
10. Stiftung Weltethos: www.weltethos.de
11. Kant, Immanuel: Kritik der praktischen Vernunft A 54, in: Werke Bd. IV, Frankfurt-Darmstadt 1956, S. 140
12. Rawls, John: Eine Theorie der Gerechtigkeit, Frankfurt a. M. 1979
13. Küng, Hans: Projekt Weltethos, München 2004, S. 110
14. Vgl. das Interview in Steingart, Gabor: Weltkrieg um Wohlstand. Wie Macht und Reichtum neu verteilt werden. München 2006
15. Stiglitz, Joseph E. / Charlton, Andrew: Fair Trade. Agenda für einen fairen Welthandel. Hamburg 2006
16. Sabet, H.: Globale Maßlosigkeit – Der (un)aufhaltbare Zusammenbruch des weltweiten Mittelstands, Ein Report an die Global Marshall Plan Initiative, Düsseldorf 2005
17. Insgesamt führt das zu einem konsistenten doppelstrategischen Politikentwurf, dessen Grundzüge in Publikationen des Bundesverbandes für Wirtschaftsförderung und Außenwirtschaft (BWA) studiert werden können. Siehe Radermacher, Franz Josef: Globalisierung gestalten. Die neue zentrale Aufgabe der Politik. Berlin 2006, www.bwa-deutschland.de
18. Werner, G. W.: Ein Grund für die Zukunft: Das Grundeinkommen, Interviews und Reaktionen. Stuttgart 2006

Globale Ökosoziale Marktwirtschaft

1. Das Bild der »plane people« stammt von Peter Schwartz.
2. Vergleiche zum Beispiel Mesarovic, M. D., R. Pestel, F. J. Radermacher: Which Future? Manuscript to the EU Project TERRA 2000, FAW, 2003
3. Weizsäcker, Ernst Ulrich von, A. B. Lovins, L. H. Lovins: Faktor Vier: doppelter Wohlstand, halbierter Naturverbrauch. München 1995
4. Interessante Hinweise zum Thema finden sich in: Davis, Mike: Planet of Slums. London 2006
5. Diamond, Jared: Kollaps. Warum Gesellschaften überleben oder untergehen. Frankfurt a. M. 2005, S. 613. Meadows, Donella, Meadows, Dennis, Randers, Jorgen: The Limits to Growth: The 30 Year Update. White River Junction, 2004

6. Randal, Doug, Schwartz, Peter: An Abrupt Climate Change Scenario and Its Implications for United Statates National Security. 2003. www.environmentaldefence.org/documents/3566_AbruptClimateChange.pdf

7. www.bgr.de

8. Andere Quellen sehen den globalen Förderhöhepunkt für Erdöl deutlich vor 2010. The Association for the Study of Peak Oil and Gas. www.peakoil.net

9. www.eroei.com

10. Giarini, O., Liedtke, P.: Wie wir arbeiten werden, Bericht an den Club of Rome. Hamburg 1998. Außerdem: Radermacher, F. J.: Zukunft der Arbeit. MERKUR (Deutsche Zeitschrift für europäisches Denken), Heft 582/583, S. 829–843, Stuttgart 1997, sowie: Werner, G. W.: Ein Grund für die Zukunft: Das Grundeinkommen, Interviews und Reaktionen, Stuttgart 2006 (hier finden sich Begründungszusammenhänge für neue interessante Ausgleichskonzepte wie etwa ein bedingungsloses Grundeinkommen).

11. Riegler, Josef, Moser, Anton: Ökosoziale Marktwirtschaft. Denken und Handeln in Kreisläufen. Graz 1996, S. 48

12. Radermacher, F. J.: Was macht Gesellschaften reich? Die Infrastruktur als wesentlicher Baustein. in: R. Loske, R. Schaeffer, Hrsg.: Die Zukunft der Infrastrukturen. Intelligente Netzwerke für eine nachhaltige Entwicklung. Marburg 2005

13. Diese sollte ihrerseits geeignet reflektiert werden. Hier sei auf einen einschlägigen Bericht von Ernst Ulrich von Weizsäcker und Mitautoren an den Club of Rome hingewiesen: Weizsäcker, E. U. von, Young, O. R., Finger, M.: Grenzen der Privatisierung – Wann ist des Guten zu viel. Stuttgart 2006

14. Siehe zum Beispiel die Grundsatzprogramme der CDU, der SPD und von Bündnis 90/Die Grünen.

15. Zitat aus dem Verfassungsentwurf der EU: »Die Union wirkt auf die nachhaltige Entwicklung Europas auf der Grundlage eines ausgewogenen Wirtschaftswachstums und von Preisstabilität, eine in hohem Maße wettbewerbsfähige soziale Marktwirtschaft, die auf Vollbeschäftigung und sozialen Fortschritt abzielt, sowie ein hohes Maß an Umweltschutz und Verbesserung der Umweltqualität hin. Sie fördert den wissenschaftlichen und technischen Fortschritt.« Artikel I-3. http://europa.eu.int/constitution/de/ptoc2_de.htm#a2
In der Lissabonstrategie der EU werden neben der Wettbewerbsfähigkeit zwei weitere Grundpfeiler genannt, der soziale und der ökologische. http://europa.eu/scadplus/glossary/lisbon_strategy_en.htm

16. Layard, R.: Die Glückliche Gesellschaft – Kurswechsel für Politik und Wirtschaft. Frankfurt a. M. 2005

17. Spiegel, Peter: Faktor Mensch. Ein humanes Weltwirtschaftswunder ist möglich. Stuttgart 2005

18. Laszlo, E: Zu Haus im Universum – Die neue Vision der Wirklichkeit. Berlin, 2005
19. Gladwell, M.: The Tipping Point. How Little Things Can Make a Big Difference. Boston, New York, London 2000
20. Jarass, L., Obermair, G. M.: Jeder sollte Steuern zahlen – Ein Beitrag zur Unternehmenssteuerreform 2008. Ulm 2006
21. Fischler, F., Ortner, Ch.: Europa – Der Staat, den keiner will. Salzburg 2006
22. Spahn, P. B.: Zur Durchführbarkeit einer Devisentransaktionssteuer. Gutachten im Auftrag des Bundesministeriums für Wirtschaftliche Zusammenarbeit und Entwicklung, Bonn. Frankfurt a. M. 2002
23. Vergleiche hierzu auch die Ausführungen in: Radermacher, F. J.: Balance oder Zerstörung. Ökosoziale Marktwirtschaft als Schlüssel zu einer weltweiten nachhaltigen Entwicklung. Ökosoziales Forum Europa (Hrsg.), Wien 2002
24. Global Contract Foundation – Stiftung Weltvertrag: Global Contract Report – Diskussionspapier. Hamburg 2005. Um dieses Thema hat sich insbesondere Herr Armin Frey, Vorstandsmitglied der Stiftung Weltvertrag, verdient gemacht, der auch kurz vor dem Abschluss seines Dissertationsvorhabens zu dieser Thematik steht.
25. Siehe Kapitel 3
26. Franz Josef Radermacher hat das Ringen der Menschheit um einen Weltvertrag in einem Musical beschrieben: *The Globalization Saga (FAW Ulm, 2003)*. Darin kommt es 2012 in Shanghai zu einem wichtigen Gipfel der Welthandelsorganisation. Es geht um die Frage, ob ein stärker ausgeprägtes ökosoziales Modell in enger Verzahnung mit der WTO als zukünftige Weltordnung etabliert werden kann oder nicht. Die Erwartungen sind hoch. Asien, namentlich Japan, äußert sich sehr positiv über eine Ökosoziale Ordnung. Die Europäer stimmen ebenfalls zu, binden ihr Wort aber an die Freunde aus den USA. Die Ölstaaten äußern sich ebenso. Die Entscheidung gegen den längst überfälligen Schritt in Richtung Ökosozialer Marktwirtschaft kommt letztlich aus den Reihen der Wirtschaft, die einen starken Einfluss auf die US-Regierung ausübt. In der Folge entlädt sich die Wut der Menschen in einer gigantischen Straßenschlacht. Demonstrationen von dieser Heftigkeit sind für China und Shanghai etwas gänzlich Neues. In den Jahren 2012 bis 2025 wird die Welt Opfer einer Serie furchtbarer Katastrophen, Konflikte, Terroranschläge und kriegerischer Verwicklungen, die den Globus an den Rand der Zerstörung bringen. In ihrer Not findet sich die Weltgemeinschaft im Jahre 2025 in Wien zu einer Sondersitzung der UN-Institutionen zusammen. Dort wird – endlich – das Grand Design ökosozialer Ordnung implementiert. Die Frage ist, ob die Zeit noch reicht oder ob es für den Globus bereits

zu spät ist. In dem entsprechenden Song heißt es: »Finally it happened, however it may already be too late.« Das Stück endet mit einem religiös-humanistisch inspirierten Friedensmarsch, der einen Bund für eine bessere Welt zum Gegenstand hat und Hoffnung signalisiert (vergleiche hierzu: Radermacher, F. J., Wehsener, S.: The Globalization Saga. Balance or Destruction – Balance oder Zerstörung, Ulm 2003).

27. Um es mit dem ehemaligen Vizepräsidenten der USA, Al Gore, der schon lange für einen Global Marshall Plan eintritt, zu sagen: »Die Welt braucht heute einen ›globalen Marshall Plan‹, um die Umwelt zu retten und um Milliarden mitteloser Menschen die Instrumente zugänglich zu machen, die Voraussetzung dafür sind, vernünftig am Marktgeschehen teilnehmen zu können. ... Vergessen Sie nicht, dass richtig immer noch richtig ist, selbst wenn niemand danach handelt. Falsch ist immer noch falsch, selbst wenn jeder es tut. Es ist nicht übertrieben zu sagen: Unser Überleben hängt davon ab. Seien Sie Teil der Veränderung, die auch Sie von der Welt erwarten.« Al Gore im Jahr 2005 in einer Rede vor Studenten der Wirtschaftswissenschaften der Stanford University. http://daily.stanford.edu/article/2005/11/14/alGoreSpeaksToBusiness-Students

Der Global Marshall Plan

1. Siehe auch Peter Spiegel: Faktor Mensch. Ein humanes Wirtschaftswunder ist möglich. Stuttgart 2005, S. 101 f.

2. Dieser vermeintlich demokratische Ansatz ist wenig tragfähig, wenn man bedenkt, dass es Staaten mit weniger als einer Million Menschen und solche mit weit mehr als einer Milliarde Menschen gibt. Er wird weiterhin durch reale Machtasymmetrien modifiziert, denn die Mitglieder im Sicherheitsrat sind eben signifikant bedeutender als die Nichtmitglieder. Die wichtigsten ökonomischen Fragen werden, bei einer solchen Governance-Struktur nicht überraschend, zudem ausgespart.

3. »Der kreative Imperativ«. Rede von Bundeskanzlerin Angela Merkel beim Weltwirtschaftsforum am 25.1.2006 in Davos. www.germany.info/relaunch/politics/speeches/012606_1.html

4. Ganz in diesem Sinne hat sich auch der britische Schatzkanzler Gordon Brown geäußert: »Die Welt braucht mehr Globalisierung, nicht weniger. Mehr freien Handel und fairen Handel. Wir brauchen ein Manifest für ein globales Zeitalter, worauf sich fortschrittliche Unternehmer ebenso berufen können wie global denkende Regierungen ... Ich glaube, mittlerweile gibt es genug Gemeinsamkeiten unter Führungspersönlichkeiten aus Politik und Wirtschaft für einen Konsens, der Globalisierung nicht nur als weltweiten Fluss von Kapital und Waren, sondern ebenso sehr als eine Gerechtigkeit des Handels auf globaler Ebene definiert ... Und weil die

Bedürfnisse der Entwicklungsländer ebenso auf Sicherheit wie auf ethische Standards abzielen, brauchen wir nicht mehr und nicht weniger als einen modernen Marshallplan für Afrika und die sich entwickelnde Welt.« Im Ergebnis wäre dies ein globaler New Deal. Brown, Gordon: We Need to Be More Fair. In: Newsweek, 18. September 2006, S. 39

5. Weizsäcker von, Carl F., und Georg Picht: Bedingungen des Friedens. Göttingen 1964

6. Die folgende Darstellung lehnt sich eng an das genannte Buch von Peter Spiegel an, S. 137 ff.

7. www.globalmarshallplan.org

8. Zwischen Graz und Wien verkehrt mittlerweile sogar ein IC mit dem Namen »Global Marshall Plan«.

9. Eine aktuelle englischsprachige Doppelpublikation zum G-8-Gipfel in Deutschland zeigt den großen Unterstützerkreis international führender Akteure aus unterschiedlichen gesellschaftlichen Bereichen und ihre spezifischen Überlegungen zum Thema: Global Marshall Plan Initiative (Hrsg.): »Towards a World in Balance & European Hope«, Hamburg 2007

10. In Österreich haben sich fast alle Bundesländer für einen Global Marshall Plan ausgesprochen, dort gibt es auch einen Beschluss der Landeshauptleute zu diesem Thema. In Deutschland hat im Januar 2007 der Thüringische Landtag als erstes deutsches Landesparlament einen entsprechenden Beschluss gefasst. In einigen anderen Bundesländern sind entsprechende Beschlüsse in Vorbereitung.

11. Stappen, R. K.: A Sustainable World is Possible. Der Wise Consensus: Problemlösungen für das 21. Jahrhundert. Eichstätt 2006

12. Annan, Kofi: UN Secretary Generals's Message for New Year 2004, www.un.org/News/Press/docs/2003/sgsm9095.

13. www.un.org/millenniumgoals

14. Roberts, J.: 34 Million Friends: Of the Women of the World, Sonora, 2005

15. www.un.org/reports/financing/full_report.pdf

16. www.globalpolicy.org/socecon/ffd/2002/1216brown.htm

17. Soros, George: Die Krise des globalen Kapitalismus. Offene Gesellschaft in Gefahr. Berlin 1998 / Soros, George: Der Globalisierungsreport. Weltwirtschaft auf dem Prüfstand. Berlin 2001

18. Sabet, Huschmand: Globale Maßlosigkeit. Der (un)aufhaltbare Zusammenbruch des weltweiten Mittelstandes. Düsseldorf 2005

19. Siehe Fußnote 12

20. Eine detaillierte Darstellung zum Thema der Generierung der Mittel findet sich in: Radermacher, F. J.: Global Marshall Plan. Ein Planetary Contract, www.globalmarshallplan.org

21. Radermacher, F. J.: Global Marshall Plan / A Planetary Contract. Für eine

weltweite Ökosoziale Marktwirtschaft. Ökosoziales Forum Europa / Global Marshall Plan Foundation, Wien 2004

22. Siehe: Der Globalisierungsreport, siehe Fußnote 17
23. Solte, D.: Analysen zum Weltfinanzsystem – Einblicke in den »Heiligen Gral« der Globalisierung. Forschungsinstitut für anwendungsorientierte Wissensverarbeitung (FAW/n), Ulm 2007
24. www.ceedweb.org//iirp
25. Hinweise auf die Mechanismen, die in diesem Kontext wirksam werden, finden sich in dem wichtigen Grundsatzwerk von Lakoff, G.: Don't Think of an Elephant! Know Your Values and Frame the Debate. The Essential Guide for Progressives. White River Junction, Vermont, USA, 2004
26. Die folgende Darstellung stützt sich auf: Faktor Mensch, S. 124 ff. Siehe auch: Spiegel, Peter: Das Terra-Prinzip. Das Ende der Ohnmacht in Sicht. Stuttgart 1996
27. Wuppertal Institut (Hrsg.): Fair Future. München 2005
28. Siehe Kap. 4
29. Siehe Kap. 1
30. Siehe Faktor Mensch, S. 142 f.
31. Was hier für die Terra-Abgabe skizziert wird, wäre analog für die Tobin-Abgabe denkbar.
32. Wijkman, Anders: Umdenken in der Entwicklungszusammenarbeit. In: Welt in Balance. Zukunftschance Ökosoziale Marktwirtschaft. Hrsg.: Global Marshall Plan Initiative, Hamburg 2004. www.globalmarshallplan.org
33. Hesse, Peter, Global Marshall Plan Initiative (Hrsg.): Solidarität die ankommt! Ziel-effiziente Mittelverwendung in der Entwicklungszusammenarbeit. Hamburg 2006.
34. Spiegel, Paul.: Muhammad Yunus – Banker der Armen. Freiburg 2006. Zum Thema Mikrokredite: Naoko Felder-Kuzu: Making Sense – Mikrofinanzierung und Mikrofinanzinvestitionen. Hamburg 2005
35. Wijkman, 2004
36. Stockholm International Peace Research Institute (SIPRI): www.sipri.org/contents/milap/milex/mex_major_spenders.pdf
37. Faktor Mensch, S. 144 ff.
38. www.transparency.org
39. Kernelemente eines europäischen »Marshall Plans für Afrika«:
    – Ein europäisches Sonderprogramm, um den afrikanischen Staaten bei der Umsetzung der Millenniumsentwicklungsziele zu helfen.
    – Ein bis 2015 auf 40 Milliarden Euro pro Jahr anwachsendes Geldvolumen, ausschließlich gespeist aus europäisch-supranationalen Einnahmen. Europa koordiniert sowohl die supranationalen, als auch die nationalen Hilfen europäischer Staaten für jedes afrikanische Land, dem jeweils ein europäischer Pate zugeordnet wird.

- Aufbringen der Mittel für den Marshall Plan für Afrika durch supranationale Steuern in Europa, die zugleich ökologische Funktion haben, wie zum Beispiel die Reduktion wenig wertschöpfender Transporte. Herbeiführung von mehr Gleichbehandlung in der Besteuerung von global und europäisch/national/lokal operierenden Akteuren, insbesondere von internationalen Großkonzernen, die am stärksten von globalen Transaktionen profitieren. Exemplarisch genannt seien Kerosinsteuer, Devisentransaktionssteuer, Abgaben auf Handel, Kohlendioxidzertifikate im Luft- und Schiffsverkehr in Europa sowie eventuell eine Abgabe bei der Vergabe von Krediten beziehungsweise von neu geschöpftem Geld an nichtstaatliche Marktteilnehmer, die ein bestes Rating aufweisen, also besonders günstig an neu geschaffenes Geld herankommen können.
- Verknüpfung der Zusatzhilfe eines Global Marshall Plan für Afrika mit einem WTO-konformen Handelsvertrag Europa-Afrika, bei dem sich die beteiligten Länder auf soziale und ökologische Mindeststandards einigen. Dies kann den Verzicht auf die Wahrnehmung von Rechten und Klagemöglichkeiten der Partner im wechselseitigen Handel bezüglich der WTO-Schiedsgerichtsbarkeit beinhalten.
- Basisnaher Einsatz der Mittel, zum Beispiel Kleinstkredite und Hilfemodelle, Einbindung von Transparency International. Mehr als 90 Prozent der Mittel sollen direkt vor Ort eingesetzt werden. Orientierungslinien sind das Subsidiaritätsprinzip und das Basis-Ownership-Prinzip. Versuch der Herbeiführung einer Win-win-Partnerschaft mit Afrika unter Einbindung der Eliten vor Ort.

Webadressen

Bundesverband für Wirtschaftsförderung und Außenwirtschaft,
     www.bwa-deutschland.de
Club of Rome, www.clubofrome.org
Cologne Science Center/Odysseum Köln, www.odysseum.de
Forschungsinstitut für anwendungsorientierte Wissensverarbeitung/n,
     www.faw-neu-ulm.de
Global Marshall Plan Initiative, www.globalmarshallplan.org
Ökosoziales Forum Europa, www.oesfo.at/osf
Robert-Jungk-Bibliothek für Zukunftsfragen, www.jungk-bibliothek.at

Literatur

Albert, R., Jeong, H., und Barabasi, A.-L.: Diameter of the world-wide web, Nature 401, 1999, S. 130–131

Barabási, A.-L.: Linked: the new science of networks. Cambridge, Mass., 2002

Behrens, A., Giljum, S.: Erste Zeichen einer Entkoppelung, in: Ökologisches Wirtschaften 1/2005

Braitenberg, V., Radermacher, F. J. (Hrsg.): Interdisciplinary Approaches to a New Understanding of Cognition and Consciousness FAW/n Ulm 2007

Brown, L. R.: Outgrowing the Earth. The Food Security Challenge in an Age of Falling Water Tables and Rising Temperatures. New York 2005

Buchanan, M.: Nexus. Small worlds and the groundbreaking science of networks. New York, London, 2002

Crosby, A. W.: Ecological Imperialism – The Biological Expansion of Europe, 900–1900, Cambridge 1986

Davis, M.: Planet of Slums. London 2006

De Waal, F.: Der Affe in uns – Warum wir sind, wie wir sind, München–Wien, 2005

Diamond, J.: Kollaps. Warum Gesellschaften überleben oder untergehen. Frankfurt a. M. 2005

Dieren van, W.: Mit der Natur rechnen. Basel 1995

Felder-Kuzu, Naoko.: Making Sense – Mikrofinanzierung und Mikrofinanzinvestitionen. Hamburg 2005

Fischler, F., Ortner, Ch.: Europa – Der Staat, den keiner will. Salzburg 2006

Follath, E., Jung, A. (Hrsg.): Der neue Kalte Krieg. Kampf um die Rohstoffe. München 2006

Giarini, O., Liedtke, P.: Wie wir arbeiten werden, Hamburg 1998

Gladwell, M.: The Tipping Point. How Little Things Can Make a Big Difference. Boston, New York, London 2000

Global Challenges Network (Hrsg.): Ölwechsel! Das Ende des Erdölzeitalters und die Weichenstellung für die Zukunft. München 2002

Global Marshall Plan Initiative (Hrsg.): European Hope. Strategy of Partnership. Hamburg 2007

Global Marshall Plan Initiative (Hrsg.): Towards a World in Balance. A Virtual Congress for a Better Balanced World. Hamburg 2007

Glotz, P.: Die beschleunigte Gesellschaft – Kulturkämpfe im digitalen Kapitalismus. München 1999

Hawken, P., Lovins, A., Lovins, H.: Natural Capitalism. Creating the Next Industrial Revolution. Boston, New York, London 1999

Heinberg, R.: The Party's Over. Oil, War and the Fate of Industrial Societies. Gabriola Island 2005

Hesse, P., Global Marshall Plan Initiative (Hrsg.): Solidarität die ankommt! Ziel-effiziente Mittelverwendung in der Entwicklungszusammenarbeit. Hamburg 2006

Hobsbawm, E.: Das Zeitalter der Extreme. Weltgeschichte des 20. Jahrhunderts. München und Wien 1995

Intergovernmental Panel on Climate Change (IPCC): Climate Change 2007: The Physical Science Basis. Genf 2007

Jarass, L., Obermair, G. M.: Jeder sollte Steuern zahlen – Ein Beitrag zur Unternehmenssteuerreform 2008. Hamburg 2006

Juritisch, E., Kämpke, T., R. Pestel und Radermacher, F. J., Schönegger, H.: Entfaltung von Regionen in Zeiten der Globalisierung. Erfahrungen in Kärnten. Kärntner Wirtschaftsförderungs Fonds (KWF). Klagenfurt 2006

Kämpke, T., Pestel, R., Radermacher, F. J.: A computational concept for normative equity. Europ. J. of Law and Economics, No. 15, Vol. 2, 129–163, 2003

Kant, I.: Kritik der praktischen Vernunft A 54, in: Werke Bd. IV, Frankfurt a. M., Darmstadt 1956

Kapitza, S.: Population Blow-up and after. Report to the Club of Rome and the Global Marshall Plan Initiative. Hamburg 2005

Kaup, J.: Gebt uns keine Fische, sondern eine Angel. Öl-Features von Johannes Kaup aus der Sendereihe Radiokolleg. Ökosoziales Forum Europa (Hrsg.), Wien 2006

Küng, H.: Projekt Weltethos. München 2004

Lakoff, G.: Don't Think of an Elephant! Know Your Values and Frame the Debate. The Essential Guide for Progressives. White River Junction, Vermont, USA, 2004

Laszlo, E.: Das fünfte Feld. Materie, Geist und Leben – Vision der neuen Wissenschaften. Bergisch Gladbach 2000

Laszlo, E.:, Zu Hause im Universum – Die neue Vision der Wirklichkeit. Berlin 2005

Latif, M.: Bringen wir das Klima aus dem Takt? Hintergründe und Prognosen. Frankfurt a. M. 2007

Layard, R.: Die glückliche Gesellschaft – Kurswechsel für Politik und Wirtschaft, Frankfurt a. M. 2005

Lozán, J. L., Graßl, H. u. a.: Warnsignal Wasser. Genügend Wasser für alle? 2005

Luhmann, N.: Die Gesellschaft der Gesellschaft. Frankfurt a. M., 1997

Martin, H.-P., Schumann, H.: Die Globalisierungsfalle. Der Angriff auf Demokratie und Wohlstand 1996

Maturana, H. R., Varela, F. J.: Der Baum der Erkenntnis – Die biologischen Wurzeln des menschlichen Erkennens. Bern 1987

Maurer, H.: Das Paranetz. Zusammenbruch des Internets. Linz, 2004

Meadows, D. L. et al.: The Limits to Growth. New York 1972

Meadows, D. H., Meadows, D. L., Randers, J.: The Limits to Growth: The 30-Year Update. White River Junction 2004

Mersch, P.: Die Familienmanagerin. Kindererziehung und Bevölkerungspolitik in Wissensgesellschaften. Norderstedt 2006

Mesarovic, M. D., Pestel, R., Radermacher, F. J.: Which Future? Manuscript to the EU Project TERRA 2000. FAW, 2003

Mittelstraß, J.: Leonardo-Welt. Über Wissenschaft, Forschung und Verantwortung. Frankfurt a. M. 1992

Möller, U., Radermacher, F. J., Riegler, J., Soekadar, S. R., Spiegel, P.: Global Marshall Plan. Mit einem Planetary Contract für eine Ökosoziale Marktwirtschaft weltweit Frieden, Freiheit und nachhaltigen Wohlstand ermöglichen. Horizonte Verlag GmbH. Stuttgart 2004

Müller, K.: Globalisierung. Frankfurt / New York 2002

Neirynck, J.: Der göttliche Ingenieur. Die Evolution der Technik. Renningen-Malmsheim 1998

Oö. Akademie für Umwelt und Natur, Institut für Umwelt und Nachhaltige Entwicklung (Hrsg.): Oberösterreich als europäische Nachhaltigkeitsregion – eine Antwort auf die Herausforderungen der Globalisierung. Bericht des FAW/n, Ulm an das Land Oberösterreich, Linz, 2007 (Autoren F. J. Radermacher und D. Solte)

Pestel, E., M. Mesarovic, M.: Mankind at the turning point. New York, 1974

Pestel, R., Radermacher, F. J.: Equity, Wealth and Growth: Why Market Fundamentalism Makes Countries Poor. Manuscript to the EU Project TERRA 2000, FAW, 2003

Pestel, R., Radermacher, F. J.: ICT and Sustainability: Is there a chance? Manuscript to the EU Project TERRA 2000, FAW, 2003

Pestel, R., Radermacher, F. J. (Hrsg.): Information Society, Globalisation and Sustainable Development: The promise of a »European Way«. EXPO 2000 Conference, Convention Center, Hanover. Ulm 2004

Popper, K. R.: Die offene Gesellschaft und ihre Feinde. Stuttgart 1992

Radermacher, F. J.: Die neue Zukunftsformel. bild der wissenschaft, Heft 4/2002, S. 78–86, April 2002

Radermacher, F. J.: Balance oder Zerstörung: Ökosoziale Marktwirtschaft als Schlüssel zu einer weltweiten nachhaltigen Entwicklung. Ökosoziales Forum Europa (Hrsg.). Wien 2002

Radermacher, F. J.: Cognition in Systems. Cybernetics and Systems 27, No. 1, 1–41, 1996

Radermacher, F. J.: Global Marshall Plan / A Planetary Contract. Für eine weltweite Ökosoziale Marktwirtschaft. Ökosoziales Forum Europa/Global Marshall Plan Foundation (Hrsg.). Wien 2004

Radermacher, F. J.: Perspektiven für den Globus – welche Zukunft liegt vor uns? zfv – Zeitschrift für Geodäsie, Geodateninformation und Landmanagement, Teil 1 in Heft 3/2004, 129. Jg., Juni 2004; Teil 2 in Heft 4, S. 242–248, 2004

Radermacher, F. J.: Was macht Gesellschaften reich? Die Infrastruktur als wesentlicher Baustein. In: R. Loske, R. Schaeffer (Hrsg.): Infrastruktur für eine nachhaltige Entwicklung. Marburg 2005

Radermacher, F. J.: Globalisierung gestalten. Die neue zentrale Aufgabe der Politik. Berlin 2006

Radermacher, F. J., Wehsener, S.: The Globalization Saga. Balance or Destruction – Balance oder Zerstörung. Ulm 2003

Rawls, J.: Eine Theorie der Gerechtigkeit, Frankfurt a. M. 1979

Riegler, J., Moser, A.: Ökosoziale Marktwirtschaft. Denken und Handeln in Kreisläufen. Graz, 1996

Sabet, H.: Globale Maßlosigkeit – Der (un)aufhaltbare Zusammenbruch des weltweiten Mittelstands, Düsseldorf, 2005

Sassen, S.: Metropolen des Weltmarkts. Die neue Rolle der Global Cities. Frankfurt. New York 1996

Scheiber, E.: quer-sch(r)eiber. Von einer neoliberalen zu einer ökosozialen Energiepolitik. Ökosoziales Forum Österreich, Wien 2004

Schlegel, E. Transformationsforschung und Selbsttransformation der Wissenschaften – Versuch, sich einer allgemeinen Theorie der Eigenschaften und Verhaltensweisen sozialer Systeme zu nähern. BISS public 20, S. 105–118, Berlin 1996

Schlegel, E.: Zur Zivilisationsgeschichte. Ein Grundmodell der Gesellschaftsentwicklung. Dokumentation, Arbeitskreis Informationsgesellschaft der Humboldt-Universität zu Berlin, 1997

Schmidt, H.: Allgemeine Erklärung der Menschenpflichten. Piper, 1997

Schmidt-Bleek, F.: Das MIPS-Konzept. Weniger Naturverbrauch – mehr Lebensqualität durch Faktor 10. München 1998

Schwartz, P., Leyden, P., Hyatt, J.: The Long Boom, A Vision for the Coming Age of Prosperity. Reading 1999

Solte, D.: Analysen zum Weltfinanzsystem – Einblicke in den »Heiligen Gral« der Globalisierung. Forschungsinstitut für anwendungsorientierte Wissensverarbeitung (FAW/n). Ulm 2007

Soros, G.: Die Krise des globalen Kapitalismus. Offene Gesellschaft in Gefahr. Berlin 1998

Soros, G.: Der Globalisierungsreport. Weltwirtschaft auf dem Prüfstand. Berlin 2001

Spahn, P. B.: Zur Durchführbarkeit einer Devisentransaktionssteuer. Gutachten im Auftrag des Bundesministeriums für Wirtschaftliche Zusammenarbeit und Entwicklung. Bonn, Frankfurt a. M. 2002

Spiegel, P.: Muhammad Yunus – Banker der Armen. Freiburg 2006

Spiegel, P.: Eine humane Weltwirtschaft. Erfolgsfaktor Mensch. Düsseldorf 2007

Stappen, R. K.: A Sustainable World is Possible. Der Wise Consensus: Problemlösungen für das 21. Jahrhundert. Eichstätt 2006

Steingart, G.: Weltkrieg um Wohlstand. Wie Macht und Reichtum neu verteilt werden. München 2006

Stiglitz, J. E.: Making Globalization Work. The Next Steps to Global Justice. London 2006

Stiglitz, J. E., Charlton, A.: Fair Trade. Agenda für einen fairen Welthandel. Hamburg, 2006

Wackernagel, M., Rees, W.: Unser ökologischer Fußabdruck. Wie der Mensch Einfluss auf die Umwelt nimmt. Basel 1997

Weizsäcker von, C. F., Picht, G.: Bedingungen des Friedens. Göttingen, 1964

Weizsäcker von, E. U., Lovins, A. B., Lovins, L. H.: Faktor vier. Doppelter Wohlstand – halbierter Naturverbrauch. München 1995

Weizsäcker von, E. U., Young, O. R., Finger, M: Grenzen der Privatisierung – Wann ist des Guten zu viel. Stuttgart 2006

Werner, G. W.: Ein Grund für die Zukunft: Das Grundeinkommen, Interviews und Reaktionen. Stuttgart 2006

Wicke, L., Spiegel, P., Wicke-Thüs, I.: Kyoto Plus – so gelingt der Klimawandel. München 2006

Wijkman, A.: Umdenken in der Entwicklungszusammenarbeit. In: Welt in Balance. Zukunftschance Ökosoziale Marktwirtschaft. Hrsg.: Global Marshall Plan Initiative. Hamburg 2004

Wuppertal Institut (Hrsg.): Fair Future. München 2005

Ziegler, J.: Das Imperium der Schande. Der Kampf gegen Armut und Unterdrückung. München 2005

Zinn, K. G.: Wie Reichtum Armut schafft. Verschwendung, Arbeitslosigkeit und Mangel. Köln 2006

Danksagung

Das vorliegende Buch wäre nicht ohne eine enge Wechselwirkung mit vielen Partnern und Unterstützung von vielen Seiten entstanden. Nur in diese Vernetzung war es möglich, in großer Breite verschiedene Themen zu bearbeiten, die Voraussetzung für ein Verständnis der weltweiten Entwicklung sind. Das betrifft Partner in unterschiedlichen Bereichen, die nachfolgend exemplarisch genannt werden. In der gewählten Reihenfolge liegt dabei keine Wertung.

Als Arbeitsumfeld sind zunächst die Universität Ulm und das Forschungsinstitut für anwendungsorientierte Wissensverarbeitung/n (FAW/n) in Ulm als Thinktank wichtig. Hier gilt der Dank den Partnern, Kollegen, Förderern, Auftraggebern, Stiftern, Freunden und den Mitarbeitern des FAW/n, insbesondere Peter Spiertz, Thomas Kämpke, der wesentliche Beiträge zu einer mathematischen Theorie des sozialen Ausgleichs geleistet hat, und Dirk Solte, der wichtige Einblicke in die jüngsten Entwicklungen des Weltfinanzsystems erarbeitet hat.

Dank gebührt ebenso den Partnern im Club of Rome und seinem Umfeld, im Besonderen Prinz El Hassan bin Talal von Jordanien, dem Präsidenten des Club of Rome, der zu diesem Buch das Vorwort beigesteuert hat, und Uwe Möller als Generalsekretär. Besonders hervorgehoben sei der leider viel zu früh verstorbene Robert Pestel (1941–2003) von der deutschen Sektion des Club of Rome und das Club of Rome-Urgestein Mike Mesarovic, die beide wesentlich zu den Grundlagen dieses Buches im Themenbereich »Equity and Wealth« beigetragen haben. Robert Pestel und Peter Johnston (Brussels Chapter of the Club of Rome) haben weiterhin die Brücke zu dem Club of Rome-Mitglied Sergey P. Kapitza eröffnet, dessen Buch *Global Population – Blow-up and after* eine wichtige Rolle für den vorliegenden Text gespielt hat. Sergey P. Kapitza und seine Arbeiten zu Weltbevölkerungsfragen bilden zugleich die Brücke zur Deutschen Stiftung Weltbevölkerung, zu der Initiative »34 Million Friends« (Jane Roberts) und zur Rotarian Initiative on Population & Development mit den beiden für dieses Buch wichtigen Förderern Robert Zinser und Hans Martin Scheuch.

Der Dank gilt allen Partnern im Bundesverband für Wirtschaftsförderung und Außenwirtschaft (BWA), der die Themen Ökosoziale
Marktwirtschaft und Global Marshall Plan zentral in seinem Programm verankert hat. Namentlich erwähnt seien der Vorsitzende Die-
ter Härthe, der Senatspräsident Christian Berner und der Pressespre-
cher Peter Spiegel.

Ein besonderer Dank gilt den Partnern im Ökosozialen Forum
Europa in Wien (OESFO), die besonders engagiert die Ökosoziale Idee
verbreiten. In Österreich ist in diesem Themenfeld besonders viel passiert. Als wichtige Partner erwähnt seien hier neben den vielen aktiven
Promotoren besonders der frühere österreichische Vizekanzler Josef
Riegler (Ehrenpräsident des OESFO), auf den im politischen Bereich
die Idee der Ökosozialen Marktwirtschaft zurückgeht, der ehemalige
EU-Agrarkommissar Franz Fischler (Präsident des OESFO) und Ernst
Scheiber (Generalsekretär des OESFO). Sehr hilfreich war und ist auch
die Unterstützung durch Klemens Riegler und Julia Bernhart, ebenfalls beim OESFO.

Die Global Marshall Plan Initiative, im Besonderen Frithjof Finkbeiner mit seiner unermüdlichen Antriebskraft, ist ein »Motor«, ohne
den dieses Buch nicht erschienen wäre. Neben Frithjof Finkbeiner,
der zusammen mit seiner Ehefrau Karolin über die Global Marshall
Plan Foundation weitgehend die Aufbaujahre der Initiative finanziert, gilt der Dank besonders den Mitarbeitern im Koordinations-
büro der Global Marshall Plan Initiative (Helge Bork, Jörg Erdmann,
Andrea von Lehmden, Sabine Stoeck). Hermann Waterkamp und seinem Team von Leagas Delaney danken wir für die professionelle Be-
gleitung unserer Kommunikationsarbeit zum Global Marshall Plan.
Auf der Seite der inhaltlichen Arbeit seien viele unseren Aktivitäten
verbundene Personen erwähnt wie Klaudius Gansczyk (interkultu-
reller Humanismus), Gerhard Heise (Informations- und Wissensgesellschaft), Estelle L. A. Herlyn (Systemtheorie), Holger Hinkel (Rolle
der Technik), Manfred Höhl (Industriepolitik), Martin Löber (Weltfinanzsystem), Peter Mersch (Demographie), Rolf Möhring (Wissen-
schaftspolitik), Huschmand Sabet (Weltfinanzsystem), Knut Schwed-
ler (Informationstheorie), Ralf K. Stappen (Nachhaltigkeitskonzep-
tion) und Jörg Tremmel (Rechte zukünftiger Generationen).

Als Träger des Global Marshall Plan Büros sei die Stiftung Weltvertrag hervorgehoben. Hier sollen besonders die Vorstands- und Kura-

toriumsmitglieder Maike Sippel, Armin Frey, Surjo Soekadar, Ulrich Martin Drescher sowie Ernst Ulrich von Weizsäcker erwähnt werden.

Wir haben inhaltliche Unterstützung und wichtige Anregungen von vielen Organisationen erhalten, so vom Club of Budapest, von Resultate e. V. und in Zukunftsfragen von der Robert-Jungk-Bibliothek in Salzburg. Für das wichtige Themensegment Energie seien besonders Werner Foppe (SuperGeoPower) und Jörg Schlaich (Aufwindkraftwerke) hervorgehoben. Für viele Inputs gedankt sei weiterhin den Mitgliedern so interessanter Gremien wie dem Nachhaltigkeitsbeirat des Landes Baden-Württemberg, dem Wissenschaftlichen Beirat beim Bundesminister für Verkehr, Bau und Stadtentwicklung und dem Wirtschaftspolitischen Beirat des Landes Kärnten. Dies gilt ebenso für die Beteiligten im Prozess der Entwicklung des Cologne Science Center/Odysseum Köln, einem neuartigen Erlebnishaus des Wissens, das Ende 2008 in Köln eröffnet werden soll. Dort werden viele der in diesem Buch thematisierten Inhalte für 300 000 Besucher und mehr pro Jahr erlebnisnah aufbereitet.

Wir danken den vielen Mitstreitern in Orts-, Landes- und Hochschulgruppen zum Global Marshall Plan, vor allem Vertretern der Initiative in Augsburg, Bayreuth, Berlin, Düsseldorf, Erfurt, Hamburg, Karlsruhe, Köln, Lüneburg, München, Rhein-Main, Ruhr, Stuttgart, Würzburg Wuppertal. Hervorheben wollen wir die Bundesländer und die dort für das Thema handelnden Personen, die bereits mit Parlamentsbeschluss die Global Marshall Plan Initiative unterstützen: Burgenland, Niederösterreich, Oberösterreich, Salzburg, Steiermark, Tirol, Thüringen, Vorarlberg und Wien. Wir danken all denen, die die Visionen der Global Marshall Plan Initiative in anderen Staaten verbreiten. Der Dank gilt ferner denjenigen, die das Thema in Seminaren, Dissertationen und in Diplomarbeiten bearbeiten und uns so von inhaltlicher Seite bereichern, ebenso wie den vielen Autoren, die mit Berichten an die Global Marshall Plan Initiative unsere Thematik stützen.

In Österreich danken wir in diesem Kontext den Partnern auf regionaler Ebene, auch für Beiträge zum Thema der Umsetzung des ökosozialen Marktmodells in der Region. Besonders hilfreich war in Kärnten der Austausch mit Horst P. Gross, Erhard Juritsch, Hans Schönegger und Dietmar Schwarzenbacher, in Oberösterreich die Wechselwirkung mit Günther Humer.

Für die zentrale Frage der Entwicklungszusammenarbeit, genauer einer Partnerschaft zwischen Nord und Süd für die Erarbeitung einer tragfähigen Zukunft, haben wir sehr von Hinweisen und Klarstellungen von Fachleuten wie Petra Gruber, Peter Hesse, Rupert Neudeck und Winfried Pinger profitiert.

Ein ganz besonderer Dank geht an die Studenten bei AIESEC, die mit ihrem DRIVE-Team und in verschiedenen Kampagnen wesentlich zur Verbreitung der Idee beitragen. Der große Unterstützerkreis der Global Marshall Plan Initiative in diesem Umfeld von hervorragend qualifizierten Studenten unterschiedlicher Fächer ist besonders motivierend.

Wir danken Jürgen Schampel für 30 Jahre Diskussion. Dank gebührt auch dem Vater des Gedankens der Dematerialisierung, Friedrich Schmidt-Bleek. Das Konzept gehört zum Kernbestandteil jeder Nachhaltigkeitsstrategie, und in diesem Sinne hat die Aachener Stiftung Kathy Beys es aufgegriffen und weitergetragen.

Im FAW/n danken wir Sabine Grau, Regina Simon, Barbara Graf und Carmen Weizinger, die wesentlich in die permanente Be- und Überarbeitung der Texte integriert waren.

Schließlich gilt ein hervorgehobener Dank unseren Ehefrauen und Kindern und allen weiteren Angehörigen, die mit uns zu den Themen dieses Buches in jahrelanger Wechselwirkung stehen und zugleich das Umfeld bilden, in dem dieses Buch überhaupt entstehen konnte.

Ohne alle diese vielfältigen Unterstützungen, zu der dann auch die koordinierende und regelnde Hand des Murmann Verlages, insbesondere unseres Lektors Bernd Brunner, kam, hätte dieses Buch in der vorliegenden Form nicht entstehen können.

Ulm und Hamburg, im Februar 2007
Franz Josef Radermacher, Bert Beyers

Über die Autoren

Prof. Dr. Dr. Franz Josef Radermacher, Jahrgang 1950, ist Leiter des Forschungsinstituts für anwendungsorientierte Wissensverarbeitung in Ulm, gleichzeitig Professor für »Datenbanken und Künstliche Intelligenz« an der Universität Ulm. Er ist Mitglied des Club of Rome, Präsident des Bundesverbandes für Wirtschaftsförderung und Außenwirtschaft (BWA), Träger des Global Consciousness Award und ausgezeichnet mit dem Preis des Landes Salzburg für Zukunftsforschung (Robert-Jungk-Preis). Bücher: *Balance oder Zerstörung: Ökosoziale Marktwirtschaft als Schlüssel zu einer weltweiten nachhaltigen Entwicklung* (2002). *Global Marshall Plan / A Planetary Contract. For a Worldwide Eco-Social Market Economy* (2004). *Globalisierung gestalten – Die neue zentrale Aufgabe der Politik* (2006).

Bert Beyers, Jahrgang 1956, ist studierter Philosoph, Germanist und Kunsthistoriker. Er ist Redakteur beim Norddeutschen Rundfunk in Hamburg und befasst sich in Büchern, Features und Artikeln seit Jahren mit Zukunftsfragen. Bücher: *Die Zukunftsmacher, Denker, Planer, Manager des 21. Jahrhunderts* (1999). *Corporate Foresight, Unternehmen gestalten Zukunft* (Koautor) (2004).